中國歷史上的

亂世家

傾巢之下

張程——著

隴西將門李家 × 東晉瑯琊王家 × 烏衣巷風雅謝家 × 三國忠孝諸葛家……
中國史上最輝煌的幾個權力家族，維持百年的興衰榮辱！

平民出身的家奴是怎麼爬到位極人臣、權傾朝野的巔峰？
中原邊陲的將門世家，興於龍城飛將、衰於漠北降將？
「王謝」曾是貴族代名詞，曾是第一望族、為何淪為尋常百姓家？

草根神話、名將滿門、書畫風雅、與馬共天下、扶危晚清……
當你一出生就在權勢滔天的世家，那是怎樣的體驗！

CATALOGUE
目錄 ———

目　錄

在古代中國，權力是榮華富貴的等價物，加之權力得之不易，擁有者難免自私，想長期把持，傳之子孫萬代。於是乎，中國歷史上出現不少「世代公卿」的權力家族。本書就是一本聚焦這些家族的歷史讀物。

末章〈權力傳承的祕密〉，簡要列舉了權力家族把持權力的祕密。需要強調的是，世家子孫自身的高素養、高能力，是他們繼承父輩權勢的一大主因。常年在政治環境中耳濡目染，世家子孫的政治素養，往往高於平民子弟。這其中，家族教育的作用不可小覷。縱觀歷史，凡是牢靠的權力家族、凡是有遠見的政治人物，無不重視家教和子弟學業。他們的子孫，「生於書香世家，延名師，擇良友，父兄飽學，從而提命講解，子弟資質聰明，又好讀書，自然直上雲霄，乃順境也」（《白公家訓》）。

從政治史的縱向來看，權力家族構成了對皇權的持續威脅。看看東晉南朝政治，門閥大家把皇帝欺負成什麼樣子？專制帝王自然會扼殺一切權力威脅，權力家族也在打擊的範圍內。所以，帝王設計諸多制度，推行很多措施來打壓門閥勢力。從唐朝開始，門閥勢力開始土崩瓦解，尤其是科舉盛行，對門閥的衝擊極大。選賢與能，漸漸成為社會共識。

這個時候，家庭教育對權力傳承就更重要了。子孫學富五車，權力才能留在自家；子弟不學無術，家族就是權力場的過客。

唐宋之後，不僅世家大族重視家庭教育，一般的溫飽之家也節衣縮食，供養子弟讀書考試。宗族結構廣泛推展，出面承接很大一部分的家教任務，舉全族之力供養子孫讀書考試。家塾、宗學遍布鄉間。書聲琅琅，見證了家庭教育是宗族的主要職責之一。

先賢把教育和權力的關係，看得很透澈。遍覽清代政治、閱歷豐富的汪輝祖就警告權力家族，切勿放鬆子弟教育，「富厚之家，不論子弟資稟，強令讀書，豐其衣食，逸其肢體，至壯歲無成，而強者氣驕，弱者性懶，更無他業可就，流為廢材」（《雙節堂庸訓》）康熙帝在《庭訓格言》中強調，王公大臣「若小兒過於嬌養，不但飲食之失節，抑且不耐寒暑之相侵，即長大成人，非愚即痴」。可惜，很多達官顯貴沒有把皇帝的話放在心中，沒有貫徹執行，結果培養出不少紈褲子弟和「高衙內」，害人又害己。

這裡就牽涉到一個進一步的問題：達官顯貴應該留給子孫什麼？是權貴，還是品行？

曾國藩把這個問題分析得很透澈：「蓋兒子若賢，則不靠宦囊，亦能自覓衣飯；兒子若不肖，則多積一錢，渠將多造一孽，後來淫佚作惡，必且大玷家聲。故立定此志，絕不肯以做官發財，絕不肯留銀錢與後人。」（《千家訓》）如果子孫賢能，在選賢與能的社會中，不愁沒有出頭之日；如果子孫為惡，權貴遺產恰恰是助紂為虐的毒藥。所以，留子孫高官顯爵，不如加強教育，樹德培優。

同樣，一個人想實現理想，不要寄望有個「好爸爸」，而是透過自己的努力，朝夢想奮鬥。遭遇困難，不要要求家庭給自己幫助，而要自問是不是有足夠的才能，是不是能夠堅持。

高社會流動性，是中國歷史的一個特徵。秦漢之後的中國就不是一個貴族社會，彼時開始的中國，沒有一個貴族階層。賢能者居位，不肖者去之。只要社會保持流動，權力就不可能被壟斷，品行和教育就有用武之地。我們討論權力家族，就有現實意義。

　　是為序。

張程

政壇草根神話

── 衛青、霍去病、霍光、霍禹家族

　　一戶社會最底層的人家，要躍升到上流社會，是非常困難的事情。在世襲政治的大環境中，奴隸出身的家族，透過自身努力成為高官顯貴，把持國家大權超過半個世紀，不能說完全不可能，但也是極端罕見的現象。然而在西漢時期，就有一戶貴族的家奴，奮鬥成為帝國最榮耀的政治世家，創造了一個草根神話。

衛家興起的兩大支柱

一

話說漢武帝時期，世襲貴族、平陽侯曹家有一個女僕。這個女僕沒有姓氏，因為曾嫁給一個姓衛的男子，大家都稱她為衛媼。

衛媼就是我們要說的這個政治世家有據可查的第一代祖先。

貴族家的僕人，其實和奴隸差不多，做的是牛馬活，不僅沒有絲毫收入，還沒有人身自由，是整個社會最底層的人群。而衛媼的日子過得比一般家奴還要艱苦，因為她要一個人拉拔一男三女，共四個子女。他們分別是長子衛長君，長女衛君孺，次女衛少兒，三女衛子夫。即便如此，衛媼還不安分，在平陽侯家與在府中辦事的縣吏鄭季私通，生下了一個私生子，取名鄭青。當然，也有人考證說，衛媼長得很漂亮，很有可能是鄭季仗勢「逼歡」的。不管父母如何相識，鄭青和同母異父、同樣是私生子的弟弟衛步的地位，無形中又比一般家奴子女還低。衛媼一個人拉拔六個子女，已經很不容易了，偏偏二女兒衛少兒又重複了母親的悲劇，和同樣在平陽侯家辦事的縣吏霍仲孺私通，生下一個兒子，取名霍去病。從衛媼母女兩代人的不幸中，我們也可以發現西漢時期私通和非婚生子現象的氾濫。這些私生子不會被有身分的父親家族接受，命運注定很可憐。

　　衛媼一個人拉拔六個子女，再加上剛出生的外孫，餵飽一家老少八張口，實在是沒有這個能力。眼看一家人就要餓死了，衛媼想來想去，只能忍受屈辱，硬著頭皮把二兒子鄭青送到他親生父親鄭季家裡，乞求鄭家人看在鄭青身上有一半鄭家血液的分上，撫養這個孩子。鄭季良心未泯，把鄭青留了下來。

　　鄭青是個私生子，而且還是家奴的私生子。他在鄭家受到鄭季夫人和族人的排斥，日子很不好過。鄭家讓年幼的鄭青成天在山上放羊，讓他自生自滅。鄭家的幾個兄弟，毫不顧及手足之情，對鄭青隨意責罵。鄭青就是在這樣惡劣的環境中，頑強地成長，且長成謹慎小心、善於忍耐的個性。他很清楚自己的地位，很有自知之明，而且學會保護自己，讓那些時刻找碴的鄭家人，抓不到責罵他的把柄。日後，這樣的性格對鄭青的政治發展，產生了很大的幫助。

　　鄭青慢慢長大了。鄭家越來越無法接受成年的鄭青，鄭青也知道家奴的兒子世代都是家奴，加上不願再受鄭家奴役，就毅然回到母親衛媼身邊。因為和鄭家沒有一點感情，鄭青決定冒姓為衛，改名衛青，與鄭家斷絕關係。

　　衛媼幫兒子找了一份「工作」—— 在平陽侯曹家當家奴。衛青這個人很奇怪，儘管常年忍飢挨餓，卻長得高高大大、相貌堂堂，於是就當了主人家的騎奴。漢景帝的女兒、漢武帝的姐姐平陽公主嫁到曹家，衛青被分配給公主當差。工作的主要內容，是在公主出行時，騎馬在後面跟著，充當眾多雜役兼保鏢中的一個。有一次，衛青去漢武帝的離宮甘泉宮工作，一位囚徒端詳衛青後，斷言他面相大貴，將來肯定會拜將封侯。衛青哈哈一笑，說我身為家奴，不受主人鞭打責罵就是萬幸了，哪裡談得上拜將封侯啊！周圍的奴隸、囚徒們也都哈哈大笑，把它視為一個調節苦難生活的小笑話。

　　客觀地說，衛青當上騎奴，身分待遇有了很大的提升。加上衛青這個年輕人，頭腦聰明，長期跟著主人家見識上流社會的生活，默默記下許多不屬於自己階層的知識。衛青的三姐衛子夫也和弟弟一樣，沒有被常年的飢餓折磨得面黃肌瘦，反而出落得美豔動人，被主人家選中，當了舞女。主人家有客人來時，衛子夫就在廳堂裡伴舞陪笑，弟弟衛青則在堂下隨時聽候使喚。

　　我們剛才說過，平陽公主嫁到了曹家。這個平陽公主不是一般人物，她對西漢王朝朝堂之上的政治鬥爭非常關注。她知道弟弟漢武帝劉徹和弟媳陳阿嬌表面和睦，其實感情並不好。當初劉徹是為了得到陳阿嬌的母親館陶長公主的支持，才上演了「金屋藏嬌」的把戲，娶到陳阿嬌。結婚多年，陳阿嬌個性蠻悍、獨霸後宮，又沒有生育，劉徹早就厭惡她了。平陽公主頭腦很靈活，覺得自己可以從中牟利，於是挑選鄰近大戶人家的女子，在家中培養，準備讓弟弟選妃。恰好有一天，漢武帝去霸上祭掃，路過曹家。平陽公主就開始實行計畫了。可惜，漢武帝對那些盛裝打扮的大家閨秀都不滿意，卻對伴舞的舞女衛子夫一見鍾情。隨後，漢武帝以「更衣」為名，找個房間「臨幸」了衛子夫。事後，漢武帝安排衛子夫入宮。平陽公主的如意算盤眼看就要成功了，很高興，趕忙安排衛子夫進宮。臨行前，平陽公主還囑咐衛子夫：「進宮後就全靠妳自己了，日後富貴了，別忘了我這個舊主人啊！」

　　誰料到，衛子夫進宮後就音訊全無，下落不明。有人說，漢武帝回宮後，很快就忘了衛子夫；還有人說，那時因為後宮佳麗三千，衛子夫並不出眾；多數人則認為，衛子夫突然入宮，引起皇后陳阿嬌和館陶長公主的妒忌和排斥，被貶為宮婢。衛子夫在冷宮中做最苦、最累的工作，飽受折磨。日子久了，漢武帝也就淡忘她了，更別說寵幸了。

　　說到這裡，衛子夫的命可真是苦啊！冷宮的日子還不如平陽侯家的

家奴歲月呢！

　　將近兩年後，後宮要釋放一批沒用的宮女，衛子夫也在名單中。定期釋放宮女是朝廷的一項「德政」，但好色的皇帝還要對宮女一一過目，免得有些平時沒有注意到的美女被不小心放了出去。結果，衛子夫重新站在漢武帝面前，劉徹又一次被衛子夫吸引，擁她入懷。有人說，劉徹再次被衛子夫的美貌所吸引，想起了前番的恩愛，截留下衛子夫。也有人反對，說兩年的勞役，多多少少消磨了衛子夫的美貌，衛子夫吸引劉徹的注意，是因為她急於出宮，面對出宮前的刁難和挑選，哭哭啼啼，很不配合，反而引起劉徹的注意。不管怎麼說，這一回，衛子夫兩年的委屈都得到了劉徹的補償。在原本要出宮的日子裡，衛子夫的命運發生了奇蹟，被完全逆轉了。

　　沒多久，衛子夫就懷孕了。劉徹喜出望外，選衛子夫的二弟衛青入宮，在建章宮辦事。衛青的命運也由此順帶得到了逆轉。

　　衛家姐弟的崛起，引起皇后陳阿嬌的仇視和恐慌。丈夫劉徹已經移情別戀，喜歡上衛子夫，現在衛子夫又懷孕了，如果生下皇子，陳阿嬌怕自己的皇后地位不保。皇后的母親館陶長公主也很生氣，怕衛子夫和衛家人取代自己母女的地位。母女倆咬牙切齒，很快就制定了報復計畫。衛子夫深受劉徹喜愛，而且懷著龍種，動她不得；衛青就不一樣了，家奴出身，初入宮廷，就像水上的浮萍一樣，脆弱得很。館陶長公主和陳皇后決定好好「修理」衛青，出口惡氣。她們指使抓住衛青，準備囚禁起來，好好折磨。衛青的好朋友、騎郎公孫敖看到了，招呼幾名同伴奮力營救，竟然中途將衛青救了出來。

　　衛家姐弟倆終於知道了宮廷鬥爭的險惡。衛子夫很憤慨，也很無奈，只能向漢武帝哭訴。劉徹一聽，這還得了，他早就看不慣館陶長公主母女倆作威作福了，現在她們竟然對愛妃姐弟下毒手，太過分了。是

可忍，孰不可忍！劉徹原本就喜歡衛青這個相貌堂堂、英武沉穩的小舅子，現在乾脆公開召見衛青，升他為侍中兼建章宮總管。衛青平地一聲雷，幾天之間，坐著直升機，從家奴成為近侍重臣，讓人目瞪口呆，就是館陶長公主和陳皇后也拿他沒辦法了。不久，衛子夫生下一個女兒，漢武帝封她為地位僅次於皇后的夫人。衛青水漲船高，升任太中大夫。

衛子夫受到劉徹的熱寵，衛青成為政壇新星，徹底改變衛家的地位和處境。高官們紛紛和衛青攀親，公孫賀迎娶衛家的大姐衛君孺；世襲貴族、開國元勛陳平的曾孫陳掌，迎娶拖著私生子霍去病的二姐衛少兒。以前對衛媼祖孫三代惡語相向的人，無不笑臉相迎，恭敬有加。什麼叫「飛黃騰達」，什麼叫「麻雀變鳳凰」，就發生在衛青家族身上。

有人說，衛家不就因為僥倖出了一個衛子夫，讓一家靠著裙帶關係，雞犬升天了嗎？的確，衛青是典型的「裙帶官員」。在世襲制盛行、社會上下層之間缺乏流動性的西漢時期，底層百姓要躍升政治高層，依靠裙帶關係是最常見、最有效的方法，也幾乎是唯一方法。問題的關鍵，不是指責衛青一家人依靠這種方法提升社會地位，而是要看他們身居高位之後的所作所為。那些胡作非為的暴發戶、外戚貴族，讓後人唾棄，但是如果政治暴發戶能夠救國濟民、治國安邦，就值得後人的讚譽。

二

衛青也知道自己沒有尺寸之功，僅靠姐姐受寵得來的地位是不穩的。好在衛青是一個能力出眾的國舅，又遇到劉徹這個雄才大略的皇帝，不怕沒有建功立業的機會。當時，北方匈奴人經常殺入長城，搶劫

漢朝的人口和財富，甚至一度逼近西漢首都長安，構成西漢王朝的最大威脅。劉徹自繼位後就籌備反擊匈奴，挑選能人幹將，準備大幹一場。衛青恰巧進入劉徹的視線。

匈奴人在西元前一二九年，又一次大規模侵略、搶劫西漢州縣。這一回，劉徹決定不再忍讓，要堅決反擊殘暴的匈奴人。他挑選四位將軍，分別是已經升任車騎將軍的衛青、騎兵侍從公孫敖、輕車將軍公孫賀和三朝名將、驍騎將軍李廣，給他們每人一萬騎兵，讓他們兵分四路迎擊匈奴。衛青第一次帶兵出征，就直搗匈奴祭掃天地祖先的龍城，雖然殺敵有限，但政治意義巨大，凱旋而歸。而另外三位將軍，兩路失敗，一路無功而返，更襯托出衛青的能幹。漢武帝劉徹非常高興，加封衛青為關內侯。此後在西元前一二八年、西元前一二七年，漢武帝多次派衛青帶兵反擊南下的匈奴大軍。衛青不負厚望，奮勇作戰，每次都打得匈奴大敗而逃。在西元前一二七年的戰鬥中，衛青率軍收復秦朝末年之後就被匈奴人占領的黃河河套地區。河套地區水草肥美，形勢險要，漢朝收復後，在此設置朔方郡、五原郡，從內地遷徙十萬人到那裡定居，還修復了秦時蒙恬所築的防禦工事。從此，長安解決了匈奴的威脅，漢朝和匈奴的戰爭局勢得到逆轉。衛青立下大功，被封為長平侯，食邑三千八百戶。

此後，衛青活躍在漢匈戰爭前線。劉徹越來越信任他，調撥給衛青越來越多的軍隊，賦予他越來越大的指揮權。西元前一二四年春，漢武帝命衛青指揮漢朝大軍十幾萬人進攻匈奴。衛青急行軍六、七百里，在夜幕中包圍匈奴右賢王的營帳，俘虜匈奴王爺十餘人、男女一萬五千餘口，和數百萬頭牲畜。漢武帝接到捷報，喜出望外，派特使者捧著印信在軍中升衛青為漢朝的最高軍職 —— 大將軍，指揮前線所有部隊和將領，加封食邑八千七百戶。衛青的三個兒子都還在襁褓之中，也被漢武帝封為列侯。其中衛伉為宜春侯，衛不疑為陰安侯，衛登為發干侯。指

揮全線部隊、父子四人封侯，這在西漢王朝歷史上，還是首例。衛家創造了這樣的殊榮。

那一邊，匈奴人被打得傷了元氣，可依然猖獗。西元前一二三年，劉徹命令大將軍衛青統帥六路大軍，尋找匈奴主力決戰，希望徹底解決邊患。

衛青的外甥霍去病當年十八歲了，因為家族的榮耀，正擔任侍中。

霍去病善騎射，死纏著舅舅要從軍出征。衛青就任命霍去病為驃姚校尉，調撥給他八百名騎兵。霍去病初生之犢不畏虎，竟然率領本部八百人，甩開衛青率領的大軍，深入敵後數百里。看到外甥這樣無組織、無紀律，衛青憂心忡忡。沒想到，霍去病帶著八百壯士，急風暴雨般掃蕩匈奴後方，殲敵兩千零二十八人，其中包括匈奴相國和單于祖父輩貴族等重要人物，俘虜單于叔父羅姑比等人，一戰成名！返回內地短暫休整後，霍去病再次深入敵後，又殲敵上萬人。

西元前一二三年的西漢王朝，霍去病是最耀眼的明星，而其他將領不是大敗而歸，就是無功而返。漢武帝封霍去病為冠軍侯，食邑兩千五百戶。衛家又多了一位侯爵！

到現在為止，衛青的地位相當穩固了。雖然這一回，他率領朝廷大軍，耗費大量軍需物資，沒有獲得實質性的進展，但是因為霍去病的狂飆猛進，本回軍事行動還不算失敗。衛青沒有受到指責，也沒有得到封賞。其實，衛青也不需要這一次的封賞和地位的提升，他的家族權勢已經如日中天了。衛青和霍去病兩人掌握著帝國的軍隊，聲望顯赫；衛子夫已經生下皇長子劉據，取代了陳阿嬌的皇后地位，成為國母，掌管後宮，是他們的堅強後盾。他們三人是衛家主要的權勢人物，也是家族權勢的主要來源。衛家還透過聯姻等方式，以自己為中心，聚集一批顯貴的親戚朋友，儼然是西漢王朝無人可及的政治家族。

衛家顯赫後，長安城中有歌謠說：「生男無喜，生女無怨，獨不見衛子夫霸天下。」言下之意，是說衛家的顯貴全靠衛子夫。的確，兩漢時期多數左右朝政的外戚，都是靠裙帶關係盤踞高位的，但衛家的情況不同。衛家的興起有兩大支柱：一個是外戚的身分，一個是衛青和霍去病建立的軍功。如果一家人僅靠女兒嫁給皇帝，突然顯貴，權力的基礎總不那麼堅固。萬一女兒不受寵了，萬一朝野大臣反對自己，怎麼辦？而衛家則用外戚的身分作為建功立業的基礎。和漢武帝劉徹的親密關係，為衛青、霍去病提供便捷的舞臺，可以比較沒有拘束地施展拳腳。等他們建立曠世奇功後，外戚的身分就不那麼重要了。就算只看在衛青、霍去病舅甥兩人浴血奮戰、殺敵無數的分上，衛家也應該獲得那麼高的地位。戰功比皇親國戚的身分更有用，姐妹再受皇帝的寵愛，也有失寵的一天，但戰功是實實在在擺在那裡，不會失去的。這就好像一個巨人有兩條腿走路，一條腿是外戚身分（衛子夫受寵），一條腿是軍功（衛青、霍去病前線統兵殺敵）。兩條腿都很健壯，這個巨人走起路來就安安穩穩的。這就是衛家為什麼能夠超越之前歷史上的外戚家族，驚羨天下的原因。

可能還是有人對衛家不滿，認為衛青只是運氣很好，英勇善戰而已。誰處在衛青的角色，上有皇帝姐夫的信任，內有漢朝五十多年的物資儲備，都能建立一番功業。這樣的觀點，把衛青這個人物看得太簡單了。衛青絕對不是一個只知軍事，不懂權謀的政治人物。我來舉兩個例子，說明衛青的政治智慧：

在霍去病嶄露頭角的那次征戰中，右將軍蘇建和前將軍趙信的主力部隊，被匈奴大軍打得死傷慘重。趙信本來就是匈奴的降將，戰敗後投降匈奴；蘇建殺出重圍，隻身一人逃回來向衛青請罪。這是一次非常嚴重的戰敗。有人要求追究蘇建的責任，認為他「棄軍而逃」；有人建議

將蘇建斬首示眾，樹立大將軍衛青的威嚴；也有人認為蘇建盡力後才戰敗，不應斬首。如果把蘇建殺了，不就是逼著戰敗的將領有家不敢回，反過來投降匈奴嗎？大家爭來爭去，需要衛青拍板定奪。衛青有權力處斬部將，但他沒有殺蘇建。殺蘇建的壞處很明顯，會傷一部分將士的心，而且容易給人專橫的感覺，得罪一批人。但是蘇建的確對戰敗負有責任，於是衛青把蘇建用囚車送回長安，交由劉徹處理。結果，劉徹非常滿意衛青有權不專權的舉動，更加寵信衛青了；同時赦免了蘇建的死罪，要蘇家用錢幫蘇建贖罪。蘇建被貶為平民百姓，但對衛青感激不盡。

衛青對蘇建的處置，表現出成熟政治家的風範。衛青發達了，一直保持著謙虛穩重、行事謹慎的作風。當漢武帝要分封他那三個年幼的兒子為侯時，衛青堅決推辭：「我的功勞是全體將士拚死奮戰的結果。我的兒子年紀尚幼，毫無功勞，陛下卻要分割土地、封他們為侯，我們父子怎麼敢接受封賞？還是請陛下分賞眾位將士，激勵大家好好殺敵吧！」漢武帝知道了，封賞衛青部將公孫敖、公孫賀等人，犒賞將士，同時堅持封其子衛伉等三人為侯爵。結果，大家皆大歡喜。

由此可見，衛青絕對不是普通將領。他能夠在短短幾年中威震四海，位極人臣，是有道理的。

三

有一天，衛青的好朋友甯乘來訪，提醒衛青：「大將軍之所以食邑萬戶，三個兒子都封侯，主要還是靠皇后的功勞。」接著，甯乘慢慢說來：「任何事情都物極必反。沒有一個家族能夠永遠保持富貴，就好像

月亮不會永遠圓滿，海水不會永遠停留在浪頭一樣，衛家遲早也會走向衰落。」

衛青在家族權力巔峰的時刻，也還保持清醒的頭腦。他隱約感覺到，自家人名揚四海，部將親屬遍布朝野，如此輝煌之下，總有哪裡不太對勁。現在，甯乘幫他點破了：「要防止皇上猜忌啊！」衛青恍然大悟，忙討教該如何應對。

甯乘說：「現在內宮之中，王夫人是皇上的新寵。但是王夫人出身卑微，她的家人依然生活在貧苦之中，希望大將軍能夠向王家贈送重金，聯絡感情。」衛青依計而行。

原來，隨著歲月的推移，衛子夫美貌不再。越來越多的美女進入劉徹的床榻。在眾多新進的美女中，劉徹最喜歡趙國王夫人。王夫人為劉徹生下後來的齊王劉閎。這個王夫人和衛子夫一樣出身卑微，但她不像衛子夫，有弟弟衛青和外甥霍去病，王夫人找不到一、兩個有能耐的親戚。她的親戚實在不成器。劉徹就算想提拔王家，也找不到合適的提拔對象，所以王家依然生活在窮困之中。現在，王家突然收到大將軍、長平侯衛青送來的五百斤黃金，驚喜若狂，忙告訴王夫人。

王夫人高興得心花怒放，興沖沖地告訴劉徹。

劉徹卻陷入沉思。

衛青為什麼這麼做？他完全沒有必要這麼做。劉徹了解衛青，知道衛青個性耿直，不會主動巴結、賄賂他人。劉徹找了一個機會，當面問衛青送黃金的事情。衛青一五一十地將來龍去脈告訴劉徹。聽了衛青轉述的甯乘的提醒，劉徹明白，衛青這麼做，是自降身分，展現要繼續謙虛、團結他人的姿態。劉徹鬆了一口氣，也高興了起來。一來，衛青替自己照顧新寵王家；二來，衛青厚道正直，對皇權敬畏如初，不敢專權跋扈，看來是不會威脅到自己的權威。劉徹對第二點尤其感到高興，對

衛青和衛家的防範之心放鬆許多。那個提醒衛青的甯乘，被劉徹任命當了東海都尉。

這是元朔六年（西元前一二三年）的事情。第二年（元狩元年，西元前一二二年）四月，劉徹正式冊立衛子夫所生的皇長子、年僅七歲的劉據為太子。

衛家出了一位太子！未來的皇帝將會是衛青的外甥，是霍去病的表弟，衛家的權勢更上一層樓。如今，誰還敢來找衛家的麻煩？誰敢來找衛家的麻煩，就是自找麻煩。

功高震主衛青避禍

一

　　事情發展到這裡，衛家的權勢還能再進一步嗎？能。

　　當時，平陽公主已經守寡多年，想要再嫁。她召集家臣、門客商議，到底嫁給哪個王公顯貴比較好。大家想都沒想，異口同聲地說：「衛青！」平陽公主一聽，心中產生了顧慮。衛家之前是平陽侯家的家奴，跟在公主後面、聽從使喚，現在要平陽公主反過來嫁給衛青，平陽公主一時接受不了。而且，平陽公主也怕這樁婚事招來非議。

　　家臣、門客們開導公主：「衛青是大將軍，擁有萬戶侯的爵位，他姐姐是皇后，外甥是太子，另一個外甥是冠軍侯。衛青是有三個兒子，但那也是三位侯爺啊！如果不算公孫家、陳家等衛家的親戚，衛家現在是軍權在握、一門五侯。這樣的人不嫁，公主您還有誰值得嫁呢？」

　　平陽公主覺得很有道理，就羞答答地將這個想法告訴衛子夫，要她轉告漢武帝劉徹，希望弟弟為自己和衛青賜婚。當年衛子夫入宮時，平陽公主囑託她顯貴之後不要相忘，衛子夫果然沒有忘記，也很願意幫這個忙，轉告給劉徹。劉徹心想，好嘛！我娶了衛青的姐姐，現在衛青要娶我的姐姐，親上加親，是好事。皇帝認可這門親事後，衛青和平陽公

主兩人舉辦盛大豪華的婚禮。同時，平陽公主還讓自己和前夫生的兒子平陽侯曹襄娶衛子夫和劉徹生的女兒衛長公主，死心塌地地要和衛家綁在一起。

大臣迎娶昔日的主人、當今皇上的姐姐，漢朝開國以來，從來沒有一個家族獲得如此尊榮。讓我們一起來盤點一下衛家的權貴系統：戶主衛青的姐夫是皇帝，姐姐是皇后，外甥是太子，老婆是公主，繼子是駙馬，親戚不是世襲貴族，就是實權將領。當時衛青上、下朝，公卿大臣遠遠看見，就得下車讓路，立在道旁相迎相送。衛家的富貴榮華算是達到了頂點。

把姐姐嫁給衛青後，漢武帝劉徹內心更加不安了。

準確地說，衛青家族顯貴後，劉徹心中就有不安情緒。

因為劉徹是個權力欲望非常敏感和強烈的人。劉徹是個雄才大略的皇帝。一般雄才大略的人，權力慾就強，疑心病也重。劉徹即位後，對威脅自身權威的人和事，非常敏感。他創辦了內朝，開始把權力集中到宮廷，就是對朝堂袞袞諸公的不信任。衛青一家的勢力遍布朝野、手握兵權，自然也受到劉徹的猜忌。之前，衛青採納甯乘的低姿態，讓劉徹多少放了一點心。這也是劉徹同意姐姐改嫁衛青的原因之一。姐姐嫁入衛家後，衛青的權勢熏天了，彷彿是「天下第二人」，劉徹的猜忌心理重新泛起，開始不信任衛家了。他想，即使衛青沒有不臣謀逆的心理，也保不齊被野心家利用啊！

劉徹開始疏遠衛青，主要採取兩種方法：第一是讓衛青離開前線軍隊，招到長安來居住議政，等於是將衛青高高掛起；第二是重用霍去病，讓霍去病牽制衛青。劉徹的第二招很毒辣，等於是分化衛青家人，「拉攏一派，打擊一派」。霍去病雖然是衛青的外甥，畢竟不姓衛，和衛家人的關係沒那麼密切。劉徹更看中的，是霍去病的頭腦相對簡單。霍

去病「為人少言不洩，有氣敢往」，只知道行軍作戰，消滅匈奴，在政治上很幼稚。劉徹曾經勸霍去病學點吳起、孫子的兵法，霍去病回答行軍打仗不拘泥古代兵法，學那些玩意沒有用。劉徹發自內心地，同時也是有目的地，更加寵愛霍去病這個青年才俊了，著意培養，委以軍事重用。一次，劉徹御駕親臨霍去病的府邸，見霍家凌亂，要霍去病多留心點家裡。霍去病慷慨回答：「匈奴不滅，無以家為也。」這句話迅速傳開，成為千古名言。霍去病的聲望隨之節節攀升。

而對衛青來說，甯乘提醒的「物極必反」危險，終於到來了。

二

漢朝和匈奴的戰爭在繼續，但衛青失去了對前線部隊的直接指揮權，主要是發揮名義主帥的作用。相反，霍去病上場表現的機會更多。

元狩二年（西元前一二一年）春天，霍去病升任驃騎將軍，率一萬騎兵出隴西，在六天時間裡，再次將長途奔襲戰術發揮到極致。霍去病的軍隊飛奔上千里後，遭遇匈奴軍隊，殲敵近萬人，殺死匈奴王爺多人，俘虜王子、相國等貴族。霍去病因功被加封兩千戶食邑。同年夏，漢武帝命令霍去病與公孫敖兵分兩路攻打匈奴。霍去病率軍深入，很快就甩開公孫敖，越過居延澤，到達祁連山，一舉斬殺三萬多匈奴人，捕獲匈奴王族和大臣、貴族上百人。這場大敗，摧毀了匈奴人的自信心。他們悲傷地唱道：「亡我祁連山，使我六畜不蕃息；失我焉支山，使我婦女無顏色。」相反，劉徹非常高興，又為霍去病增加五千戶食邑。

當年秋天，匈奴內訌，引出一樁突發事件。匈奴的渾邪王和休屠王派人來到邊境，約期投降。敵情不明，西漢朝野不知道匈奴人是不是真

心投降。日期馬上就要到了，如果不去，人家又是真心投降的話，就白白錯過機會；如果去了，匈奴大軍埋伏在那裡，豈不是自取滅亡？左右為難之後，漢武帝把「迎降」的高難度任務交給霍去病。霍去病領兵渡過黃河，朝約定地進發。漢朝軍隊還沒到，休屠王反悔，不願投降，已經被渾邪王殺了。但渾邪王的部將看到漢軍到來，許多人也開始反悔，不想投降了，紛紛逃遁。局勢有失控的危險。關鍵時刻，霍去病飛馬跑進匈奴軍營，與渾邪王相見，斬殺正在逃散的士兵數千人，穩定局面。接著，他派部分軍隊先護送渾邪王去面見武帝——這麼做可讓剩下的匈奴人群龍無首——又親率餘部督促數萬投降的匈奴大軍，緩緩向內地前進，返回長安。此次，霍去病軍不血刃，迫降匈奴近十萬軍民，肅清河西走廊，打通東西交通，被加封食邑一萬零七百戶。

當時霍去病只有二十歲，就立下了並不比舅舅衛青遜色的功績，簡直就是「自古英雄出少年」的榜樣。分析霍去病每戰必勝的原因，固然有藝高膽大，擅長長途奔襲、敵後作戰的原因，更重要的還是漢武帝劉徹的支持。霍去病部隊的軍官、士兵、武器裝備和馬匹，戰前精挑細選，都是一流的，遠遠好於其他將領的部隊。朝廷把最好的家當都撥付給霍去病，如果沒有劉徹的允許，下面辦事的官員哪敢這麼做？其他將領又怎麼可能沒有意見？

漢武帝為什麼要這麼做？是為了扶持霍去病、抗衡衛青的聲望，也抑制衛青家族的權勢。到了西元前一一九年春，朝廷為了徹底擊潰匈奴主力，集中全國財力、物力，大舉征討匈奴時，劉徹乾脆將衛青名義上的主帥也撤掉了。他命令大將軍衛青、驃騎將軍霍去病，分別率領五萬精騎，兵分東西兩路，遠征漠北。雙方互不節制，分頭行動。

衛青的運氣也實在不好。匈奴大軍將衛青的部隊當成主要防範對象。衛青的大軍翻越大沙漠，奔波上千里之後，遭遇以逸待勞、嚴陣以

待的匈奴軍隊主力。好在衛青經驗豐富，臨危不懼，掌握構築防禦陣地，然後派出騎兵反擊。雙方的騎兵在草原上激戰，殺得天昏地暗，不分上下。一直打到黃昏，草原上突然颳起沙塵暴，飛沙走石，遮蔽天日，雙方根本就看不清敵我，就在黑暗中繼續戰鬥。衛青畢竟是個久經沙場的將軍，很會利用戰場上的新變化。他派出預備隊，從兩翼迂迴到匈奴軍隊的背後，包圍單于的大營。衛青的這招妙棋，使戰場局勢朝有利於漢軍的方向發展了。激戰中，匈奴單于首先喪失信心，認為無法獲勝，慌忙跨馬突圍逃跑。衛青率大軍乘夜突擊，向北一直打到現在的蒙古首都烏蘭巴托地區，燒毀匈奴輜重，勝利班師。

另外一邊的霍去病，因為有舅舅的部隊纏住匈奴軍隊的主力，進展非常順利。他一路高歌猛進兩千多里地後，才看到匈奴軍隊。一經戰鬥，霍去病的部隊殲滅匈奴七萬多人，俘虜匈奴王爺、將軍等近百人。霍去病的運氣真的很好，沒有像舅舅那麼吃力，就立下了比舅舅大得多的功勞。

經過這麼多年漢朝軍隊連續不斷的打擊，匈奴人元氣大傷，已經無法對西漢王朝構成威脅了，匈奴人開始向西北遷徙。歷史記載，之後「漠南無王庭」，也就是說，漢朝那些夢想透過戰爭建功立業的年輕人，在蒙古高原以南，連匈奴人的影子都找不到，更遑論繼續漢匈戰爭了。

天下終於太平了。這是衛青和霍去病等人的功勞。但是換個思路思考一下，沒有了外部敵人，漢武帝和朝廷還需要聲望超群、領兵馳騁的衛青、霍去病嗎？衛青家族的權勢越來越依靠在漢匈前線的軍功，現在軍功不可能再有了，只剩下皇帝的猜忌和防範。所謂「飛鳥盡，良弓藏；狡兔死，走狗烹」，說的就是這個微妙的時刻。

三

劉徹在這個敏感事件上的做法，就是繼續捧霍去病壓衛青，防止衛青家族團結一致，威脅皇權。等衛青、霍去病凱旋歸來，劉徹很客氣地不讓他們繼續掌握軍隊。衛青是大將軍，霍去病是驃騎將軍，又是萬戶侯，沒辦法再提拔他們了。劉徹很有創意，新增了「大司馬」的官職，讓衛青、霍去病並列為大司馬。衛青是大司馬兼大將軍，霍去病是大司馬兼驃騎將軍，待遇相同。驃騎將軍軍職低於大將軍，劉徹這麼做，就把霍去病置於和衛青同等的地位。

這是一個很明顯的訊號。那些牆頭草和勢利小人，紛紛拍霍去病馬屁，有事沒事就往霍去病家裡跑，套近乎。其中就有很多原本經常在衛青家裡出現的面孔。霍去病家裡熱鬧了，衛青家門口也一下子就冷清了。好在衛青是個厚道恬靜的人，已經看開了這一切。他家人有時也會感嘆世態炎涼，但衛青不以為意，認為這是人之常情，一聲不響地過著恬淡平靜的「寓公」生活，毫無怨言，和平陽公主相敬如賓，對劉徹畢恭畢敬。衛青有個一以貫之的優點，就是為人謙讓仁和，在權勢最顯赫時也不以勢壓人，更不結黨干預政事。因此，雖然衛青已經沒有實權，威勢不如以往，但人緣還不算差。起碼劉徹還很給這個小舅子面子，表面上應該照顧到的地方，都有照顧到。

霍去病的人緣就沒有舅舅那麼好了。《漢書》說「青仁，喜士退讓」，而霍去病很早就在宮廷當官，富貴來得容易，所以「貴不省士」，帶著很明顯的貴族公子哥味道，給人的感覺不太好。出征打仗時，劉徹照顧他，派人送數十車的好東西。霍去病看重姨父送來的車，卻把車裡的糧食和肉都扔了。要知道，許多從軍的士兵，平時吃不飽飯。霍去病卻從來不注意官兵們缺衣少糧的情況，自顧自地穿戴整齊華麗。你說，這種人就算有皇帝的垂青，在下面的人緣也好不到哪裡去。

不過話又說回來，皇帝喜歡的，就是霍去病這種只知道打仗、頭腦簡單、人緣差的功臣。

可惜，霍去病大勝歸來沒幾年，就在元狩六年（西元前一一七年）英年早逝了，只活了二十四歲。

劉徹很傷心，把霍去病的葬禮辦得風風光光，並追諡號為「景桓侯」。因此霍去病又稱「冠軍景桓侯」。劉徹將墳墓修建在自己陵寢茂陵旁邊，造得像祁連山一樣，紀念他的戰功。出殯時，朝廷調撥天下甲士，列隊到長安至茂陵（劉徹為自己修的陵寢）的路上，護送霍去病入葬，場面壯觀。近千年後，唐朝大詩人李白，用華麗的辭藻追記霍去病的英武形象。他用一句詩，非常恰當地概括了霍去病一生的功績：「胡無人，漢道昌。」

霍去病的兒子霍嬗繼承了冠軍侯的爵位。劉徹很喜歡他，誇獎他長得精壯，常常帶在身邊。但是霍嬗明顯無法取代霍去病的位置，肯定不能成為劉徹抗衡衛青的工具。劉徹很著急，不知道之後該怎麼壓制衛青的勢力。他寧願讓許多軍事行動所用非人，也不願起用衛青重掌軍權。衛青很聰明，乾脆請病假，之後不怎麼上朝了，進一步地韜光養晦。劉徹還不怎麼放心，在第二年（元鼎元年，西元前一一六年），以衛青的兒子宜春侯衛伉犯法為名，削去衛伉的爵位。幾年後，衛青的另外兩個兒子陰安侯衛不疑、發干侯衛登，因為獻給朝廷的助祭金不足或成色不夠，被漢武帝削去爵位。至此，衛家「一門五侯」只剩下衛青孤零零的一個長平侯了。衛青的「病情」隨之越來越重，不怎麼過問家門之外的事情。

元封五年（西元前一〇六年），一代名將衛青去世。漢武帝也為衛青舉辦風光隆重的葬禮，命人在茂陵東邊為衛青修建一座像廬山（匈奴境內的一座山）的墳墓，提供和霍去病同樣的待遇。朝廷給衛青的諡

號是「烈」，也就是「長平烈侯」。他和外甥霍去病從此成為名將的代表。上千年後，岳飛評價說：「衛青、霍去病，將之典範，吾當效之。」實際上，衛青的內涵比霍去病豐富、深厚得多，但當皇帝的，更喜歡霍去病那樣的名將。

衛青死後，長子衛伉繼承了長平侯的爵位，但衛家的權勢已無法與十多年前相提並論了。早在衛青死前的九年，當時擔任奉車都尉的霍嬗，跟隨劉徹去泰山封禪，離奇地死在山裡。冠軍侯的封爵被取消了。從衛家分離出來的霍家人才凋零，似乎走到家族消亡的邊緣。這裡需要交代的是，霍去病還有一個同父異母的弟弟 —— 霍光。霍光是霍仲孺名副其實生下的孩子。霍去病成人之後，才知道自己的身世，在一次征討匈奴路過霍仲孺的家鄉時，認了霍仲孺這個父親。霍仲孺原本很擔心霍去病懲罰自己當年對衛少兒始亂終棄的惡行，第一次見霍去病時很膽顫心驚，沒想到霍去病送給他許多田地、房產和奴婢，千恩萬謝。霍去病認父後，順便把弟弟霍光帶走。當時霍光年紀十歲出頭，因為霍家的蔭庇，擔任郎官，馬上又升為侍中、奉車都尉、光祿大夫，伺候在漢武帝劉徹身邊。霍光的個性和霍去病完全不同，得到縣吏出身的生父遺傳，只顧埋頭做事，小心謹慎，在服侍漢武帝的二十多年時間裡，竟然連一丁點小錯都沒有犯過，創造了一個奇蹟。漢武帝晚年喜怒無常，非常難伺候，卻很賞識霍光，把自己的安全保衛工作交給霍光負責。所以，別看霍光地位不高，只是個宮廷近臣，但終日和劉徹「出則奉車，入侍左右」，是個隱藏的「潛力股」，不可小覷。

受株連滿門抄斬

一

　　衛青、霍去病死了，冠軍侯的爵位被取消了，衛家和霍家的勢力受到很大的挫折。但這個家族依然是西漢王朝權勢最旺盛的大家族。因為這個家族崛起的另一大支柱：皇后衛子夫和太子劉據的地位巋然不動。衛家在後宮地位的鞏固，就是衛家地位的鞏固。更值得一提的是，衛子夫和衛青的姐夫公孫賀，在衛青死後出任丞相。這就讓衛家的權勢增添不少光芒。

　　劉據是衛青的外甥。衛青、霍去病死後，劉據就是衛家最重要的權勢人物，更是衛家的大希望。因為只要劉據登基當皇帝，衛家的權勢起碼能繼續幾十年。漢武帝劉徹很喜歡劉據，原因有兩點。首先，劉徹二十九歲時好不容易才有了第一個皇子，也就是劉據，所以劉徹特別珍惜他，努力將劉據培養成合格的接班人。劉據到了讀書的年紀，漢武帝就給他當時最好的師資，教授他《公羊傳》、《穀梁傳》。劉據加冠後，建立了東宮。漢武帝還專門為劉據建築博望苑，讓他有接待賓客的場所，希望他多長見識、多學習。第二，劉據沒有辜負劉徹的期望，認真學習，能力出眾，表現出接班人的特質。

　　劉據一天天長大，衛家的權勢也一直如日中天，但情況卻發生了變

化。漢武帝對太子不像原來那麼喜歡了。為什麼？原因有三點：

首先，劉據的政治行情「看漲」，就意味著衛家的政治行情「看漲」。衛家勢力隨著衛子夫的失寵和衛青、霍去病的逝世而大為衰落，但只要太子劉據存在，衛家勢力都不會受到實質性的削弱。劉徹終生致力於鞏固皇權，對外戚家族與太子的緊密相連，打從心底沒有好感。所以，他對於是否要傳位給劉據，心中有了一絲陰影。其次，漢武帝劉徹漸漸發現，劉據這個兒子並不怎麼向著自己，反而在許多問題上和自己唱反調，這讓做父親的很生氣。我們知道，漢武帝時期獨尊儒術，劉徹為兒子找的老師都是儒生，教的也是儒家思想。結果認真學習的劉據，精通儒家知識，性格仁恕溫和。但劉徹只是表面推崇儒學，內心是將儒家當作統治工具。劉徹真正崇尚的，是絕對的權威和強權。儒學有用時，拿來裝點門面；沒用時，毅然棄之不用。小劉據沒能真正體會老父親的苦心，嚴格按照儒家理論辦事，父子倆在政治理念上產生無法調和的矛盾。漢武帝連年用兵、對外征戰，運用強權削藩罷侯，徵收繁重的賦稅。劉據在這些問題上都不贊同父皇的做法。漢武帝慢慢老了，覺得兒子不像自己，更擔心兒子沒有駕馭天下的能力。第三個原因是漢武帝晚年寵愛趙婕妤，愛屋及烏，把後者生下的皇子劉弗陵視為珍寶。劉據的地位受到弟弟的威脅。

還有一個情況非常不利於劉據。那就是父親劉徹進入晚年後，身體越來越不好，住在長安的時間越來越少，長年累月逗留在離宮甘泉宮中。父子見面的時間越來越少，本來心裡就有小疙瘩，現在因為疏遠，惡化成心理隔閡。

皇后衛子夫看著衛家遭遇挫折，也看到兒子和丈夫之間的隔閡，心裡著急。衛子夫能夠在後宮複雜的環境中當三十八年皇后，除了和衛青一樣謹小慎微、恭謹謙和外，還在於她遇事有主見，能夠向他人施加影響，來

實現自己的目的。比如，衛子夫知道衛青的幾個兒子不成才，怕他們風頭太盛會出問題，多次請求丈夫劉徹不要封賞衛青的兒子，以退為進，實際上是在保護侄子。現在，衛子夫看到「群臣寬厚長者皆附太子，而深酷用法者皆毀之」，兒子得罪了部分貪官和酷吏，還老是違背丈夫的意思，就經常把兒子叫來勸誡：「身為太子，你要經常揣摩父皇的心思，理解父皇的意圖，按照父皇的要求去做，不能擅自做主，做一些與父皇想法不一致的事，比如平反冤獄。這本是你父皇製造的冤獄，你卻給予平反，不是否定你的父皇嘛！」可惜，劉據沉溺儒家學說太深，聽不進去母親的忠告。他反而更進一步，勸諫漢武帝停止與周邊民族的戰事。

對劉據這個兒子，漢武帝劉徹基本上是滿意的，但對劉據在很多問題上頂撞、反對自己，也感到很不高興。他曾語重心長地對劉據說：「我做的很多事情，你都不贊同。但我這麼做，是為了你將來能安享太平！」對於自己和太子之間的疏遠、對於皇后的著急和擔心，劉徹很早就感覺到了。他曾請衛青出面，說服、開導太子，說：「太子敦重好靜，必能安天下，不使朕憂。欲求守文之主，安有賢於太子者乎！聞皇后與太子有不安之意，豈有之邪？可以意曉之。」可惜劉據「身陷」儒學，中毒太深，依然在若干問題上與父皇唱反調。

衛青死後，劉據失去重要的外朝屏障。劉徹對劉據很無奈，但根本沒有想過要撤換太子。

二

然而，劉徹和劉據這對父子，最後還是爆發了兵戎相見的血腥政變，血染長安城。最直接的原因，是劉據得罪的那些貪官酷吏、權謀小

人，在劉徹面前搬弄是非、離間父子關係，最後導致了悲劇。這個小人就是劉徹的近臣江充。江充是個酷吏，出身卑微，依靠不斷地檢舉他人、推行嚴刑峻法和刑訊逼供，一步一步爬上來。這樣的人，太子劉據肯定很討厭。江充也很討厭太子，他和太監蘇文等人，怕太子繼位後懲辦自己，就互相勾結，要扳倒劉據。

其次就是這些組成陰謀集團的小人們，找到一個能夠扳倒太子的切入點。這個切入點就是「巫蠱」。所謂巫蠱，就是利用扎木偶、下咒語等迷信手法，陷害他人。漢朝法律嚴厲禁止巫蠱，劉徹本人對巫蠱深惡痛絕。偏偏在漢武帝時期，巫蠱之風一直瀰漫在長安城，陰魂不散。西元前九十二年，劉徹病情加重。江充奏言，皇帝的疾病根源於有人利用巫蠱暗算皇上。劉徹自然授權江充，查辦巫蠱一事。

第三個原因，太子和衛家的勢力太大、太顯赫了。難道勢力大、人多勢眾不好嗎？不好。勢力大、成員多，表示你的弱點也多、容易受到攻擊的地方也多。而且大家利益相關，牽一髮而動全身，很容易被敵人找到破綻，攻打進來。

就在江充受命查辦巫蠱一事的第二年正月，衛家的女婿、丞相公孫賀被牽連入獄。

這成為衛家被攻破，最後被連根拔起的導火線。

要當表現慾和權力慾都異常強烈的漢武帝劉徹的丞相，是一件危險的事情。先前，朝廷都任命貴族、顯貴出任丞相。但劉徹覺得權貴丞相很礙事，不利自己施展手腳，故專挑一些看起來中庸、懦弱的人當丞相。漢武帝時期的丞相公孫弘、李蔡、莊青翟、趙周等人，都出身普通人家，最後均不得善終，都被提拔他們的劉徹殺了。只有石慶戰戰兢兢，小心做事，才避免重蹈覆轍，死在家中。所以公孫賀知道自己被拜為丞相後，嚇得不敢接受印綬，頓首涕泣乞求說：「臣本邊鄙小人，以鞍馬騎射之功為官，

實在不是擔任宰相的料。請皇上開恩啊！」漢武帝要人扶起公孫賀。公孫賀跪著不肯起來，最後鬧到漢武帝拂袖而去，公孫賀這才不得已接受任命。出來後，同僚們問他為何這麼做。公孫賀說：「現在主上賢明，我不能相配，恐怕辜負丞相重責，從此進入多事之秋啊！」

其實，公孫賀是衛子夫的姐夫，也算是漢武帝的姐夫。在朝廷中，公孫賀得到衛家勢力的支持，兒子公孫敬聲也擔任太僕，父子並居公卿之位。在常人看來，公孫賀這樣的丞相，肯定會避免落得幾位前任的下場。公孫賀本人也想保住腦袋，所以當丞相後如履薄冰，不敢有一絲一毫的馬虎。可惜啊！他的兒子公孫敬聲卻自恃是漢武帝的外甥，驕奢不奉法，竟然大膽到擅自挪用禁軍軍費一千九百萬錢。事情敗露後，公孫敬聲被抓進大牢，按律當斬。

公孫賀救子心切，將之前的謹小慎微拋到九霄雲外，開始四處活動、營救愛子。

剛好當時朝廷在大肆搜捕通緝犯、陽陵大俠朱安世，而不能得。漢武帝一天多次催促早日逮到朱安世。公孫賀於是自請抓捕朱安世，請求能以功贖兒子公孫敬聲的罪過，得到漢武帝的同意。後來，公孫賀果然抓到了朱安世。

朱安世也不是浪得虛名的大俠。他很快就得知，公孫賀想用自己來贖出兒子，笑道：「公孫賀自己就要大禍臨頭了。大不了，大家同歸於盡。」於是朱安世在獄中上書，告發公孫敬聲與陽石公主私通，還派巫師詛咒皇上，且在皇帝前往甘泉宮的路上，埋下偶人，惡言詛咒。和公主私通屬於生活作風問題，並不能置公孫家於死地，但有關巫蠱詛咒皇帝的事情，將公孫賀父子推向死亡的深淵。漢武帝很快命令相關部門處理公孫敬聲巫蠱案。漢武帝的命令中，有「窮治所犯」四個字，為整件案子定下基調。公孫賀父子最終死在獄中，公孫家被族誅。還有多位朝

中顯貴受到株連致死，包括衛皇后的女兒諸邑公主、陽石公主和衛青長子衛伉。衛家的勢力幾乎全被殲滅了。

整個巫蠱案開始繞過衛家，朝向太子劉據。

三

巫蠱案破了一個，但甘泉宮中劉徹的病情卻不見好轉。西元前九十一年的夏天，劉徹在甘泉宮常常做噩夢。在夢中，有許多人拿著大棒朝自己砸過來。劉徹認定巫蠱詛咒的陰謀依然存在。江充就趁機進諫，說那可能是宮廷裡有人從事巫蠱詛咒，需要加大勘查的範圍和辦案力度。於是，漢武帝又一次授權江充在宮廷中追查巫蠱之事。

江充得到查辦巫蠱的「尚方寶劍」後，稟報說長安城的皇宮中有蠱氣，得到漢武帝允許後，入宮大挖特挖。江充連漢武帝的寶座周圍都掘地三尺，先在後宮希幸夫人的地方發現巫蠱，後來又進入皇后宮中和太子的東宮四處挖掘。在太子宮的挖掘，有「重大發現」。江充等專案組成人員們，挖到桐木人和一卷帛書，帛書中寫著一些亂七八糟的符號。經過江充和巫師、巫婆們的「翻譯」，帛書上的內容，是詛咒漢武帝劉徹早死。

這帛書不是太子劉據弄的，但是在他的宮中挖出來，因此劉據有口說不清。江充則揮舞著「戰利品」，得意洋洋，要去稟報劉徹。劉據已經和父親感情隔閡，有不信任感了，他想，如果讓父親看到詛咒他的木人和帛書，他會不會廢掉我呢？劉據越想越悲觀，開始擔心父皇會不會殺了自己。他陷入恐懼之中。太子身邊的人，比如太傅石德等人，也非常恐懼。「皮之不存，毛將焉附？」為了保住劉據的太子地位，石德等

人採取危險的對策。他們首先想到的是，江充等人要置太子於死地，接著懷疑甘泉宮的老皇帝為什麼要聽任小人陷害太子？老皇帝身體一直不好，現在是不是還活著？既然老皇帝的生死都有問題了，那麼江充等人的舉動，就是一個徹頭徹尾的陰謀。在身邊人的鼓動下，劉據下定決心要反擊。他假傳皇帝的聖旨，將江充等查案人員，全都就地正法了。因為事出倉促，跟來查案的太監蘇文逃走了，跑到甘泉宮向劉徹報告，說太子造反了！

劉據殺死一幫小人後，無法回頭了，乾脆樹起「清君側」的大旗，聚攏力量來控制長安城。劉據派太子舍人無且率領一隊武士，持皇帝的純赤色符節趕到未央宮，與皇后衛子夫聯繫。衛子夫事先並沒有參與造反，如今面對兒子派來的武士，知道箭在弦上，不得不發了。她對丈夫的不滿和對兒子的愛，全都轉化為對冒險的積極配合。衛子夫將皇后中宮的侍衛車馬和長樂宮的侍衛車馬全都交給兒子，並打開武器庫。劉據分發眾人武器，真正地踏上了武裝叛亂的道路。

這場被稱為「巫蠱之禍」的政變就此爆發。劉據的力量和劉徹調撥來鎮壓的軍隊，在長安城裡混戰了幾天幾夜，殺得鮮血淹沒街道，都匯聚成赤紅的河流。

其中有個細節需要交代：漢武帝劉徹接到太子造反的報告後，一開始並不相信，還派人回長安城了解情況。誰知道，派出去的小太監害怕，根本不敢去長安，只在外面溜達後回來，謊稱太子造反了，劉徹才調兵鎮壓的。這也說明，劉徹、劉據父子的訊息交流通道堵塞到何種程度！

混戰的結果是，劉據一幫人寡不敵眾，遭到血腥鎮壓。劉據帶著兩個兒子逃出城外，跑到湖縣泉鳩（今河南靈寶西部與陝西交界處）的一戶農家藏匿。收留太子父子三人的農夫家非常窮，一家人連溫飽都解決

不了，收留太子父子後，生活就更難以為繼了。劉據突然想起自己在隔壁的新安縣有認識一個富豪，就傳信給他，希望能得到接濟。他的老朋友接到訊息，向官府告發。官府發兵圍捕太子。兩位兒子為了掩護父親而上前搏鬥，都被官兵殺害。劉據知道難以逃脫，在房中懸梁自盡。

劉據死時，年近四旬，育有三男一女。太子敗後，他的四個子女都同時遇害。其中一個兒子叫始皇孫，遇害時剛生下一個兒子。這名皇曾孫受到爺爺劉據的牽連，還在襁褓中就被關入監獄，要開刀問斬。管理監獄的長官叫丙吉，看這個皇曾孫可憐，冒著生命危險，把他保全下來，還找兩個女囚在監獄裡暗中撫養小嬰兒。這個嬰兒病病殃殃的，丙吉就為他取名劉病已，希望他不再得病。這個劉病已就是劉據留下的唯一血脈。

政變平息後，震怒的劉徹派人收繳皇后的璽綬，要廢掉衛子夫。衛子夫在宮中自殺。太監找了口薄棺材，將衛子夫草草埋葬在長安城南的桐柏。文獻說至此「衛氏悉滅」。

衛家是漢武帝時期的傳奇家族。衛子夫從歌女到皇后、衛青從騎奴到大將軍，家族相關人等在朝野盤根錯節，締造神話。儘管權勢熏天，這個家族安分守己，並沒有什麼「負面新聞」。衛家的主要人物還對西漢王朝做出了突出貢獻。但他們遇到一個強權君主，一個晚年多疑的劉徹，頃刻之間就被連根拔起，滿門抄斬，令人惋惜感慨。

政治崇尚叢林法則，兩強相遇，必有一傷。強盛的權力家族和強權的專制君主，在同個時間內，只能存在一個，不可能和睦相處、分享權力。這就是衛青家族無法在漢武帝時代永保富貴的大道理。

有人可能會問，和衛家直接相關的人都死了，那麼衛家還能「翻盤」嗎？或者說，大難以後的權貴之家，能否恢復往日的權勢？又能恢復多少程度呢？

四

政治人物的思想特別奇怪，當外部條件發生變化後，他們對一些事物的基本看法都會發生翻天覆地的轉變。衛家在的時候，劉徹如鯁在喉，感到很不舒服；現在衛家的人被殺得乾乾淨淨了，劉徹又渾身不舒服，想念起衛家的好處和優點來了。

前太子劉據的平反昭雪成為衛家名聲好轉的轉捩點。老百姓對死去的劉據很有好感，對他的死很同情，都相信劉據不會用木偶人詛咒皇上。隨著時間的推移，江充等人陷害太子的證據也漸漸敗露出來，民間的輿論開始朝有利劉據的方向發展。劉徹冷靜下來後，也開始相信兒子劉據起兵主要是被逼自衛，並沒有謀害自己的意思。關鍵時刻，負責守護西漢開國皇帝陵墓的小官、高寢郎田千秋上書為劉據犯顏直諫，扭轉了整個局勢。他寫道：「兒子對著父親舞刀弄槍，應該受到鞭笞。如果皇帝過失殺死太子，那又應該做何處理呢？」劉徹對田千秋的上書非常感慨、非常重視，田千秋竟然因為這次上書而被擢升為丞相。之後，巫蠱動亂的處置完全顛倒過來。蘇文被活活燒死，抓捕劉據的官員也被殺。劉徹在兒子遇害地修建思子臺和宮殿，追念劉據，追悔莫及。衛家的名譽也很快得到恢復。

冤案得到撥亂反正，漢武帝劉徹的壽命也快走到盡頭。他叫畫工畫了一幅周公抱著周成王接受諸侯朝見的圖畫，賜給霍光。後元二年（西元前八十七年）春天，漢武帝劉徹又一次病重，霍光流著淚問道：「皇上萬一歸天，誰可繼承皇位？」劉徹說：「你難道不明白我賜畫的意思嗎？我讓幼子繼位，你來當周公。」漢武帝定最小的兒子劉弗陵為新太子，選中謹慎可靠又出身霍家的霍光來當輔政大臣。是霍光自身的傑出表現，還是劉徹對衛霍家族的好感與愧疚心理，讓霍光得到這個地位？

兩者都有，我們很難說孰輕孰重。臨終前，漢武帝劉徹把衛青大司馬大將軍的職位封給霍光，同時升金日磾任車騎將軍，上官桀任左將軍，桑弘羊任御史大夫，接受遺詔，共同輔佐少主。

劉徹死後，劉弗陵繼位，就是漢昭帝。漢昭帝劉弗陵年僅八歲，按照武帝遺詔，封霍光為博陸侯，將國家大事全都交給霍光處理。衛霍家族邁出了復興的扎實步伐。

霍光：皇帝的心病

一

與同父異母的哥哥霍去病不同，霍光外表是標準的文官相，皮膚白白淨淨，臉部輪廓很分明，還蓄著很漂亮的鬚髯，這些都是很典型的西漢文官形象。如果說有什麼特別，那就是霍光長得很高，很容易被人認出。哥哥霍去病是頭腦簡單、凶猛善戰的人；而霍光做事非常嚴謹，規規矩矩。曾有好事者暗中做標記，發現霍光每次進出皇宮的殿門，都在固定的地方停頓、前進，幾十年絲毫不差。霍光做事的謹慎和周密，可見一斑。

漢武帝指定霍光為頭號輔政大臣，是突擊提拔，更是破格錄用。凡是被突擊提拔、破格錄用的官員，都會遭人妒忌，乃至攻擊、暗傷。霍光也不例外。在霍光主政初期，就遭遇兩次權力危機。第一次是漢武帝剛死，就有近臣（衛尉王莽的兒子，侍中王忽）揚言劉徹駕崩時，自己就在身邊，不知道漢武帝有託孤的事情，不知道留有遺詔，意圖動搖霍光的地位、製造混亂。霍光強力反擊，逼迫這些人自殺了。第二次權力危機，對霍光的打擊更危險。霍光的親家上官桀（霍光的女兒嫁給他兒子上官安）父子、蓋長公主等人求官擴充勢力，遭到霍光反對，就跟在經濟事務上與霍光不和的桑弘羊、謀取帝位的燕王劉旦結成「四人

幫」，企圖謀殺霍光，廢掉昭帝，擁立燕王為天子。他們誣陷霍光，結果被年幼的漢昭帝識破，最後事情敗露，上官父子、桑弘羊被族誅，燕王和蓋長公主自殺。而平穩度過危機的霍光權力得到鞏固。他的外孫女上官氏又被漢昭帝立為皇后，從此霍家權傾朝野，勢力遍布朝野，基本上繼承了衛家的權勢。

霍光的主政，一反漢武帝時期的窮兵黷武，推行「與民休息」的政策，發展生產，改善外交關係，使西漢王朝政治平靜，社會經濟穩定發展。可以說，霍光這個權臣，對國家立下了大功。但是霍光獨攬大權，加上身材高大，不苟言笑，行事嚴厲，讓朝野上下不由自主地感到壓抑和恐懼。歷史反覆顯示，權臣很難做好，既要推動社會發展，又要有個好形象，留下好口碑。霍光在後一個方面，顯然做得很不夠。

元平元年（西元前七十四年）四月，霍光遭遇了權臣生涯的第三個危機。年輕的漢昭帝劉弗陵駕崩，沒有兒子。當時，漢武帝的六個兒子，只剩下廣陵王劉胥還活著，眾大臣都主張立廣陵王為帝。但霍光考量漢武帝生前不喜歡行為暴戾的廣陵王，不同意立他為帝，主張迎接漢武帝的孫子、昌邑王劉賀當新皇帝。他力排眾議，讓劉賀當了新皇帝，又逼死了劉胥。事實證明，霍光的決定是錯的。劉賀這個人，行為更加暴戾，且荒淫無道，最後發展到姦淫漢昭帝的宮人。霍光大失所望，以淫亂多罪為名，廢黜了即位才幾十天的劉賀。大臣廢黜皇帝，霍光做了迄今為止的第一人。這是霍光和他的家族權勢鼎盛的巔峰，但也隱藏著深深的危機。你想啊！霍光能夠隨便廢立皇帝，不管用的是什麼理由，都是不恰當的，這在朝野眼中，不是弄權的奸臣嗎？在專制時代，大臣侵犯皇權都不會有好下場，不知道一向謹慎的霍光，行事之前，有沒有想到這條權力規則。反正被霍光推上斷頭臺的那些劉賀近臣們，死前都埋怨劉賀「當斷不斷，反受其害」。劉賀要「斷」什麼？當然是收拾霍光了。

現在，劉賀也被剔除了，那誰來當皇帝呢？於是，中國大地出現了短暫沒有皇帝、又缺乏繼承人選的尷尬局面。

霍光握有新皇帝的決定權，但就是找不到候選人。新皇帝必須是漢武帝的子孫，而且輩分不能過高，也不能太低。可是劉弗陵沒有子嗣，劉賀已經被排除，其他皇子不是自殺或被殺，就是道德敗壞，喪失繼承資格。去哪裡找呢？

當年長安城天牢的長官丙吉，過了這麼多年，已經位列朝堂了。

他知道劉病已的情況，就抓住機會，向霍光進言說：「將軍，我看現在朝野所討論的人選，都是在位的諸侯宗室，忽視了那些還沒有爵位、尚在民間的皇室子孫。您是否記得，武帝臨終前的遺詔中，提到將皇曾孫劉病已認祖歸宗，由掖庭撫養。這個劉病已就是前太子劉據的孫子。我在他幼少時見過他，現在已經十八、九歲了。劉病已通經術，有美才，舉止有度，名聲在外。希望大將軍先讓劉病已入侍皇宮，令天下昭然知之，然後決定大策，那麼天下幸甚！」

霍光覺得丙吉的建議非常有道理，很快就下定立皇曾孫劉病已為皇帝的決心。霍光為什麼會挑劉病已？表面看起來，是山中無老虎，猴子稱霸王，只有劉病已在血統上最適合，且言行空白得像一張白紙，無可指責。深層去看，霍光這麼做是有私心的。任何政治人物都擺脫不了私心雜念。霍光的私心，就是對哥哥霍去病和名義上的舅舅衛青一家人感情深厚，念念不忘。劉病已身上帶有衛家的血脈，是劉據的孫子，是三姨衛子夫的曾孫。論輩分，霍光還是劉病已的表爺爺呢！

霍光點頭了，其他大臣紛紛附和。皇太后（其實是霍光的外孫女）也同意，派使節到劉病已家裡，伺候劉病已洗沐更衣，接他到未央宮拜見皇太后。劉病已被封為陽武侯，隨之接受群臣奉上的璽、綬，即皇帝位。劉病已就是漢宣帝，隨後改名為劉詢。

漢宣帝劉詢的即位，讓衛家重新成為權力視野的焦點。他即位後，下令改葬衛子夫，追諡她為「思后」，設置園邑三百家奉守陵寢。衛子夫因此又稱「孝武衛思后」；下詔為祖父劉據徹底平反，追諡為「戾太子」，也設置陵園，好生伺候。先前受到株連遇害的衛家諸人，也都得到平反昭雪。

身為朝廷的實質掌權人，霍光對這股尊崇衛家的風氣是贊同的。

在這一點上，他和新皇帝劉詢是同道中人。但在權力分配上，劉詢和表爺爺霍光可不是同道中人。

二

史載：「宣帝始立，謁見高廟，大將軍光從驂乘。上內嚴憚之，若有芒刺在背。」芒刺指的是植物莖葉、果殼上的小刺。劉詢當皇帝後，自然要參加拜詣高廟等典禮，霍光都隨車同行。劉詢就覺得如同有芒刺在背一樣，心中惶恐不安。

劉詢之所以有這樣的感覺，是因霍光是四朝重臣，統攬實權。史載霍光「兄弟諸婿、外孫皆奉朝請，為諸曹大夫、騎都尉、給事中」，我們來看看具體是怎麼回事。霍光的地位就不說了，他的兒子霍禹和哥哥霍去病的孫子霍雲都是中郎將，霍去病的另一個孫子霍山為奉車都尉、侍中，掌握禁軍的一部分。霍家的女婿更是謂為壯觀，有度遼將軍、未央衛尉、平陵侯范明友，諸吏中郎將、羽林監任勝，給事中、光祿大夫張朔，中郎將王漢，長樂宮衛尉鄧廣漢，散騎都尉、光祿大夫趙平。這些霍家子弟，不是擔任軍職掌握軍隊，就是宮廷內侍，位居要津，編織成一張覆蓋上下的關係網。另外，西漢從漢武帝開始建立內朝，將權力

從朝堂收歸內侍，丞相的權力遭到削弱。霍光繼續這個趨勢，任用部下、膽小怕事的楊敞出任丞相。從此，內外朝、文武官都掌握在霍光手中，班固稱之為「黨親連體，根據朝廷」。

年輕的劉詢身邊，坐著這樣一個大權臣，且連自己的皇位，都是他賜予的，劉詢渾身能舒服得了嗎？可是，劉詢也不是普通角色。他明明在霍光面前有坐臥不安的感覺，卻能裝作神態自若、唯唯諾諾的樣子。他的表演欺騙了包括霍家在內的所有人。

其實，劉詢始終將霍光和霍家的權勢視為對皇權的極大威脅，很看不慣霍家的飛揚跋扈。「宣帝自在民間聞知霍氏尊盛日久，內不能善。」好在劉詢久在民間生活，深知社會變遷、人情世故，沒有魯莽行事，而是尋找合適的方法。劉詢的皇位是霍光賜予的，如同霍光以道德原因廢黜劉賀的皇位一樣，劉詢的地位也受到霍光的強勁威脅。劉詢首先要向霍光示好，穩住霍光。所以在即位後，以年幼為理由，將朝政交給霍光打理。劉詢即位時已經成年，所以霍光在劉詢即位不久，就表示要歸政皇帝。但是劉詢謙讓，不肯接受大權，反而明文規定，朝廷的大事小事，都要先稟告霍光，然後再上奏天子。霍光欣然接回大權，每次朝見皇帝時，劉詢都虛己斂容，禮數非常周到。

霍光也不想想，一個成年的皇帝，怎麼可能心甘情願把實權歸還給大臣呢？

唯一的解釋是，霍光等人被劉詢舉止自若的表演欺騙了。對整個霍氏家族，劉詢都非常尊崇。即位的第二年，他就下詔說：「大司馬、大將軍霍光宿衛忠正，宣德明恩，守節乘誼，以安宗廟。我要以河北、東武陽等地的一萬七千戶，增加霍光的食邑。」至此，霍光的食邑達到超乎尋常的兩萬戶。他還前後獲得賞賜黃金七千斤，錢六千萬，雜繒三萬匹，奴婢百七十人，馬兩千匹，甲第一區。

　　後人不知道霍光在劉詢即位之初，主動要求歸政是真心實意，還是虛情假意。也許他真的沒有野心，覺得自己的確心力不足，要求退休。但劉詢久在民間遊走，社會閱歷和經驗並不淺。他寧肯相信霍光是有野心的權臣，寧肯相信霍光歸政是假意試探，做好最壞的準備，也不願相信霍光是真心歸政。殘酷的政治現實和血染的歷史，讓劉詢只能採取這樣的對策。如果霍光真的是一個沒有野心的人，那他真是太委屈了。也許，一個人一旦走上權臣之路，就注定脫離不了權力，或受權力的誘惑，喪失最基本的人情判斷。

三

　　凡是一個「空降部隊」初來乍到，既不熟悉同僚下屬，同僚下屬也不熟悉他。對西漢朝野來說，劉詢就是一個空降部隊。霍光之前對劉詢毫無了解，更談不上來往。為了維持、鞏固自己的巨大權勢，霍光決定要在劉詢身上多加投入，強化自己與皇帝的關係。在歷史上，權臣經常透過與皇帝聯姻來鞏固權勢，霍光也想採取這種方法。霍光在擁戴劉詢時就提出，要將自己的女兒霍成君嫁給他當妃子。不久，霍光拐彎抹角地要劉詢冊立皇后，實際上是要求劉詢立霍成君為皇后。那樣，加上當皇太后的外孫女上官氏，霍光就有兩張政治金牌。

　　霍光將霍成君嫁給劉詢，這件事本身就讓劉詢感到噁心。因為從輩分上來說，霍成君是自己的姑姑。而且，劉詢很早就結婚了，在民間當貧寒老百姓時，已經和平民許平君結婚了。他深愛著這位來自普通家庭的妻子，非常珍惜這段貧寒時期的愛情。劉詢與許平君的夫妻感情非常好。如果要立皇后，他也想立許平君為皇后。

現在劉詢陷入兩難之中，一方是真愛和髮妻，一方是政治和權臣。劉詢根基不深，即位之初不能得罪霍光，但他也不想違背自己的心願。冥思苦想後，劉詢想出一個好主意。他下了一道詔書，說自己在貧賤時，曾有一把心愛的寶劍。雖然自己現在貴為天子，佩有華貴的新劍，但心中一直思念舊劍。可惜的是，原來的寶劍找不到了，所以請各位大臣們幫忙尋找舊寶劍。在立后的敏感時期，劉詢的這道詔書，準確傳達了自己的心意。寶劍沒有找到，但大臣們紛紛上書，說許平君賢良、賢慧，是皇后的最佳人選。霍光見事已至此，不便阻攔。劉詢於是以眾人之口堵權臣之嘴，名正言順地立許平君為皇后，讓霍成君當妃子。

霍光平靜地接受女兒落選皇后的事實。這多多少少表現出他還不是那種一意孤行、心狠手辣的奸臣。女兒能成為皇后最好，沒成功，他也無所謂。但是霍光做人做事有個缺點，就是「一心在工作，忘記管教家庭」。霍家的人驕橫跋扈、目中無人、無法無天，對霍成君沒成為皇后一事耿耿於懷。霍光的老婆名叫顯，是個歹毒的女人。她因為自己的女兒沒有被立為皇后，就對許平君懷恨在心。最後，她竟然瞞著霍光，預謀要殺掉許平君。她買通宮中侍女淳于衍，等待時機。淳于衍一開始不敢答應，霍顯為說服她，口出狂言道：「將軍領天下，誰敢言者！」最後淳于衍被霍顯買通，成為潛伏在許平君身邊的殺手。其實，淳于衍只要將霍顯那句大逆不道的狂言報告官府，霍家就能被滿門抄斬了。

兩年後，機會來了，因為許平君懷孕了。皇宮中忙成一團，太醫們開出一張張藥方，先是滋補、保胎的藥，之後就是產後調理的藥。侍女們為皇后的生產忙成一團。在忙碌之中，巨大的黑手向許平君湧來。隨著生產逐漸臨近尾聲，淳于衍始終沒有找到下手的機會，她越來越著急。終於在一次製作藥丸時，淳于衍決定孤注一擲，利用自己配藥、煮藥的機會，置皇后於死地。

皇宮規定，凡是皇帝、皇后要吃的藥，宮中醫生和經手之人，都必須事先服用等量藥物，無不良反應後，再呈送給皇帝、皇后食用。淳于衍如何才能避開這一關呢？

淳于衍的做法，就是將一味中藥的粉末加入配方之中。這味中藥就是「附子」。附子是毛茛科植物烏頭的子根。生附子有毒，炮製過的附子也辛、甘，大熱。對心律失常、過緩的人，它有提高心率的功用，但即使如此，也仍舊帶有毒性。中醫對附子的使用非常謹慎，規定孕婦、產婦絕對禁用。

許平君喝下淳于衍加了附子的藥物後，隨即感到極不舒服。附子使她心率加速、血管硬化。不久，產後虛弱的許平君覺得心煩意亂，坐臥不安。她告訴身邊的人，今天服用的藥物可能有毒。太醫和淳于衍等人親口喝了許平君尚未喝完的藥，並沒有不良反應。大家只好去安慰無助的年輕皇后。當天，許平君就去世了，年僅十九歲。她是劉詢的第一位皇后，但只當了不到三年。

許平君死後，劉詢悲痛欲絕，盛怒之餘，命令嚴查死因。太醫們商議的結論，是許皇后產後虛弱，正常死亡。劉詢不相信，要朝臣參與調查。但是許平君周圍的人，在服用同一碗藥後都安然無恙，並無不適。朝廷相關部門，將所有醫生和宮女都抓捕起來嚴刑拷問。淳于衍被下獄拷問時，獄吏問得很急、很凶。顯害怕自己買通人、謀害皇后的事情敗露，在官府審訊醫生等人時，就將全部實情告訴丈夫霍光。霍光在真相面前大驚失色。他知道謀害皇后大逆不道，是誅滅滿門的大罪。霍光想去告發妻子，但他是一個重家庭的人。最終還是不忍心告發，反而還按照顯的意思，給審訊部門施加壓力，定淳于衍等人無罪。大家就只好將許皇后的死因歸結為產後不適。劉詢如此反覆了多次，都找不到真正的原因，不得不接受悲痛的事實。

從做人、當官角度來說，霍光犯了一個致命的錯誤。家人違法亂紀就是一個政治人物失敗的表現，掌權的同時也要約束家人，起碼不能縱容家人違法亂紀。霍光疏忽管理家人，是政治失敗；默許妻子毒殺皇后，則是犯罪了。

卻說許平君死後，霍成君成了新皇后。她是劉詢的第二位皇后。

但是劉詢並不愛她。

客觀來說，霍成君是非常努力的皇后，並非大奸大惡之人，且想做個好妻子。她知道丈夫深愛著死去的皇后、自己的前任。因此她就以許平君為榜樣，讓自己的言行朝許平君靠攏，希望能因此填補因許平君的死，而在丈夫心中騰出來的空間。霍成君成為皇后之後，像許平君一樣，每日拜見皇太后，對官人和大臣們謙虛謹慎，勉強學到了幾分。但是霍成君與許平君畢竟是成長環境完全不同的兩個人。許平君是在貧寒的民間成長的；霍成君則是在富貴中養大的。大貴族家庭的奢華、虛榮和偽善，在她身上留下了或深或淺的印記。許平君當皇后時，勤儉節約，平易近人。霍成君當皇后後，車馬儀仗盛大無比，對官人大臣經常賞賜，動輒以千萬錢計算。她還常常召見霍家親戚進宮聊天、遊玩。霍家親戚在宮中毫不忌諱，飛揚跋扈。

這一切無法讓劉詢對霍成君產生愛意。但是劉詢知道霍成君的背後，有龐大的霍家勢力，自己還不能與霍家硬碰硬對抗。他繼續韜光養晦，壓抑對霍成君的不滿，相反的，以親暱、疼愛的姿態對待霍成君，甚至包容她的缺點。在外人看來，皇上已經將對許平君的愛情轉移到新皇后身上 —— 他們不知道皇上是傑出的表演藝術家。霍光和顯夫妻兩人知道後，非常高興，霍家的人也放心了。

劉詢將對許平君的愛，深深埋藏在心底。身為他們愛情的結晶，劉詢很早就立許皇后生下的兒子劉奭為太子。這是一個很有味道的暗示。

霍禹：富不過三代？

一

如果單純地讓霍光和劉詢進行政治搏鬥，最後的勝利者一定是劉詢。因為劉詢具有年齡上的絕對優勢。誰笑到最後、誰笑得最好，劉詢肯定比霍光笑得更久。果然，霍光柄政前後二十年，終於在地節二年（西元前六十八年）春一病不起，快不行了。劉詢親自光臨霍家詢問病情，在病榻旁還落下眼淚。事後，霍光上書謝恩，請求朝廷分他的食邑三千戶，封霍去病的孫子、奉車都尉霍山為列侯，以侍奉霍去病的祭祀，延續霍家另外一支血脈。可見霍光對哥哥霍去病帶有很深的感情，也顯示他直到臨死時，都想著霍家的延續和發達。劉詢很給霍光面子，隨即將霍光的奏章發到朝廷中，交給丞相、御史等大臣討論，並即日拜霍光的兒子霍禹為右將軍。霍光死了，死得很欣慰。他的葬禮也辦得風風光光，劉詢和皇太后都親臨祭掃，算是備極哀榮。

但霍光隆重的葬禮過後，霍家就被劉詢誅滅九族了。

劉詢對霍光的尊崇並非出自真心。霍光死後，霍家的勢力依然強盛。劉詢不得不封霍山為樂平侯，以奉車都尉的本職領尚書事，呈現出要繼承霍光實權的架勢；同時封中郎將霍雲為冠陽侯。如果照此情況繼續下去，劉詢要消除霍家勢力對皇權的影響，還需要好些時日。但霍家

那些不爭氣的人，在霍光死後，變本加厲地胡作非為，弄得天怒人怨，將自家的把柄不停地往仇人手裡放，加速了家族的覆滅。

霍光生前為自己設計好了墳墓規格，但他那愛擺闊氣的老婆霍顯，在丈夫死後擅自改變霍光生前的設計，幫墳墓添加三道門、長長的甬道，並把一批官奴侍妾幽閉其中，用活人給霍光守墓。這下霍顯闖了大禍。在等級社會中，什麼樣的人能建造什麼樣規格的墳墓，是有嚴格規定的。霍顯這是按照皇帝的規格來修建丈夫的墳墓，嚴格來說，是目無君王、違制篡逆——當然，認為「將軍領天下」的霍顯腦袋中，根本就沒有規制、等級的忌諱。闖了這個禍不夠，霍顯還大興土木，營造宅第，極盡奢侈淫逸之能事。她自己的車，用熟牛皮包裹車輪，中間實以棉絮，裝飾著精美的錦繡，外殼還裝飾著明晃晃的黃金。更令人叫絕的是，霍顯出巡時，車子由侍女挽著五彩絲綢，漫步前進，到處遊玩，完全是一副王母娘娘下凡的排場，要多刺眼就有多刺眼。霍光生前對晚輩也沒有教導好，他的子侄們，現在跟緊著霍顯的榜樣，聲色犬馬，窮奢極欲。霍雲對工作一點都不關心，動不動就請病假，帶著賓客在黃山苑中進行大規模圍獵；不得不上朝時，就派奴僕下人去朝堂傳達自己的意思，弄得朝臣敢怒不敢言。霍顯和霍家的其他女眷，晝夜出入宮廷，找皇后霍成君玩耍、嬉戲，彷彿後宮就是霍家的後院。

霍顯寡居後，耐不住寂寞，與霍光生前寵愛的監奴馮子都勾搭，在家中淫亂。這個馮子都小人得志，狐假虎威。有次馮子都帶領一批家奴在路上耀武揚威，碰到御史大夫魏相的家奴。雙方為了爭道，互不相讓。馮子都命令眾家奴大打出手，把魏相的家奴打得落荒而逃。馮子都還不解恨，竟帶著家奴打上門去，闖入魏府。最後，御史大夫魏相不得不親自出面，低聲下氣向霍家的家奴叩頭謝罪。馮子都這才揚長而去。

如果說因為霍光對西漢社會的穩定和發展做出過重大貢獻，民間對

霍家還有一些好感的話，現在霍光辛辛苦苦賺來的好感，全被這些不成器的家人們給敗壞了。大小臣工和民間街坊，已經沒有一個人說霍家的好話了。這離霍光逝世還不過幾個月而已。

二

　　一個家族強盛的根本，還在於掌握政治實權的多寡。霍家子姪們表面上延續霍光的權勢，但沒有一個人有能力、有威望成為霍光第二。政治實權在鬆動，威風和排場卻越來越大，霍家的前途很危險了。

　　劉詢的年齡越來越大了，開始親政了。儘管霍山還在宮廷中掌握著尚書機構，劉詢下令官民上奏不經過尚書，群臣覲見獨來獨往，很容易就架空霍山，掌握實權。同時，劉詢提拔御史大夫魏相兼任給事中，侍奉在左右。霍家子姪們雖然沒有大的政治能力，但政治敏感度一點也不低。他們也感覺到大權旁落了，開始厭惡劉詢。霍顯就對霍禹、霍雲、霍山說：「你們幾個人，無法繼承大將軍的餘業。現在讓一個大夫擔任給事中，他人如果從中離間，你們還能自救嗎？」霍家人憤憤不平起來。的確，霍顯的擔心是有道理的。魏相果真向劉詢上奏進言，告誡劉詢春秋時期權臣禍國的教訓，認為霍光死後，霍家子弟占據要職，掌握軍隊，霍光夫人顯及諸女眷自由出入宮廷，驕奢放縱，恐怕對朝廷不利，建議劉詢抑制霍家勢力。這是一道密奏，得到了劉詢的贊同。

　　天要變了，許平君皇后的死，成為變天的關鍵。霍光死後，當年的謀殺案件，開始一絲絲地敗露出來。這消息像晴天霹靂般，讓劉詢異常震驚。現在好了，國恨、家仇混合在一起，劉詢下了提前除去霍氏家族的決心，開始暗地裡向霍家開刀。如果沒有謀殺許皇后的事件，劉詢

還可能給霍家留下一線生機，但如今他在心中暗暗關閉了霍家的生命之門。

霍家也不是好「欺負」的，經過二十多年的經營，勢力在朝野盤根錯節。其中的關鍵人物，還掌握著中央的兵權。劉詢就先從除去霍家兵權，清理霍氏官吏開始。他的做法，一是以正常的調動，剝奪霍家人的兵權；一是將霍氏官吏調離京城，轉任地方官，讓他們散落到各地，孤立起來慢慢收拾。比如霍光女婿范明友，原官爵度遼將軍、未央衛尉、平陵侯，朝廷收了范明友度遼將軍印綬，讓他專任光祿勳。霍光次女婿任勝，原來是諸吏中郎將、羽林監，掌握禁衛軍的指揮權，現在被支到河西走廊去當安定太守，守邊關去了。張朔是霍光外甥女婿，原本在宮中任給事中、光祿大夫，是近臣，現在被派到四川當地方官（蜀郡太守）。霍光孫女婿王漢情況與任勝相似，原先是中郎將，如今去更加偏遠的武威郡當太守。而偏向霍家勢力的老丞相韋賢也以「年老多病」的理由被罷免，魏相被封為高平侯，成為新丞相。

了迷惑霍家勢力，劉詢把霍家第三代的代表人物、霍光的兒子霍禹，由右將軍提升為大司馬。

這一連串的變動，在短短十幾天就完成了。令人眼花撩亂的職務變動中，值得一提的有兩點：第一，原先皇宮的守衛都由霍家的女婿們負責，因為他們掌握了中央的軍隊。現在霍氏勢力被清理出中央軍隊。中央諸領胡越騎、羽林及兩宮衛將屯兵，都改由劉詢所親信的妻家許氏和舅家史氏的子弟統帥。劉詢由此掌握軍隊，為之後的政治舉措奠定強而有力的基礎。第二，霍禹雖然當上伯父和父親曾經擔任過的大司馬高位，但失去了直接指揮的直屬軍隊。霍禹也是聰明人，明白其中的玄妙，被提升為大司馬後鬧脾氣，始終稱病不朝。

曾任霍禹長史的太中大夫任宣前來探望上司，詢問病情。霍禹說：

「我哪有病？當今皇上如果沒有我家將軍（指霍光）擁立，哪有今天啊？現在將軍墳墓嶄新，皇帝就開始排擠我們家人，寵信許、史兩家人。皇上奪我印綬，令人不省死。」任宣見霍禹對朝廷和皇上深懷恨意，敏銳意識到其中的危險。他勸老上司：「大將軍的時代已經不可能再回來了！當時大將軍持國權柄，生殺在手中。許多大臣因為忤逆大將軍的意思而被下獄，甚至處死。因此朝野有事，都先稟報大將軍，丞相等人等同虛置。現在情況不同。許、史兩家人都是當今天子的骨肉，得勢、顯貴起來，是可以理解的。大司馬您如果總是這樣心懷怨恨，下官以為不可。」任宣的這段話，可謂道破中國古代歷史的一大規律。權臣的興起是依附皇權的結果。正所謂「三十年河東，三十年河西」，皇帝親信誰，誰與皇帝關係密切，誰就能獲取巨大的權力。但是當一個人成為權臣後，他總是希望永遠保持權勢，卻忽視了自己家族與皇帝並不能永遠保持密切的關係。霍禹無話可答，兩人只能默然以對。幾日後，霍禹宣稱病已經好了，重新開始上朝視事。

第一回合，霍家第三代人完全不是劉詢的對手，大敗而歸。

三

霍顯這個女人不甘心，開始指揮兒子、侄子、女婿們反擊。但霍顯雖是陰謀詭計的高手，在政治上卻很幼稚。她策劃的反擊措施，不僅小家子氣，發揮不了大作用，反而把自家拖入萬劫不復的深淵。

霍顯首先想到的是廢立太子，把自己的外孫扶立為新太子，為霍家勢力增色添力。她本來就對許平君的兒子劉奭被立為太子嚴重不滿，現在打起毒殺太子的歪主意。雖然女兒霍成君入宮後一直沒有生育，但霍

顯認為，太子的位子應該為自己還沒出生的外孫留著。她曾憤憤地說：「太子劉奭不過是民間貧婦生的賤種，哪有資格入主大統？難道我霍家女兒日後生的兒子，就只能當一個小親王嗎？」霍顯可不只是發發怨言，還教唆女兒霍成君毒死劉奭。為了讓女兒能下定殺太子的決心，霍顯這個當媽的，把當年毒殺許平君的實情，一五一十地告訴女兒。霍成君完全嚇到了，她就好像是闖入政治角力場的小鹿。當庇護自己的森林逐漸褪去，她面對殘酷的草原競爭法則，無法適從。母親指出的現實抉擇，對她的地位和將來都是有利的，但她的基因還是鹿，不是狼。她對劉詢有感情，希望獲得丈夫的真愛。先前，丈夫與自己卿卿我我，恩愛往來，已經讓她滿足了。當母親說破表象後，她震驚得無法接受。霍成君猶豫再三，始終下不了決心。她良心未泯，既不想殺人，也沒有信心。一方面，霍成君不像淳于衍一樣有機謀，下得了手；另一方面，劉詢為了保護太子，精心挑選忠心耿耿的侍從。每當他人為劉奭送來食物時，侍從們都一一為太子嘗毒。即使霍皇后送來的食物，也不例外。

就在霍成君在宮中遭受現實和良心煎熬時，宮外的霍禹、霍山、霍雲等人，見到實權被日益侵削，多次相對啼泣，埋怨皇帝。權力彷彿就是毒藥，能讓持有者上癮。劉詢親政後，霍家勢力一日不如一日，霍家子侄們的心中，產生深深的怨恨和對過去權勢的懷念，無法釋懷。

霍山說：「現在朝廷是丞相用事，大司馬被架空了。皇上大幅度修改大將軍（指霍光）時期的法令，襯托出大將軍的過失來。以前大將軍壓制那些喜歡妄說狂言，不避忌諱的儒生，現在皇上卻喜歡和那些儒生對話，讓那些人上書言事。他們上書的內容，都是說我們霍家壞話的。曾有人上書說大將軍時『主弱臣強，專制擅權，今其子孫用事，昆弟益驕恣，恐危宗廟，災異數見』，言詞激烈。我看到後，就把上書給扣留下來了，沒有奏報皇上。誰想到，上書的人狡猾得很，繞過我這個尚書，直接奏報給皇上了。皇上是越來越不信任我了。」

霍顯就問：「丞相他們常常說我們家不對，難道他們就沒罪過嗎？」

霍山很有爺爺霍去病的簡單、實在的性格，搖頭回答：「丞相等人很廉正，哪裡有什麼罪過？倒是我們家的各位兄弟和女婿們，言行不慎。民間還傳說我們霍家毒殺了許皇后，不知道是不是真的？」

緊要關頭，霍顯不敢對大家有所隱瞞，只好把毒殺許平君的實情告訴霍山、霍雲和霍禹。霍山三人大驚失色：「這種事情，怎麼不早點告訴我們！皇上排斥、調任我們家的各位親屬，看來是有所察覺許皇后真正的死因。這是大事，要誅滅滿門的，怎麼辦？」事到如今，一家子這才慌亂起來。《漢書》說他們「於是始有邪謀矣」。看來，盤踞政壇多年的霍家，也沒有想到破除窘境、洗脫毒殺皇后罪名的好方法，而是一不做、二不休，開始有異心了。他們決定來個瘋狂的冒險。

我們一起來看看他們策劃的冒險計畫。他們陰謀以太后的名義召開酒宴，召集丞相、平恩侯等顯貴來赴宴。第二步，在宴會上，由范明友、鄧廣漢兩個人，以太后的命令斬殺他們。第三步，霍家入宮廢黜天子劉詢，改立霍禹為皇帝。在這個徹頭徹尾的政變陰謀中，那些朝廷顯貴怎麼可能一個不漏，乖乖地按照霍家的計畫，自投羅網？殺死這些人，就能輕易廢黜劉詢嗎？霍禹憑什麼篡奪漢朝的江山？霍禹和霍顯等人，根本就沒想過這個問題。霍家在之前扶立過三個皇帝，還輕易廢黜一個皇帝。他們似乎覺得，再多廢黜一個皇帝，也不是什麼困難的事情。但是他們卻不知道，霍光在世時，他廢黜劉賀，根本就沒有動刀子，召開會議，動一下嘴就成功了。現在，身為霍光的子孫，霍禹等人卻需要如此精心謀劃，大動干戈，可見霍家的權勢真的大勢已去了。

還真不是小看了霍禹等人，他們的實際能力比想像的還要差。他們不僅疏忽大意，而且拖延不決。結果陰謀還在謀劃階段，就夭折了。霍家勢力的一個成員（李竟），因為交結諸侯王被查辦，在供狀中談到了

霍家各位兄弟。劉詢抓住機會，下詔說霍雲、霍山「不宜宿衛」，不讓兩兄弟在宮中擔任近侍，趕回家好好反省。不久霍雲又被任命為玄菟太守，要去遙遠的遼東地區任職；接著是任宣，要去山西擔任代郡太守，去防備匈奴人。突然的變故，增加了政變計劃順利執行的難度。

霍家子弟頓時亂成一團，不知所措。養尊處優的貴族子弟的缺點，在關鍵時刻暴露無遺。政治世家的子弟，要麼特別能幹，政治老練，行事沉穩，因為他們從小在政治染缸中耳濡目染，而且在長輩的栽培下，過早、過多地接觸、實踐，所以非常成熟能幹；要麼非常沒用，瞻前顧後，志大才疏，一到關鍵時刻就搞砸。霍家子弟就屬第二種人。本來霍家的女眷，在後宮很囂張無禮，家奴們數次犯法，劉詢都沒有追究。劉詢越不追究，霍山、霍禹等人就越害怕，怕劉詢把罪行都記錄下來，秋後一起算帳。霍顯則可能出現了精神衰弱、神情恍惚的問題，老是夢見家裡井水溢出、淹沒廳堂，煮飯的灶臺跑到樹上等怪事，還曾夢到霍光告訴她：「知不知道，皇上就要來抓你們了？」剛好霍家那段時間老鼠很多，烏鴉也喜歡到他家的樹上歇歇腳。霍顯和各位子弟認定這些是家族衰亡的徵兆，惶惶不可終日。所謂的政變陰謀，此時已經失敗了。霍家子弟為什麼這麼窩囊沒用，為什麼沒有成為第一種成熟能幹的世家子弟呢？問題出在他們的家庭環境上。我們知道他們家驕橫跋扈、胡作非為，而霍光在世時，又疏忽對子弟的教育培養工作，所以霍家子弟僅僅在政治角力場上「近水樓臺先得月」，卻沒有學會角力的技巧。身為一家之主，死去的霍光對子弟的無能，負有責任。

最先出問題的是霍山。無能的霍山在這關鍵時刻，自亂陣腳，向同夥祕密寫信通報情況，聯絡下一步行動。政變陰謀怎麼能寫下來，這不是找死嘛？結果機事不密，霍山先被人告發密通書信，溝通大臣。霍顯見情況緊急，搶先上書朝廷，情願獻出城西的宅第和一千匹馬，請求赦

免霍山的罪行。這等於不打自招。別人還沒弄清楚怎麼一回事呢！霍家先認罪了。結果，霍山的書信還是被呈報給劉詢，朝廷很快就發現霍家的政變陰謀。劉詢採取嚴厲的鎮壓措施。霍雲、霍山、范明友見事情敗露，自殺身亡；霍顯、霍禹、鄧廣漢等人被抓捕入獄，最後霍禹被腰斬，霍顯及霍家親屬被棄市。劉詢以政變案為打破僵局的關鍵點，大規模清理霍氏黨羽，因此案受到株連、被滅門的有數千家之多。這些可憐人家，只能去陰間找霍家子弟報仇了。

這是漢宣帝地節四年（西元前六十六年）的事情。

皇后霍成君在事變發生後，被囚禁在昭臺宮。起初霍成君傷心、悔恨，責備家人，但她對自己的命運還是有信心。畢竟自己沒有做什麼傷天害理的事，也是皇上喜愛的妻子，且皇后地位並沒有被廢黜。霍成君期盼自己有朝一日能搬出冷宮，重新成為皇后。但奇蹟並沒有發生。幾個月後，昭臺宮來了使臣，他向尚懷有希望的霍成君宣讀劉詢的詔書。詔書說：「皇后熒惑失道，懷不德，挾毒與母博陸宣城侯顯謀，欲危太子，無人母之恩，不宜奉宗廟衣服，以承天命。嗚呼傷哉，其退避宮，上璽綬有司。」在詔書中，劉詢責備霍成君追隨母親顯，謀害太子，心懷歹毒，失去了當皇后的資格。霍成君被正式廢去皇后尊位，逐出皇宮。

霍成君在家破人亡、無依無助的情況下，被送到長安郊區的上林苑中，囚禁在陽臺宮。十二年後，劉詢依然對霍成君抱有恨意。他下令，不許霍成君繼續居住在皇家宮殿中，而是囚禁在一個名叫「雲林館」的小屋中。不久，劉詢乾脆下令霍成君自殺。這個一心想當皇后，卻只當了五年的貴族女子，自殺時只有三十三歲，成為政治鬥爭的犧牲品。

四

從衛青、衛子夫和幾乎同步發展起來的霍去病，再到霍光，最後到霍禹、霍山、霍雲，衛霍家族盤踞西漢王朝權力核心六十多年。他們以家奴、私生子的身分，奮鬥到帝國的顯要貴族，成就了一則權力神話。遺憾的是，這個神話來得艱難，維護得曲折，破滅得卻極其迅速。有人將霍家最後的失敗，歸結為霍光對家庭和子弟教育的忽視；歸結為霍家第三代的不成器。更多人認為，霍家的失敗，是權力鬥爭的必然。霍氏家族被剷除後，劉詢出巡或祭祀時，車騎將軍張安世陪坐在皇帝的車騎上。現在劉詢和張安世坐在一起，從容舒服，一點也沒有芒刺在背的感覺了。霍家的權力都讓皇帝感到不安了，下場會好嗎？

中國古代政治史，從某個角度來說，是皇權和大臣權力之爭。鬥爭的結果，皇權勝多敗少。其中的原因很複雜，我們單單在兩千多年後，再來看看霍氏家族的起伏，不能不承認，劉詢殺戮太過，同時也感嘆霍光沒有找到避禍之道。其實，在西漢的君臣關係史中，有很多可以借鑑的先例。漢初名相蕭何韜光養晦，保全自身及後裔。他權勢最大的時候，卻在窮鄉僻壤置辦家業，一來為子孫留棲身之地，二來也因為土地偏僻貧瘠，希望不被後代豪強覬覦。漢武帝時的丞相田蚡，自恃是皇帝的舅舅，「權移主上」，受到武帝警告後始有收斂，得以全身而終。而開國元勳周勃之子、平定七國之亂的大功臣周亞夫，僅僅因被景帝視為「此怏怏，非少主之臣」，就被以謀反罪下獄，死在獄中。霍光自受漢武帝遺詔，輔弼漢昭帝以來，歷經四代皇帝，主持朝廷政務二十年。在霍光主政期間，漢朝一改漢武帝晚年的貧乏和混亂，社會經濟獲得發展，對漢朝是立有大功的。但霍光權勢熏天，其間主持皇帝的廢立，成為前所未有的大權臣，功績、勢力和聲望，都超過身為皇帝的劉詢。在皇權

至上的時代，霍光家族嚴重侵犯了皇權。霍家的失敗，在於霍光沒有及時全身而退，沒有與劉詢保持良好的關係和溝通。而劉詢又是精於世故、老成穩重、厚積薄發的難纏皇帝，不是普通對手。最後，整個家族成為悲劇的主角。

班固為霍光立傳後，評論霍光「受襁褓之託，任漢室之寄，當廟堂，擁幼君，摧燕王，仆上官，因權制敵，以成其忠。處廢置之際，臨大節而不可奪，遂匡國家，安社稷。擁昭立宣，光為師保，雖周公、阿衡，何以加此！然光不學亡術，闇於大理，陰妻邪謀，立女為后，湛溺盈溢之欲，以增顛覆之禍，死財三年，宗族誅夷，哀哉！」認為霍光對漢朝有大功，但是不學無術，不管束好家庭，所以造成死後三年就被滅門的悲劇。司馬光則認為，悲劇的原因，是霍氏奢侈太甚，「人主蓄憤於上，吏民積怨於下」，滅門是勢所必然的。

到劉詢的孫子漢成帝劉驁時，朝野為霍光平反的聲音開始出現。最後朝廷為霍光設置百戶人家守塚，並找到霍光同族的後代霍陽，封他為博陸侯，食邑千戶，算是間接肯定霍家對漢朝發展的貢獻。霍家最後還是享受了普通功臣的待遇。

將門虎父無犬子

—— 李廣、李蔡、李陵、李暠家族

「隴西李家」是著名歷史名詞，是發源邊陲卻影響中原的唯一世族大家，也是充滿悲劇色彩的家族。李廣征戰近半個世紀，身經百戰，以自刎告終；李陵孤軍深入敵後，以寡敵眾數晝夜，走投無路、被迫投降，赤子之心換來千古責難；李蔡、李敢等人也不得善終。南北紛爭時，李暠在隴西建立西涼政權，到唐代李唐皇室和多個少數民族，都追奉李廣為祖先，隴西李家赫然成為天下第一望族。悲劇不斷的李家，迎來遲到的黃金時代。

但使龍城飛將在

一

　　隴西李家的輝煌，要從西漢名將李廣開始。

　　李廣出生時，隴西李家就已經是將門世家了。在他前面，李家出現過秦代名將李信。李信追斬太子丹，滅亡燕國，赫赫有名。據說李信將拿手的射箭技藝流傳下來，李廣從小學得一手好箭法，加上他身高過人，有猿猴一樣的長臂，成為武藝高超的善射武士。漢文帝十四年（西元前一六五年）匈奴大舉侵擾邊關，李廣以「良家子」的身分，和堂弟李蔡一起從軍殺敵。此後除了一度參加平定七國之亂外，李廣一生都活躍在西漢與匈奴的戰場上，大小近百戰，殺敵無數。匈奴人敬畏地稱呼李廣為「飛將軍」，讚揚他武藝高超，在陣前來去自如。

　　李廣的「飛將軍」是不是浪得虛名呢？

　　「李廣射石虎」的傳說家喻戶曉。李廣擔任右北平太守時，誤以為草中的巨石是老虎，拔箭射之，結果弓箭深深沒入石頭，好幾個人用力都拔不出來。唐代詩人盧綸在〈塞下曲〉中形象地描繪道：「林暗草驚風，將軍夜引弓。平明尋白羽，沒在石稜中。」李廣的善射和神勇，可見一斑。但是李廣對射擊過於自信、自負了。兩軍對壘時，李廣要求自己殺

敵箭無虛發，常常策馬衝鋒，不進入敵陣數十步距離之內不發弓，箭一離弦必有一個敵人應聲倒地。李廣的這個行為，就有點帶有自我炫耀和逞強的意思了。他的個人英雄主義，常常招致敵人的圍追和猛獸的進身肉搏，李廣為此傷痕累累，卻從不畏懼。

漢景帝時，朝廷派一位近臣與李廣一起在前線統軍抗敵。那名近臣安逸享樂慣了，到了邊關，還想著狩獵取樂。一次，他帶著幾十個騎兵狩獵，結果遭到三名匈奴騎士射殺。所有騎兵都被射死了，近臣受傷逃回。李廣知道了，竟然興高采烈。因為他從那三個匈奴騎士身手，判定他們是射鵰手。殺一個射鵰手在李廣看來，既刺激又有價值。於是他親率一百騎兵，追趕三名匈奴射鵰手。追出邊關幾十里路後，李廣和三人「切磋射技」，射殺兩名匈奴射鵰手，還生擒一名。正要返回，匈奴數千騎兵趕到，包圍了李廣這一百人。匈奴大軍很重視李廣，立刻擺開陣勢，步步逼來。漢軍騎兵驚慌失措，紛紛要調轉馬頭回奔。李廣卻說：「我們離開基地數十里了，如果倉皇逃回，肯定會被追兵一一殺死。如果我們留下對陣，匈奴反而以為我們是誘敵的小部隊，不敢打我們。」李廣命令所有騎兵迎著匈奴大軍前進，一直走到離匈奴陣地不到二里路才停下來。他又命令大家下馬解鞍休息。有人擔心，萬一匈奴人壓過來，怎麼辦？李廣解釋：「敵人以為我們會逃跑，如今解鞍，表示我們不走，更能迷惑敵人。」匈奴人果然不敢冒攻，派出一名將領出來打探實情。李廣立刻翻身上馬，一舉射殺那名匈奴將領，又重回部隊休息。漢軍將士都臥地笑談，匈奴人則面面相覷，一直到晚上，都不敢攻擊。半夜時分，匈奴堅信李廣就是漢朝大軍的誘餌，漢軍大部隊可能會連夜突襲，主動撤退。第二天，李廣帶領一百騎兵毫髮無損地坦然回營。

「飛」說的是李廣的機動性強，一支弓箭會除掉一個敵人；「將軍」要求的除了高超的武藝，還要有成熟的政治素養，李廣的自負和個人英

雄主義作風，則和這一點要求有些差距。李廣帶兵統軍的作風，更能說明李廣軍事上的成熟和政治上的不成熟。

　　李廣打仗時身先士卒，平時愛兵如子，深得官兵愛戴。李廣很關心官兵的待遇，拿到賞賜，都分給部下，堅持與官兵一起吃大鍋飯。行軍打仗遇到缺水、斷食，李廣堅持在所有士兵沒吃到飯、喝到水之前，不近水邊、不嘗飯食。李廣一生擔任高官四十多年，死時家無餘財，都花在軍隊上了。在軍隊管理上，李廣很寬鬆，行軍時不列隊，駐紮時不設崗，平時幾乎不訓練，不重視部隊的補給和輜重，軍隊紀律也很差。而且李廣對軍隊繁瑣的文件和會議制度非常反感，在自己的軍隊裡，一律簡化文案。將軍程不識曾與李廣一起屯邊。程不識的軍隊紀律嚴明，定時檢查崗哨和偵查，執行嚴格的文案制度，常常徹夜整理案牘。程不識的統兵風格深得朝野讚賞，相反的，李廣帶兵太業餘、太「山寨」了。但是漢軍士兵都喜歡歸入李廣的麾下，都願意跟隨李廣死戰，沒有人願意劃入程不識的部隊。結果李廣的部隊常常以一當十，程不識的部隊卻戰績遜色，勉強不敗而已。

　　軍旅詩人高適在〈燕歌行並序〉中感慨，一直到唐朝，官兵們都沒有遇到像李廣一樣身先士卒、體恤將士的將軍：「相看白刃血紛紛，死節從來豈顧勳。君不見沙場征戰苦，至今猶憶李將軍。」

　　早在漢文帝時代，公孫昆邪評價：「李廣才氣，天下無雙，自負其能，數與虜敵戰，恐亡之。」後人常常突出「天下無雙」四個字，卻忽視「自負其能」，只有把這兩方面結合起來，才能全面了解李廣。

二

李廣威名很盛，資歷很深，身經百戰，卻一直沒有實現封侯的夙願。

征戰封侯，是每個軍人的願望。不想當元帥的士兵不是好士兵；不想建功封侯的將領也不是好將領。李廣一心想封侯，卻終生未能如願。早在漢文帝十四年從軍抗匈，李廣就殺敵多人，因戰功升為郎中，進入皇帝的禁衛軍。李廣多次跟隨漢文帝射獵，格殺猛獸，勇力非凡。漢文帝慨嘆：「李廣可惜了，生不逢時！如果生在高祖時，封個萬戶侯都不成問題！」漢高祖劉邦是在亂世中廝殺起家的，漢文帝覺得李廣能在亂世跟上劉邦，肯定是拓土開疆的一代公侯名將。但是在漢文帝和漢景帝等相對和平的時代，李廣沒有參加大戰的機會，自然也達不到西漢王朝封侯的標準 —— 西漢王朝法律嚴格，規定必須建立多大功業或殺敵多少人以上，才能封侯。

漢文帝死後，西漢進入多事之秋。先是漢景帝時期爆發了七國之亂，然後是漢武帝開始大規模對匈奴作戰，李廣終於獲得殺敵建功的機會。可惜，一次次封侯的良機，從他的指縫溜走了。

李廣第一次和侯爵寶座擦肩而過，是在平定七國之亂時。李廣隨周亞夫與叛軍主力激戰，建立了赫赫戰功，並在昌邑城下勇奪叛軍帥旗，立功顯名。這一次，李廣完全達到封侯的標準。戰後他的許多同僚和戰功比他低的人都封侯了，但李廣卻沒有任何封賞。因為李廣在斬獲帥旗後，私自接受梁王授予的將軍印。這個梁王是漢景帝的弟弟，堅守河南封地，阻擊叛軍，戰功也很顯赫。但他是漢景帝皇位的最大競爭者，朝廷中有一股人攛掇著要立他為漢景帝的接班人。李廣私自接受皇帝競爭者的將軍印，他想做什麼？要服從梁王的指揮嗎？李廣政治幼稚就幼稚在這個地方，主

動站到皇帝的對立面去，最後落個有功不能賞的下場。有些錯誤是永遠都不能犯的，即使犯了一次，你這輩子就完了。李廣的錯誤沒那麼嚴重，但在整個漢景帝時期，他升官封侯算是完全沒戲唱了。

李廣之後歷任上谷、上郡、隴西、北地、雁門、代郡、雲中等地太守，以與匈奴硬拚聞名。而和他一起參軍的堂弟李蔡，才能中下，能力比不過李廣，卻發展得比李廣好。最初他和李廣都因為軍功，進入漢文帝的禁衛侍從行業，之後就脫離軍隊第一線，擔任武騎常侍，走高層路線。漢景帝初年，李蔡就位列高官行列，走在李廣前面。

漢武帝即位後，很賞識李廣的盛名，調李廣為未央宮衛尉。李廣的政治春天來了。

漢武帝籌劃的第一次反擊匈奴大戰役，是馬邑戰役。漢朝伏下重兵，準備圍殲南下的匈奴。李廣以驍騎將軍身分，率軍埋伏在那，等待匈奴鑽進口袋，封爵晉升彷彿指日可待。結果，多疑的匈奴單于發現破綻（漢朝人沒經驗，都去埋伏了，放著漫山遍野的牛羊不管，能不讓人起疑嗎？），中途退兵。伏擊計畫中途夭折。李廣只好無功而返，第二次錯失良機。

漢武帝不久後，給李廣第三次封侯立功的良機。西元前一二九年，漢武帝遣李廣、公孫敖、公孫賀和衛青四人率大軍，兵分四路迎擊匈奴。戰前，君臣都很看好排名第一位、聲名最高、資歷最深的李廣。結果李廣全軍覆沒。他迫切要建功立業，樹大招風，被匈奴視為頭號敵人來迎戰。匈奴單于「久仰」李廣威名，下令匈奴務必生擒李廣。於是匈奴集中數萬精兵，圍殲李廣的部隊，李廣受傷被俘。匈奴人將昏厥的李廣放在兩匹馬中間的網袋裡，拖著往回走。李廣途中醒來，斜眼看見旁邊不遠處，有個匈奴兵騎著一匹好馬，計上心頭。趁敵人不備，李廣突然躍起，推下那個匈奴騎兵，搶了戰馬南逃。匈奴人緊緊追趕，李廣邊

跑邊射殺，回頭一箭，射死一個追兵，最終逼退追兵。回國後，李廣別說封賞了，因為全軍覆沒，按律當斬，付了贖金後，被廢為庶人。因為李廣拖住匈奴的主力部隊，排名最後、初出茅廬的衛青，長途奔襲匈奴得手，一戰得名。

幾年後，匈奴攻破遼西，大敗漢軍，北方告急。漢武帝起用李廣鎮守右北平，匈奴人敬畏李廣，幾年不敢騷擾右北平。西元前一二三年，李廣被重新封為將軍，隨衛青出擊匈奴，還是沒能建功。堂弟李蔡則在之前任輕騎將軍，隨衛青出兵朔方，擊敗匈奴右賢王，俘獲大量人口和牲畜。李蔡因這次戰役的顯赫戰功，受封安樂侯，不久升任御史大夫，位列三公，完全把李廣拋在後面。元狩二年（西元前一二一年）丞相公孫弘死了，漢武帝選擇李蔡做自己的第二個丞相。他擔任丞相四、五年間，協助漢武帝治吏、改幣、統禁鹽鐵等事，中規中矩。事實上，漢武帝選擇李蔡，並非看中他的能力或想法，恰恰是因為他平庸安分、循規蹈矩。

李蔡當了丞相，隴西李家一躍成為當世的名門望族。

李廣深知兄弟能力高低，看到李蔡成為一人之上、萬人之下的丞相，自己蹉跎了大半生，年近六十，心裡的不好受，不用言表。

西元前一二○年，李廣率兵四千出右北平，和張騫統率的部隊分兵作戰。結果李廣受到匈奴一如既往的「高度重視」，被四萬匈奴精銳包圍。漢軍很害怕，李廣當眾要兒子李敢殺入敵陣查探敵情。李敢率幾十名騎兵殺出包圍，又殺了回來，故意高聲向李廣報告：「匈奴軍戰鬥力不強。」軍心安定了下來，李廣布成圓形陣抗敵。激戰中，箭如雨下，漢兵死傷過半，箭矢也快射光了。李廣手持強弩「大黃」射殺匈奴裨將多人，穩住了陣腳。一直殺到晚上，漢軍士氣低落，李廣來去自如，加緊整飭軍隊。這樣堅持了一天一夜，漢軍彈盡糧絕，敗局已定。好在張騫帶領一萬騎兵及時趕到，解救出李廣。李廣又失去一次建功立業的機

會，漢武帝考量他浴血奮戰、殺敵眾多，功過相抵，不賞不罰。

至此，李廣傷痕遍體，年到花甲，看似無法再上馬殺敵了。照例，他的征戰生涯要結束了。漢語中產生了一個專門用來形容李廣窘境的詞：「李廣難封」。客觀地說，不是漢武帝不想提攜李廣，而是李廣雖身經百戰，卻實在沒有達到裂土封侯的標準。同時起步的堂弟李蔡就不用說了，李廣的許多部下也被封侯。

李廣對自己的能力很自負，心氣很高。年紀大了，就喜歡占卜問神。李廣對封侯念念不忘，去問望氣算命的王朔，為什麼自己終生追求封侯，卻無法如願。「自從反擊匈奴以來，我參加了每一場戰役。各部軍官，才能在我之下的，因軍功受封侯爵的有數十人。我打仗時，從不落在他人後面，為什麼沒有尺寸之功封侯呢？難道這就是我的命嗎？」能言會道的王朔，也實在找不出李廣的運氣為什麼會這麼「背」，就問他：「將軍你想看看，有沒有做過什麼後悔的事？」李廣想了想，說：「我當隴西太守時，誘降了造反的羌族人，卻出爾反爾圍殺了他們。」王朔好不容易找到一個理由，就說「殺降」可能就是你不得封的原因。人如果找不到理由解釋某件事，通常都會胡亂找些芝麻綠豆的小事當藉口。

三

西元前一一九年，漢武帝發動漠北戰役，傾全國之力企圖徹底解決匈奴問題。

此次戰役精心策劃，由衛青、霍去病各率五萬騎兵由定襄、代郡出擊跨大漠，遠征匈奴本部。經過多次交手，匈奴早已不是西漢帝國的對

手。漠北戰役的勝算很大，這是多少將士夢寐以求的良機啊！這也是年過六十的李廣，最後一次的機會了，他必須抓住。但漢武帝並不想派李廣出征。因為李廣年紀太大了，而且威名在外，留在朝廷裡當「鎮國之寶」，威懾匈奴更好，漢武帝不想讓他去冒險涉陣。李廣苦苦哀求，允許自己跟隨衛青出征。漢武帝經不起李廣一再請求，勉強同意。暗地裡，漢武帝找來衛青，告誡他說，李廣年紀大了，急於求戰，我們滿足他的願望，但你不能讓他擔任先鋒，更不能委以重任，託付重兵。

結果在作戰安排上，李廣和衛青產生了矛盾。衛青的安排是：公孫敖為先鋒，自己率領主力跟進，從正面與單于主力決戰；安排李廣與趙食其領兵出東路，作為輔助。東路迂迴難走，看起來也沒什麼立功的機會，李廣當然很不願意。這是他最後立功封侯的希望，衛青一開始就讓這個希望變得異常渺茫。李廣心生怨氣，聽完行動安排後，既不爭論，也不說遵命，怒氣衝衝地拂袖而去。

衛青的安排，成了歷史上一樁公案。擁護李廣，為李廣惋惜的一派批評衛青，認為衛青一開始就想把漠北之戰的首功留給自己和親信（公孫敖救過他的命），派李廣走東路，是打壓他。而且衛青還規定李廣會合的日期，給李廣日後的悲劇埋下伏筆。所以，這一派認為，衛青是挾私用人，嫉功忌賢的小人。擁護衛青的一派則認為，衛青是完全遵照漢武帝臨行前的告誡辦事，且考量到李廣數十年的戰鬥經驗，衛青對李廣的弱點很清楚。漠北之戰傾注了漢朝的全副國力和朝野的殷切希望，關係著國家安危，也關係著前線將士的生死，衛青為人小心謹慎，最後不用李廣而用公孫敖，並沒有徇私枉法、陷害李廣的意思。

李廣賭氣，率軍走了東路，部隊在荒漠戈壁中迷了路，沒有如期與衛青的主力會師。

會師後，李廣鬱鬱寡歡。漢匈最後一戰結束了，從此「漠南無王

庭」，匈奴遠遁了。李廣人生的最後一次機會喪失了。而漢朝軍法嚴峻，作戰違期是重罪。李廣悶悶不樂，一回到大營就躲入軍帳。在這個節骨眼上，大將軍衛青做了一件更讓人誤解的事情。他派長史帶著乾糧、酒食慰問李廣，同時詢問李廣部隊迷路違期的情況。李廣年紀大了，資歷高，本來就心情鬱悶，現在看一個年紀輕輕、低好幾個輩分的文官來質問自己，脾氣就上來了，對長史的問話不理不睬。衛青對李廣的性情還是沒有摸透，長史回去後，無法處理違期的事，又要長史去催李廣的部下來聽候審問。這一下，軍營的動靜鬧大了，李廣所部的校尉們，都苦著臉被叫了出去。李廣很護部下，說：「我部下的校尉無罪，是我迷路的，責任在我。我現在就去自首。」李廣召集部下，說：「我李廣與匈奴大小七十餘戰，這次跟從大將軍與單于交兵，而大將軍讓我率部走迂迴的遠路，我迷路了。這些難道不都是天意嗎？我已經六十多歲了，難道還要我去見那些刀筆小吏，囉囉嗦嗦地自我辯解嗎？」說時遲，那時快，李廣拔出佩刀，自刎而死。一代名將，就此隕落。

李廣部下痛哭流涕，衛青知道後，也懊悔不已。李廣享有盛名幾十年，噩耗傳出後，認識或不認識他的人，都惋惜感嘆不已。司馬遷在《史記》中用「桃李不言，下自成蹊」來讚美百姓對李廣的思念。桃樹和李樹都不會說話，但人們被它們的果實吸引，自然在樹下踩出了小路。西漢百姓同情、懷念李廣，就是在他身上寄託了擊退匈奴、安居樂業的期望。

明代大儒王夫之評價李廣「獲譽於士大夫之口，感動於流俗之心」。李廣生前「運氣不好」，身後好評如潮。他的背運，成就了他「悲劇英雄」的盛名，千百年來受到官民的同情和懷念。每一個悲劇背後都有原因，不是憑空產生的。縱觀李廣的一生，悲劇很大程度是自身素養缺陷造成的，並不全是運氣不好。著名的〈出塞〉詩寫道：「秦時明月

漢時關，萬里長征人未還。但使龍城飛將在，不教胡馬度陰山。」李廣「飛將軍」之名能夠長傳至今，後世將領崇拜者甚至以能獲稱「小李廣」而自豪，古今將領能有幾人？

四

李廣死後不久，長安城內發生了李敢刺殺衛青的案子。

李敢是李廣的小兒子。李廣有三個兒子，長子李當戶、次子李椒都先他而死。李敢曾隨父親征戰疆場，也曾隨霍去病出擊左賢王。他繼承了父親的高強武藝，沒有繼承父親的「背運」，力戰奪匈奴左賢王的鼓旗，斬首眾多，被賜爵關內侯，食邑二百戶，年紀輕輕就實現了父親一輩子沒實現的夙願。

李敢為什麼要刺殺大將軍衛青呢？

因為他覺得父親是被衛青害死的。衛青先斷了李廣封侯的最後希望，再讓李廣走難路，故意拿期限壓他，最後派刀筆小吏逼李廣自殺。所以，李敢趁衛青不備時行刺，沒有成功，僅僅刺傷了衛青。我們知道衛青謹小慎微，在權力場上如履薄冰，最不希望出婁子。他對李敢行刺一事並沒有聲張，想把事情壓下去。但這件事鬧得太大，還是傳到霍去病的耳裡。霍去病可沒有衛青那麼低調，更不會韜光養晦，因此記恨李敢，欲先除之而後快。他瞄準李敢到甘泉宮參加皇家狩獵的機會，人來人往，尋機射殺了李敢。名將之後橫死，總要有個交待。漢武帝正寵信霍去病，還需要霍去病制衡衛青的勢力，替他說話：「李敢是被鹿觸死的，可惜了。」這件事情就這麼掩蓋過去了。

第二年（西元前一一八年），李敢的叔叔、丞相李蔡，被扣上私自侵占漢景帝陵園前一塊空地的罪名，被迫自盡。還是那句老話，漢武帝是一個強權的皇帝，不能容忍強權丞相的存在。所以他執政時，三、五年就換一個丞相，李蔡只是其中的一個匆匆過客而已。

隴西李家自此從一個權勢的小波峰，跌落下來。

走投無路的「叛國者」

一

李廣長子李當戶留下一個遺腹子，叫做李陵。

有一次漢武帝和韓嫣戲耍，韓嫣一時忘形，對皇上言語不敬。李陵因為出生將門子弟，被挑選為羽林軍的軍官，禁衛皇上。他見此便追打韓嫣，得到了漢武帝的誇獎，被提拔為統率八百騎兵的中級軍官。李陵很有祖父李廣的遺風，擅長射箭而且愛兵如子，深得部屬的愛戴。此後，李陵繼承了先輩的事業，奮戰在抗擊匈奴的前線。他曾率軍深入匈奴腹地兩千餘里，偵察地形。之後，李陵有了正式官名：騎都尉，部下是丹陽郡五千名精兵（丹陽是現在的皖南地區，出精兵）。他帶著這五千人在酒泉、張掖一帶防備匈奴，同時教邊防將士射箭。

天漢二年（西元前九十九年）秋，漢武帝又策劃了一次對匈奴的大規模作戰行動。李陵體面而有前途的生活，在這次行動中逆轉。

漢武帝的寵妃李夫人的哥哥、貳師將軍李廣利，想建功封侯。漢武帝特意策劃了這次對匈奴的行動，讓李廣利率大軍討伐匈奴。為了增加小舅子的勝算，漢武帝派李陵率領本部人馬，側擊匈奴，掩護李廣利的主力。李陵心氣和爺爺一樣高，對這樣的安排很不滿，堅決辭謝。他上書漢武帝說：「臣所率領的邊防官兵，都是荊楚勇士奇才劍客，力能擒

虎，百射百中。我願率本部兵馬，直搗單于主力，不一定只配合貳師將軍作戰。」為了增加說服力，李陵立下豪言壯語：「願以少擊眾，步兵五千人涉單于庭。」漢武帝是個喜歡豪言壯語的熱血君主，很讚賞李陵的態度，同意李陵獨立率軍出擊匈奴，還派遣弩都尉路博德率部接應他。路博德的資歷很深，曾當過伏波將軍，如今被貶官當弩都尉，又被安排給小字輩的李陵當助手，心裡非常不願意。他不想做，上書漢武帝說：「現在正是秋天，匈奴馬肥兵強的時候，並不是出征的好時機。臣願意和李陵一起留到明年春天，再各率本部東西游擊，到時肯定能重創匈奴。」漢武帝不喜歡臣下違逆他已經做出的決定，懷疑李陵不想出兵，教路博德上書推辭，大怒不許。李陵知道情況後，為了證明忠誠和勇敢，不得不在準備不充分又沒有友軍支援的情況下，匆忙率軍出發，向匈奴深處前進。

李陵部隊深入沙漠，進軍迅速，一個月後在浚稽山（今蒙古阿爾泰山）與匈奴單于的三萬騎兵遭遇。漢軍處於絕對劣勢。李陵臨危不亂，將輜重車環列在軍營四周，在最外圈布置士兵持戟盾，中間的士兵持弓箭，嚴陣以待。匈奴最初欺負漢軍勢弱，用騎兵圍攻。李陵等騎兵近前，突然撤去盾牌，千弩齊發，騎兵應聲倒地。匈奴軍被迫退走，又被追殺了數千人。單于終於意識到被圍住的李陵所部的厲害，增調匈奴各部約八萬人參加圍攻。李陵只好突圍南逃。一路上且戰且退，漢軍死傷慘重，只有重傷者才能上車，一般傷員推車前進，輕傷者繼續肉搏。就這樣，李陵一軍還斬首三千多匈奴兵。

李陵部隊向東南撤軍，十多天後抵達一片大澤中。漢軍退入沼澤休整。澤中多蘆葦，匈奴順風放火，李陵就命令在裡面放火，燒掉周圍的蘆葦，切斷外面的火勢，保存了下來。繼續混戰中，李陵親手射落單于，單于受傷而退。

匈奴軍連續半個月圍追進剿，都沒有消滅李陵所部，還損兵折將，現在又離漢朝邊塞已經很近了，單于萌生退意。他還擔心：「這支部隊肯定是漢朝的精兵，追了這麼長時間，都沒有拿下，反而日夜吸引我軍靠近漢朝邊塞，不會是有伏兵等著我們吧？」一部分將領很贊同，也擔心被李陵誘入伏擊圈。但也有別種擔心：「大單于親率數萬騎兵追擊幾千漢軍卻沒有成功，還主動撤退，如果消息傳出去，我們匈奴還不被別人看輕了啊！」單于沒辦法，只好硬著頭皮再戰，又留下了幾千屍體。至此，單于不管別人的閒話，準備撤軍。

李陵這支孤軍浴血敵後，早已危在旦夕。匈奴一旦撤軍，就可轉危為安了。

就在這時，一個小人物的投降，改變了歷史。李陵部下有個叫管敢的軍侯，曾被校尉侮辱，憤而投降匈奴。管敢帶來李陵軍隊的實際情況 ── 「軍無後救，射矢且盡」，只剩李陵自己和成安侯韓延年各率領的八百人還保有戰鬥力，如果匈奴集中精銳圍射，很容易破敵。單于聞之大喜，加進猛攻，並讓人大呼：「李陵、韓延年快降！」匈奴軍隊搶占高地形，與漢軍四面對射，箭如雨下。李陵倉皇南撤，一日用完五十萬隻箭，陷入山窮水盡的絕境。漢軍還有三千出頭，一半不能戰鬥，另一半沒有刀槍弓箭，只能用短刀、車輻作武器，被匈奴圍困在一個峽谷內。匈奴堵死峽谷，居高臨下投石。李陵最後的時刻到了。

李陵長嘆道：「兵敗了，我的死期也到了！」部下勸道：「將軍威震匈奴，失敗只是天命不遂。不如尋找小道突圍回國，天子會理解的。」李陵搖頭說：「你們別說了。我不死，就不是壯士。」於是，李陵下令斬盡旌旗，掩埋珍寶，作最後一搏。李陵感嘆說：「我又找到了幾十支箭，足以突圍用。今天夜色已晚，不會再有大戰了，是突圍的有利時機，如果等到天明，就只能束手待斃。我們作鳥獸散了吧！如果有人突

圍成功，就把我們的情況報告天子。」夜半，李陵與韓延年各率壯士十多人突圍，遭到數千匈奴騎兵圍追。韓延年戰死，李陵奮戰多日，精疲力竭，渾身鮮血淋漓，嘆道：「無面目報陛下。」他沒有像一般英雄故事那樣發展，慷慨就義或拔刀自刎，反而放下刀，投降匈奴了。

陵本部兵馬幾乎全部戰死。五千多人中，最後只有四百多人回到漢朝。

縱觀李陵從出征到全軍覆沒、投降的過程，李陵雖然投降了，但孤軍苦戰，以五千餘人殺敵上萬人，戰果明顯。而且李陵身先士卒、浴血殺敵，指揮也是得當的。被漢武帝寄予厚望的李廣利則坐擁重兵，無功而返。相比之下，我們是該稱讚李陵，還是李廣利呢？

如果當李陵所部還剩三千人的時候，漢軍能夠及時增援救出他們，那麼李陵就能夠以英雄凱旋；如果戰前朝廷能夠通盤謀劃，精心準備，李陵凱旋的可能就更大了。可惜，李陵沒有友軍、沒有後援，有的只有數十倍於己的敵軍。

李陵在最後時刻是貪生了、投降了，但責任並不全在他。

二

李陵尚未被匈奴精銳合圍的時候，曾派部下校尉陳步樂向朝廷匯報本部戰況。

陳步樂當時匯報的情況還很正面，很樂觀，大抵是本部遭遇匈奴、奮戰殺敵、斃敵眾多……等。漢武帝聽到報告很高興，大大褒獎李陵和陳步樂，並向大臣們宣稱，備下高官厚祿等待李陵凱旋。大臣們見皇帝肯定，也跟著大讚李陵。

戰況後來急轉直下，陸續傳來的零星消息，描繪了李陵所部被圍追直至全軍覆沒的漫長過程。漢武帝是個好大喜功的皇帝，最不願意聽的，就是軍隊敗績。他無處發火，多次找陳步樂來質問。陳步樂就是一個報信的，哪知道後來的情況，無言以對，被漢武帝質問得惶惶不可終日。對於李陵本人的最後遭遇，漢武帝是放心的。李家世受皇恩，將門世家，祖輩又是血性漢子，肯定會兵敗殉國。漢武帝根本就沒往李陵會投降匈奴這個方向去想。等到消息確定，李陵所部全軍覆沒，漢武帝還照慣例，接見了李陵留在漢朝的母親和妻子，表示慰問。

後來，晴天霹靂傳來：李陵投降匈奴了！

漢武帝大怒。李陵戰敗就已經夠他難過的，現在人都投降了，簡直是打破他對武將要求的底線。他先是痛責陳步樂，陳步樂惶恐至極，自殺了。那些見風使舵的大臣們，紛紛轉換腔調，痛批李陵不忠不孝，都說李陵降敵罪不容誅。大臣中，只有太史令司馬遷設身處地為李陵著想。司馬遷勸諫說：「李陵對母親極孝，誠信帶兵，奮不顧身以殉國家之急。他平常所為，有國士之風。如今李陵以區區五千士兵，深入戎馬之地，抑數萬之師，殺得匈奴救死扶傷、應接不暇，不得不集中全力圍攻他。他轉鬥千里，矢盡道窮，士張空拳，冒白刃，北首爭死敵，得人之死力，即使古代的名將也不過如此。他雖然戰敗了，但獲得的戰果也有目共睹。李陵最終沒有以死殉國，可能是尋機報答漢朝吧！」漢武帝正在氣頭上，根本聽不進去公允的意見，還遷怒司馬遷，將其下獄，施了腐刑。司馬遷樹立了一個反面榜樣，朝野臣工更不敢替李陵說公道話了。李陵一下子變成人盡可殺的頭號反派。

漢武帝冷靜下來後，也意識到李陵是在孤立無援的情況下戰敗的，意識到老將路博德使詐，有點後悔了。於是派使者慰勞逃回的李陵所部殘軍。

　　一年多後，漢武帝再次策劃對匈奴作戰，派公孫敖出征匈奴，其中最終的目的，是尋找李陵，並帶他回來。結果，公孫敖無功而返，整個行動也空費物資，沒有收穫。公孫敖回來後，說匈奴俘虜供稱，李陵在匈奴中幫助單于練兵與漢軍作戰，所以漢軍這次行動才一無所獲。李陵深知漢軍底細，現在助紂為虐，成了漢軍的頭號公敵。漢武帝聽說後，又是震怒，招李陵的家人來看，一點哀色都沒有，竟然將李陵老母、妻小全部誅殺。隴西士大夫都以李氏為愧，李家的名聲就此敗落了。

　　李陵在匈奴的生活如何呢？李陵投降後，單于大喜過望。匈奴人仰慕隴西李家世代為將的聲望和李家子弟的英勇奮戰，單于把自己的女兒嫁給李陵，還封他為右校王。李陵並沒有因為是降將而受到委屈。李陵聽說李家被漢武帝族誅後，悲痛欲絕。漢朝使者出使匈奴，李陵曾對使者說：「我率領五千兵士橫行匈奴，因為孤立無援而失敗，並沒有對不起朝廷的地方，為什麼要誅滅李家？」使者說：「族誅是因為朝廷聽說你教匈奴練兵。」李陵說：「的確有個叫李緒的人教匈奴人練兵，但不是我。」這個李緒本來是漢軍的塞外都尉，投降於匈奴。公孫敖等人抓住的俘虜素養也太低了，連李陵、李緒都弄不清楚；也有人說，這是公孫敖等人陷害李陵，為自己出師無功找藉口。不管怎麼說，李陵把滿腔怒火發到李緒頭上，叫人暗中刺殺李緒。事發後，匈奴大閼氏很生氣，要殺李陵。單于很欣賞李陵，讓他到北方躲了起來，等大閼氏死後才回來。

　　李陵在匈奴一共生活了二十五年，和匈奴妻子生兒育女，在政治上卻沒有什麼建樹。有史可查的政治活動只有兩次。一次是征和三年（西元前九〇年），西漢與匈奴又一次大戰。李陵率軍參加了匈奴迎擊漢軍的作戰。他所率領的匈奴軍隊和漢朝御史大夫商丘成所部戰於浚稽山。這浚稽山正是當年李陵被匈奴大軍圍困，節節失敗開始的地方。但這一次，漢軍依然被優勢匈奴軍隊圍困，打了九日。李陵顯然沒有使出全力

對漢軍作戰，日子打夠了，對單于有所交待後，主動撤軍而去。

李陵的第二個政治活動，是勸說著名愛國使節蘇武投降。

文人騷客最喜歡用同樣沒入匈奴的李陵和蘇武比較，來尊蘇貶李。

蘇武是出使匈奴的漢朝使臣，堅定拒絕了匈奴的招降，被扣押了。匈奴用惡劣的生活環境企圖消磨蘇武的意志，逼迫他投降。冬天裡，蘇武在大雪封凍的沙漠啃草根和老鼠奪食，艱難地生存下去，依然守著已經褪毛的節杖。多少年來，人們一起用蘇武的這個形象，作為民族氣節的代名詞。

匈奴不斷派人勸降蘇武。其中最著名的說客，就是右校王李陵。

李陵和蘇武在漢朝時就認識，交情不錯。他跑了好遠的路到北海（現在的貝加爾湖）地區，看到在那獨自牧羊的蘇武。李陵是怎麼勸說蘇武投降的，我們無法考證了。後人猜測，大概是兩人喝喝酒、敘敘舊，還互贈幾首詩（這些詩存於《昭明文選》和《藝文類聚》等書，但被懷疑為後人偽托）。李陵在這些詩中，沒有招降蘇武，而是大談自己的投降心情。李陵剛投降時，「忽忽如狂」，情緒不穩定，終日在營帳中「聞悲風蕭條之聲」。「涼秋九月，塞外草衰。夜不能寐，側耳遠聽，胡笳互動，牧馬悲鳴」，「身之窮困，獨坐愁苦，終日無睹，但見異類」，「自痛負漢，加以老母繫保宮」。後來聽說家人被抄斬，且「隴西士大夫以李氏為愧」，李陵在漢朝家破人亡，身敗名裂，徹底斷了歸國的可能性。蘇武耐心地聽完李陵的囉嗦，沒有批評，也沒有同情。李陵喝完酒，為蘇武留下許多吃穿物資和照顧他的匈奴女子，默默地離開了。

蘇武當然沒有被勸而投降。李陵不像說客，而像是傾訴者，希望蘇武如果有機會回國，能將自己的真實感受告訴國人。蘇武後來被放回漢朝，受到英雄般的歡呼。蘇武在朝中為李陵講了幾句話，但在漢武帝欽定李陵鐵案的情況下，他也不好多說什麼。

　　漢武帝死後，年幼的漢昭帝繼位，大司馬大將軍霍光、車騎將軍金日磾和左將軍上官桀三公輔政。霍光、上官桀兩人是李陵的老朋友，很感慨他的遭遇，雖然不可能肯定李陵的投降，但很同情。他們派出李陵的老朋友、隴西任立政等三人，專程去匈奴招降李陵。任立政對李陵說，新皇上登基，大赦天下了，霍光、上官桀二人主事，希望你能回去。李陵說：「吾已胡服矣！」自己已經漸漸習慣匈奴的生活，而且匈奴人用人不疑，委以重任。如果要回到漢朝，就得背叛匈奴，再當一次「叛國者」，「丈夫不能再辱」。李陵最終選擇留在匈奴。元平元年（西元前七十四年），李陵病死在漠北。

　　現在葉尼塞河上游的亞巴坎、舊堅昆之地，保留有漢式宮殿遺址。考古學家認為，離中原千里之遙的此地，極可能就是李陵後半生的歸宿。

割據隴西成一霸

　　李陵之後，隴西李家在南北朝早期，又出了一位遺腹子出生的李暠。

　　李暠是西漢李廣的第十六代孫子。李陵家族被抄斬後，部分隴西李氏遷徙到河西走廊居住，重新發展為河西大姓。李暠繼承了家族遺風，學習武藝和兵法，走武將路線。和先輩不同的是，李暠個性沉穩寬和，精通經史，在文章行政上的造詣也很高，算得上是文武雙全，氣度不凡。

　　這樣的文武全才，最需要一個亂世來建功立業，李暠就幸運地遇到了西晉王朝崩潰後，天下紛爭的亂世。中央王朝崩潰後，軍閥段業自稱涼州牧、建康公，割據河西。他任命李暠為效谷縣令，後又升為敦煌太守。後來沮渠蒙遜攻殺段業，建立了北涼割據政權。段業死後，河西的漢人群龍無首，李暠門第高、職位也高，就被段業的餘部推為大都督、涼公，與沮渠蒙遜對峙、爭奪河西。西元四〇〇年，李暠正式建立西涼政權，定都敦煌。西涼的疆域壟斷了河西走廊的西部，和東北的沮渠蒙遜爭鬥不已。

　　李暠建立西涼政權，還是以晉朝的地方政權自居。這固然有扯大旗的想法在，但李家世代忠良的家門也不無影響。四〇五年，西涼遣使奉表於晉，千里迢迢前往南遷建康的東晉。使臣所帶的表書，是李暠親自寫的。在表中，李暠論述了天下動盪、少數民族入侵的混亂局面，「微

臣所以叩心絕氣，忘寢與食，雕肝焦慮，不遑寧息者也」。河西雖然和朝廷遠隔千山萬水，但和中原大地互為唇齒。河西是連接中原和西域的橋梁，離不開中央王朝強大勢力作為後盾。朝廷也需要河西穩定、威懾西域。李暠雖然在朝堂上默默無聞，在海內沒有崇高的聲望，可被眾人推舉為首領，「冀仗寵靈，全制一方，義誠著於所天，立風扇於九壤，殉命灰身，殞越慷慨」。李暠的表，寫得情深意切，相信確有深情貫徹在表中。諷刺的是，這第一次遣使，沒有結果返回西涼。李暠又在兩年後，第二次遣使東晉，仍未獲成功。而攻略西涼的政敵北涼，卻成功得到東晉王朝的冊封。

西涼王朝最大的威脅，是北涼的進攻。北涼王沮渠蒙遜經常派兵騷擾，西涼處於劣勢。四○五年，李暠遷都酒泉，全力對付北涼。在酒泉，李暠積極整軍修武，多次抵禦北涼的進攻，迫使北涼同意訂約罷兵。從此以後，西涼在河西維持了亂世中局部的安寧。有了安寧環境後，西涼全力理好內政。河西長期戰亂，滿目瘡痍，地廣人稀。

李暠的內政從招攬流民開始，補充郡縣人口，恢復生產；軍事上在邊關屯田，寓兵於農，既積蓄錢糧，又威懾敵人和西域各國。西涼也提「東征」的口號，但沒有實施，只停留在口號階段。西涼基本上是自保自守的割據政權。難能可貴的是，李暠在亂世中注重文化教育，吸引許多文人投靠西涼，敦煌城文化興盛，為這座城市日後的輝煌奠定了基礎。

李暠在位十七年，於建初十三年（西元四一七年）病逝，諡「涼武昭王」，廟號太祖。

李暠的二子李歆繼位。李暠生前很重視子弟教育，諄諄教誨李歆要「節酒慎言，喜怒必思，愛而知惡，憎而知善，動念寬恕，審而後舉」，要注意「眾之所惡，勿輕承信。詳審人，核真偽，遠佞諛，近忠正」，在政治上「蠲刑獄，忍煩擾，存高年，恤喪病，勤省按，聽訴訟。刑法

所應，和顏任理，慎勿以情輕加聲色。賞勿漏疏，罰勿容親。」「從善如順流，去惡如揚湯。」，簡直是一篇個人思想總結。可惜說者有意，聞者無心。李歆繼位後，把父親的訓誡忘得一乾二淨，背道而馳，推行嚴刑峻法、大興土木，造成國內「人力凋殘，百姓愁悴」。群臣苦諫，母后力阻，李歆都聽不進去。不僅胡搞，李歆還好大喜功。四二〇年，沮渠蒙遜南征西秦，李歆帶著三萬兵馬進攻北涼都城張掖，想趁火打劫，結果在途中被北涼打敗。李歆被殺，酒泉淪陷。李歆的弟弟李恂退到敦煌，延續西涼政權。北涼大軍蜂擁而來，引水灌敦煌。第二年，西涼政權人心渙散，李恂乞降不成，自殺身亡。敦煌失陷，西涼滅亡。

　　隴西李家以隴西為家，能在亂世出面保全故鄉，創造了相對穩定的割據政權，值得肯定。

遲到的黃金時代

　　隴西李家自從在西涼政權時期當上割據君主後，好運來了。

　　從秦代開始一直到南北朝，隴西李家維持了近千年的高聲望，子弟長期參與征戰，多有作為。拓跋鮮卑建立了中國歷史上第一個少數民族王朝北魏，統一了北方。鮮卑民族君臨中原的時候，需要向天下解釋本民族的起源問題。遺憾的是，拓跋鮮卑對民族歷史的記載很馬虎，自我認知模糊。「自始均以後，至於成帝，其間世數久遠，是以史弗能傳。」即使在官修的史書中記載的鮮卑祖先，無憑無據，傳說而已。

　　人們於是替拓跋鮮卑找了一個祖先：李陵。一個少數民族，怎麼會是一個漢人的後裔呢？據說當年李陵的匈奴妻子叫拓跋。北方民族以母姓為部落名，李陵和拓跋的後人，就衍生出了拓跋部鮮卑。最先提及拓跋鮮卑是李陵後代的，是沈約。他在《宋書》中稱：「索頭虜姓拓跋氏，其先漢將李陵後也。」拓跋鮮卑人卻很反感被稱為李陵之後，反感到誰說他們是李陵的後代，就拔刀相見的地步。

　　為什麼拓跋鮮卑沒有確切的祖先，不找李陵為祖先呢？難道認李陵為祖先，辱沒他們了嗎？的確是。拓跋鮮卑是以征服者的角色入主中原

的，卻被漢族人罩上一個漢人祖先。中國古代歷史的有趣現象是：少數民族以征服者角色進入中原，卻在思想文化上被中原的漢文化征服，反過來成為被征服者。拓跋鮮卑從維護統治的心理出發，反感被動扣上一個漢人祖先。至於李陵是否真的就是拓跋鮮卑的祖先，難以考證了。很可能是漢族的文人，在拓跋鮮卑需要找一個漢人祖先時，只有李陵既有崇高的門第，又半生活在匈奴地區，最符合要求。

拓跋鮮卑「追祖李陵」只是起了一個頭。南北朝到唐朝，北方民族交融頻繁，許多少數民族和名人都「附屬」到隴西李家門下。其中最著名的，就是唐朝的李氏皇族，也被認為是隴西李家的後裔。

唐王朝的建立者李氏家族，是漢族和西北少數民族的混血兒。李氏自稱是西涼李暠的後裔。《元和姓纂》卷一的「李」字條記載：「李——帝顓頊高陽之裔，顓頊生大業，大業生女華，女華生咎繇，為堯理官，子孫因姓理氏云云⋯⋯崇五代孫仲翔，生伯考，伯考生尚，尚生李廣也，廣以後生唐高宗李淵。」《新唐書》的〈宗室世系表〉所列隴西李氏的世系表，更是詳列自顓頊至唐太祖的世系更迭。這條譜系是：李廣——李暠——李淵。李廣的地位進入唐朝後大為提升，讚頌之詞氾濫。許多唐朝大詩人都寫過詩文讚頌李廣——片面拍皇帝的馬屁。

李氏皇族都自認是隴西李家的後裔，追祖李陵的現象迅速爆發式出現。與拓跋鮮卑同根同源的賀蘭氏，隨即表示自己是李陵的後裔。拓跋鮮卑反感被他人指為李陵之後，賀蘭氏則以之為驕傲，驕傲地自稱為李陵後裔。北方少數民族黠戛斯也自稱是李陵後裔。黠戛斯的這個說法是有根據的。他們在《漢書》中被稱為堅昆，秦漢時期為匈奴所役屬，李陵降匈奴後被封為右校王，統領堅昆諸部，李陵的後世子孫很有可能就在此地繁衍。但是黠戛斯自稱是李陵之後的目的很明顯，就是「與國同姓」、「與唐同宗」，和李唐王朝攀親，希望能夠獲得盛唐的更多支持。

想來，賀蘭氏的目的也是相同的。

　　李廣到李陵的各代子弟，包括更早的李信，命運中都有悲劇成分。李陵把家族悲劇推向了頂峰，投降匈奴後，滯於漠北。他與匈奴女子結婚，這本來是歷史的偶然，卻在唐朝時讓後裔「滿天下」。隴西李家因為這個原因，突然迎來了遲到的黃金時代，不知道這是好事還是壞事。

第三章

忠君愛國的楷模

——諸葛亮、諸葛瑾、諸葛誕、諸葛恪、諸葛瞻家族

　　三國時，韋昭在《吳書》中提到，他們吳國的大將軍諸葛瑾是政壇不倒翁，兩個兒子諸葛恪、諸葛融皆典戎馬督領將帥，是本國首屈一指的豪門大家。更驚訝的是，諸葛瑾的親弟弟是蜀漢的丞相諸葛亮，族弟諸葛誕是魏國的大司徒、淮南主將。諸葛兄弟權傾三國，天下榮之。他三人都是琅琊諸葛家子弟，豪傑輩出的三國時代已經遠去了，但琅琊諸葛家族的輝煌歷史和忠君愛國形象，則深深刻印在中國傳統文化之中。

諸葛亮的權力之路

一

隆中鄉下的一間草堂中，年輕的諸葛亮和一樣年輕的潁川石廣元、徐元直、汝南孟公威三人，一起堅持清貧的遊學生活。

石廣元等三人，學習很刻苦認真，從早到晚啃著書本，務求將所學的內容熟記精通。諸葛亮學習起來則「從容」多了，只是翻翻圖書的大概，有點不求甚解的意思。在空出來的時間裡，諸葛亮看著三個同學刻苦的樣子，抱膝長嘯，對他們說：「你們三人，將來當官，可以仕進到刺史、郡守的地位。」三人就問諸葛亮：「你說我們能當到太守、刺史，那你呢？」，諸葛亮笑而不答，把目光轉向窗外。很明顯，諸葛亮意不在刺史、郡守階層，他是要做大事的人。

平日裡，諸葛亮常常自比促成春秋首霸的齊國相國管仲，和挽救燕國危亡的名臣樂毅。

就憑諸葛亮學習馬馬虎虎的樣子，他也能出將入相、匡扶天下？石廣元等人不相信，心裡對諸葛亮的評價很不服氣。據說，荊州讀書人圈子裡，只有崔州平和徐元直兩人相信諸葛亮的話。諸葛亮的學習沒有循規蹈矩，但我們不能據此判定他就沒學到東西。諸葛亮不求精細，只看

書本大概，理清思路，抓住要點。也許他當不了專業教授，但知識面一點也不窄，而且頭腦很清醒。身逢亂世，什麼素養最重要？著名歷史學家黎東方曾問民國元老于右任同樣的問題，于右任回答，頭腦清醒，懂大局，最重要。可見，清醒的頭腦和寬闊的眼光，比具體的知識更重要。那樣的人，識大局、明大勢，通常是朋友圈的中心。孟公威是避難荊州的世家子弟，覺得在荊州受排擠，沒有出路，要回北方發展，來請教諸葛亮。諸葛亮認為北方競爭激烈，留在南方不見得沒有前途，提醒孟公威要忍耐，求進取。孟公威不聽，跑回北方，後來擔任魏國的涼州刺史、鎮東將軍。石廣元日後擔任太守、守典農校尉。徐元直就是《三國演義》中大名鼎鼎的徐庶，也到魏國當右中郎將、御史中丞。而諸葛亮成了蜀漢的丞相，成就高於幾個同學，印證了年輕時期的判斷。諸葛亮年輕時異於常人的真才實學，可見一斑。

後世常言諸葛亮聰明過人，未卜先知，彷彿有特異功能。其實，諸葛亮只是時刻保持清醒的頭腦，看得很遠、很通透而已。

有關諸葛亮早年經歷，最著名的描述，是他在〈出師表〉中的那一句：「臣本布衣，躬耕於南陽」。這只是一句自謙。實際上，諸葛亮既不是南陽人，更不是平民老百姓出身。

《三國志·諸葛亮傳》對諸葛亮早期生涯描述非常簡略，說他是漢朝司隸校尉諸葛豐的後人。司隸校尉是負責京師及其周邊地區行政、治安、軍事的長官，比一般省部級官員地位要高得多。可見諸葛亮也是世家子弟。他父親叫諸葛珪，在東漢末年擔任過太山都丞，這是郡一級的中級官員。諸葛珪早逝，諸葛亮等被叔叔諸葛玄撫養。當時諸葛家輝煌不在，諸葛玄遠赴他鄉謀生，出當大軍閥袁術所任命的豫章（今江西地區）太守。諸葛亮兄弟隨著叔父遷移南方。可惜，諸葛玄當官不久，被朝廷正式任命的朱皓所取代，只好去投靠舊友劉表，並在諸葛亮十七歲

時死在荊州。叔父死後，諸葛亮才遷移到荊州隆中定居下來。

　　諸葛亮屬於從北方流落而來的外來戶。當時，劉表成功地獲得荊州本地地主力量的支持，統治荊州長達十八年。對於外來戶，劉表政權除點綴幾個政治花瓶外，絕大多數閒置不用 —— 這也是孟公威返回北方的重要原因。諸葛亮一來，就加入了多數失意的北方世族子弟隊伍。但他並沒有消極下去，而在短短的十年時間裡（一九八～二〇七年），成功融入荊州統治階層之中。諸葛亮的方法很簡單，就是見縫插針、鑽入其中。

　　荊州襄陽一帶世族大家雲集。支持劉表的，主要是本地世族勢力蒯家和蔡家。蒯良、蒯越掌管荊州行政、財政，蔡瑁控制荊州軍隊。劉表還與蔡家聯姻。除了這兩大世族外，荊州還有龐家、黃家、馬家、習家，各家相互聯姻。如習禎將妹妹嫁給龐家子弟龐林為妻，蔡瑁迎娶黃承彥的姐姐為妻，結成錯綜複雜的關係網。諸葛亮在「談笑有鴻儒」的同時，也「往來無白丁」。他交遊的都不是一般書生或地主，崔州平、石廣元都非凡人。諸葛亮還與當時的名家宗師交往，比如對龐德公，「孔明每至其家，獨拜床下，德公初不令止」。在世族大家圈子裡混熟後，諸葛亮得知一個極具價值的訊息：本地大世族黃家的女兒嫁不出去了。黃家的女兒名碩，人如其名，黃碩身體壯碩，頭髮泛黃，皮膚黝黑，臉上還有雀斑、疙瘩等。因此，到二十四、五歲了，依然無人問津。雖然黃碩是赫赫大名的荊州黃家女兒，父親黃承彥也開始煩惱了。本地門當戶對的世家子弟是沒希望了，黃碩嫁給一個外來世族子弟不失為選擇。諸葛亮一直覺得世族子弟的婚姻，不應該只是普通的夫妻結合，他敏銳發現其中的利害關係。於是，諸葛亮極有可能透過「小道」，傳達對黃家小姐的「愛慕」之心。黃承彥喜出望外，醜女兒終於不愁嫁了！琅琊諸葛家也算官宦人家，諸葛亮知書達理，儀表堂堂，黃家與諸葛家聯姻

並不離奇。於是，根據《三國志》集注和其他相關記載，黃承彥搶先到諸葛家看望，諸葛亮欣然應允，邁出了進入荊州上層的關鍵一步。

諸葛亮迎娶黃碩，幾位姐姐都嫁給荊州的大族。大姐嫁給荊州蒯家的蒯祺；龐家龐德公的兒子龐山民，迎娶諸葛亮的二姐。諸葛亮成功地成為橫跨南北世族系統的人物。我們現在來看看諸葛亮的人際關係網：叔父諸葛玄是劉表的舊友；沔南名士黃承彥是自己的岳父；主政的蒯家是大姐的婆家，掌軍的蔡瑁是自己的妻舅；龐家是二姐的婆家。透過這些直接關係的轉折，諸葛亮又和馬家、習家等牽連上關係。與諸葛家世交的劉表，因為娶了蔡家的女兒，親上加親，成為諸葛亮的表舅舅。如此的社會關係網，隨便炫耀一下，都可能嚇倒真正「躬耕南陽」的布衣。諸葛亮的聲望和地位快速躍升。先是喜歡品評人物、在荊州說話夠分量的岳父，首稱孔明為「臥龍」，將另一位世家子龐統稱為「鳳雛」。諸葛亮透過龐家，又認識了龐德公的好友，學問和聲望都很高的穎川司馬徽。司馬徽字德操，人稱「水鏡」，以善於識人著稱，也收徒講學。司馬徽的學生中有向朗、尹默、李仁等日後的名人。諸葛亮與司馬徽的關係介於師友之間，可能也隨後者學習過。

建安十二年（二〇七年），落難荊州新葉的軍閥劉備，從司馬德操處得知此處有臥龍、鳳雛兩位俊傑。他要在荊州立足，又要招攬人才。諸葛亮的名聲和關係網，讓劉備認定這個年輕人是最佳招攬人選。年近半百的劉備，主動去找足足比自己小二十歲的諸葛亮（也有人說是諸葛亮主動投靠劉備的），他有沒有「三顧」，說法不一，我們也無法考證。但可以確定的，諸葛亮當時住的肯定不是「茅廬」。即使屋頂上有幾株茅草，也是附庸風雅添上的。

諸葛亮和劉備見面，總要顯露才華讓主公看看。他一上來就分析天下局勢：「自董卓以來，豪傑並起，跨州連郡者不可勝數。百姓孰敢不簞

食壺漿以迎將軍。霸業可成，漢室可興。」雖然閉門讀書，諸葛亮對窗外的局勢一清二楚。當時的天下豪傑並起，最值得注意的，是曹操和孫權兩大勢力。其中曹操統一了北方，「擁百萬之眾，挾天子而令諸侯」，劉備不能與他爭鋒了；孫權集團在江東的統治已經穩固，「國險而民附，賢能為之用」，可以當援手，卻不能打他的主意。諸葛亮一開頭就精確地分析當時的天下局勢，看得非常清楚透澈。更難能可貴的是，諸葛亮預測到了曹、孫、劉三大集團鼎立天下的未來局勢。那麼，劉備應該怎麼辦呢？諸葛亮建議劉備占據荊州和益州地區。荊州交通便利、位置重要；益州沃野千里、資源豐富，還易守難攻，都是分裂、割據的理想地盤。劉備既沒地盤又沒兵，但他頂著皇叔的金字招牌，名聲不錯。諸葛亮為劉備設計了「三步走」策略：第一步占領荊州和益州，取得立足點；第二步勤修內政，積蓄力量；第三步，也是最關鍵的一步，是等「天下有變」時，兵分兩路，進軍中原 —— 一路從荊州出發，指向中原地區；一路從四川北上，進攻關中地區。最後，諸葛亮為劉備描繪了一幅在「興復漢室，還於舊都」的旗幟下，「百姓孰敢不簞食壺漿以迎將軍者乎」的美妙前景。順著諸葛亮的指引，劉備觸摸到「霸業可成，漢室可興」，自己升入雲端的美妙感覺。

多少年了，劉備始終沒有成功的喜悅 —— 哪怕是手下人在紙上描繪的。當諸葛亮的宏偉藍圖清晰展開時，劉備確信自己撿到了一塊寶。

後世的崇拜者，將諸葛亮的這席高談闊論，美其名為〈隆中對〉。它成為蜀漢政權的綱領性文件，整個國家都是在〈隆中對〉的指引下運轉的。遺憾的是，整個策略最終沒有獲得成功。首先是劉備好面子，對占領由同宗兄弟劉表、劉璋擁有的荊州與益州下不了決心，拖拖拉拉的，北方的曹操迅速南下，讓劉備失去了全占荊州的良機。劉備勢力最終只占領益州一地，而益州提供不了爭霸天下的物質基礎。更遺憾的

是，曹魏的統治一直非常穩固，沒有出現諸葛亮假設「天下有變」的前提，第三步策略推行不下去了。然而作為一個策略，〈隆中對〉受到現實變化的影響是不可避免的，它展現出的清晰思維、敏銳洞察和縝密推理，印證了諸葛亮的傑出能力。正是這樣的能力，讓諸葛亮崛起於亂世，奠定了家族興盛發達的基礎。

遺憾的是，劉備非常欣賞諸葛亮，無奈當前的實力太弱，能夠提供諸葛亮的舞臺太小。諸葛亮出山之初並沒有太大的作為。即使是「尊劉、尊諸葛亮」的《三國演義》，也找不到諸葛亮參與工作之初的成績，只能舉兩個無足輕重的例子：一是勸劉備壓抑做手工的興趣，別老是編蓆子、帽子什麼的，多花點心思在政務上；二是幫劉備訓練軍隊。實際情況是，小小的新野城沒有多少政務可以讓劉備全身心放在上面，諸葛亮也沒有去訓練軍隊。資歷最淺的諸葛亮，在劉備集團中是新人，還輪不到他批評劉備，介入軍隊。

二

諸葛亮的真正崛起，全靠曹操為他創造的機會。那就是發生在二○八年的赤壁之戰。

曹操大軍南下，劉表集團望風而降。劉備放棄新野，逃往江夏方向。一行人逃到夏口後，惶惶不可終日，諸葛亮就對劉備說：「事情緊急了，請讓我向東孫將軍求救。」這時孫權擁軍在柴桑，正對局勢猶豫觀望。危急關頭，劉備集團只有這個潛在的援手了。諸葛亮於是以劉備的全權代表，去了柴桑。

　　劉備的年紀比諸葛亮大一輩，而諸葛亮和孫權則是同齡人。他很清楚年紀輕輕、內憂外患的孫權的焦慮。一到柴桑，諸葛亮就激孫權：「海內大亂，孫將軍您和我家主公，都起兵與曹操並爭天下。現在曹操平定北方，破荊州，威震四海。我家主公英雄無用武之地，遁逃到夏口。孫將軍您量力而行了，如果能和曹軍抗衡，就早點與曹操斷絕外交；如果不能抵擋，還不如放下武器，向曹操稱臣服侍！當斷不斷，禍害馬上就要到了！」孫權血氣方剛，不服氣地反問：「那劉備為什麼不投降曹操呢？」諸葛亮自豪地說：「我家主公是王室貴冑，英才蓋世。大家對他的景仰就像那滔滔江水，綿延不絕。我家主公堅決要抵抗曹軍，怎麼能甘居曹操之下呢！」孫權被諸葛亮再一激，勃然大怒：「我不能將全吳之地，十萬之眾，受制於人！我決定了，不是只有劉備才能抵擋曹操。」

　　只要領導者下定決心，明確方向，具體的事務就好操作了。針對孫權對曹操「百萬大軍」產生的畏懼心理，諸葛亮駁斥曹操的虛假宣傳，同時適當誇大劉備和孫權的優勢，幫孫權克服畏戰情緒。他說，我們的軍隊還有一、兩萬人，江東更是兵精將足。曹操他們最多也就二、三十萬人，而且是強弩之末，勢不能穿魯縞，那就是一隻標準的紙老虎啊！敵人除了吹牛，什麼都不會，就連游泳也不會，哪還能在長江裡打水戰啊？孫將軍，您只要和我們聯手，必定能擊敗曹軍。曹操被打破後，東吳的勢力強盛了，到時候怎麼分成，我們都好商量。這些話，句句都很中聽，孫權堅定了迎戰之心，派遣猛將大軍，聯合劉備勢力，一道在赤壁這個地方，與曹操大軍惡戰了一場。

　　其間略去草船借箭和借東風等若干事情不表 —— 因為沒有歷史依據證明確有其事。

　　赤壁之戰以劉備和孫權的勝利告終。諸葛亮成為本集團內拯救危難的頭號功臣，還為集團帶來一個可靠的盟友，地位大大躍升。戰後，劉

備勢力占領荊州的南部，實力大增。諸葛亮出任軍師中郎將，負責零陵、桂陽、長沙三個郡的賦稅徵調，掌握本集團的財政和軍需大權。在短短一年內，諸葛亮就從一個新人升為關鍵人物了。

建安十六年（二一一年），益州牧劉璋引狼入室，要求劉備率軍隊進入四川協助防備張魯勢力。劉備正覬覦著巴蜀大地，二話不說就去益州，把刀插在朋友的兩肋上。這邊打得正熱烈，那邊劉備留諸葛亮和元老關羽鎮守大本營荊州。劉璋勢力很大，劉備一下子打不贏，帶的人又不夠，就要諸葛亮帶著張飛、趙雲等人溯江而上，進攻四川。諸葛亮一路平定四川東部，和劉備共圍成都，最終收服整個益州。戰後，諸葛亮因功升為軍師將軍，代理劉備掛銜的左將軍事務，地位進一步提升。諸葛亮現在有多重要呢？劉備外出時，都留諸葛亮鎮守成都，負責提供軍隊和糧草。諸葛亮算得上是第二領袖了。

等到建安二十六年，東漢王朝被曹操兒子曹丕篡奪，四川的大小官員就勸劉備稱帝。愛面子害死人，劉備到這個時候，拖拖拉拉，不願意當皇帝。諸葛亮去勸說，不說官話套話，一句話就說中要害：「士大夫隨大王久勤苦者，亦欲望尺寸之功。」意思是，我們這些手下人，跟隨您勤勤苦苦，都希望有所「收穫」，可只有您老人家「更上一層樓」，我們手下人才能進步發達啊！劉備被這麼一勸一逼，終於繼了帝位，成為蜀漢開國皇帝。他任命諸葛亮為丞相，全權負責政務。張飛死後，他的領司隸校尉也轉給諸葛亮。

至此，諸葛亮登上權力的巔峰。

煉成千古楷模

一

　　諸葛亮最初的丞相，是一個虛位的丞相。因為上面有劉備這個強勢的君主，旁邊又有關羽、張飛等手握大權、深得劉備信任的元老，諸葛亮的權力受到極大限制，類似蜀漢政府的最高辦事人員。

　　劉備之後一意孤行，傾全國之力伐吳，結果慘敗而歸。逃回永安，劉備的生命走到盡頭。章武三年的春天，劉備和諸葛亮上演了一齣「永安託孤」。

　　「永安託孤」這齣戲很有名，正史記載得很簡略。後世描述的主要情節，是劉備彌留之際，把國家和兒子劉禪託付給諸葛亮。除了給諸葛亮國家大權外，劉備還誇獎諸葛亮才能出眾，如果兒子劉禪無法輔助，可以自立為王，諸葛亮則表示竭死效忠，堪稱是君臣相知友愛的讚歌。然而，這樣的描述，對分析這個將諸葛亮推上強權高峰的事件，太過簡略了。

　　劉備為什麼要把國家大權和兒子都託付給諸葛亮呢？

　　蜀漢陣營主要由三個派系組成，關羽、張飛、簡雍、糜竺、糜芳、趙雲等人加入最早，是劉備的原從派系。但是這個派系人數有限，掌握

的軍隊和政權也非常有限。到章武三年，趙雲是原從派系中碩果僅存的「大佬」。劉備到荊州後，爭取到荊州大世族勢力的支持，龐統、馬良、馬謖、黃忠、伊籍、諸葛亮、張南、馮習等人，都投入劉備陣營。這些人人多勢眾，組成了蜀漢政權支柱的荊州派系。荊州派系支持劉備進取四川，在關羽失荊州後，則支持劉備攻吳。四川的多數世族，在劉備執政後也轉而支持蜀漢政權。法正、張松、孟達、黃權、劉巴、李嚴、吳懿等人組成四川派系。劉備託孤之時，必須獲得控制軍隊和政權多數的荊州派系支持。諸葛亮是荊州派系的核心人物之一，滿足這個最重要的要求。其次，蜀漢人才凋敝，諸葛亮是戰後聲望、功績最高的人。劉備東征之前，龐統、法正、關羽、張飛、黃忠就已經先後亡故。東征失敗，張南、馮習戰死，馬良遇害，黃權被迫投降魏國。戰後聲望和資歷甚高的司徒許靖、尚書令劉巴以及驃騎將軍涼州牧馬超和劉備的妻舅、安漢將軍糜竺相繼去世。蜀國已經沒有人可以在功勞和名望上與時任丞相的諸葛亮相匹敵了。

所以劉備面臨的不是挑選誰為「政治委託人」的問題，而是如何讓諸葛亮這個唯一人選，在自己死後盡心輔助幼兒，延續政權的問題。正史的說法是劉備以情動人。他一方面告誡兒子，對諸葛亮要「以父事之」，要像對父親一樣尊重諸葛亮，聽從諸葛亮；另一方面，他又當眾大大誇獎諸葛亮一番，推心置腹地說，如果劉禪可以輔佐，你就輔佐他。如果劉禪實在不成器，你就取而代之吧！諸葛亮感激涕零，當場表示要忠心事主。

但承諾畢竟是蒼白無力的，劉備人都死了，怎麼約束諸葛亮呢？劉備臨終前設計了複雜的權力結構，對諸葛亮進行實質限制。首先，劉備召見諸葛亮的同時，也召見了尚書令李嚴，任命諸葛亮為「輔命大臣」的同時，也讓李嚴「同為顧命」。李嚴成為劉備寄予眾望的股肱之臣。

李嚴是荊州南陽人，曹操攻打荊州時，任秭歸縣令的他，棄官入蜀、投奔劉璋，任成都縣令，轉變為四川勢力人物。劉備伐蜀，李嚴率部投降劉備，在蜀漢政權中歷任將軍、太守。在地方官任上，李嚴表現出色，「吏民悅之」。章武二年秋，劉備伐吳敗回，徵召李嚴到永安宮，由太守提拔為尚書令。李嚴帶領蜀漢政權不多的主力之一（川內地方軍隊）來到川東，實際負責劉備行營的大小事務，在「接班」架勢上，和諸葛亮有得拚。劉備最終還是選擇諸葛亮為頭號輔命大臣，而讓李嚴「同為輔命大臣」，「中都護、統內外軍事」，留鎮永安。這樣的權力結構，正好讓諸葛亮和李嚴互相制衡，防範丞相諸葛亮專權。

劉備最後召見了原從派系的代表 —— 趙雲。劉備的事業因原從派系而起，趙雲是反對劉備的伐吳決策的，因此沒有參與東征，率領本部兵馬駐紮在江州，聚攏著原從派系的最後血脈。戰敗後，蜀漢政權全賴這支生力軍在川東穩住陣腳。隨著後繼乏人，原從派系的衰落是難以避免的。現在劉備深情地囑託趙雲繼續照看劉禪，關心朝政。這段囑託，給趙雲非正式的「輔命大臣」地位。作為三派中最弱的一派，原從派系非常適合扮演「關鍵少數」的角色。趙雲的威望和控制的軍隊，就像隱藏在花叢背後的大炮，時刻對諸葛亮產生威脅。

如此三權制衡，看來，劉備還是希望諸葛亮在他死後依然是蜀漢的頭號辦事人員，當好兒子劉禪的管家。可惜，諸葛亮不會這麼做。

二

劉禪登基後，「封亮武鄉侯，開府治事。頃之，又領益州牧。」

和許多進入權力場就難以自拔的人一樣，諸葛亮也不願當簡單的辦

事人員。他要把崇高的丞相地位和強大的實際權力結合起來。

怎樣才能擺脫劉備的臨死設計呢？諸葛亮找到一個理由，一個口號，名正言順地將全國的權力集中到自己手中。這個口號就是「興復漢室，還於舊都」，全國上下思想高度統一於此。復國的號召，是劉備提出來的，而且漢賊不兩立，誰都無法反對這個口號。於是，蜀漢以漢朝正統自居，一切政府言論和政治宣傳，都以北伐復國為基調。在國家建設方面，蜀漢的主要精力放在北伐中原上。人口不滿百萬的蜀國，竟然維持一支將近十萬人的常備軍隊。既然是誰都無法反對的國家大事，諸葛亮丞相就能堂而皇之地聚攏全國權力。成都的「政事無巨細，咸決於亮」。諸葛亮以首席輔政大臣的身分，全權處理軍政大事。他北和羌胡，平南蠻，聯合東吳，北上伐魏，大展英才。諸葛亮成為前所未有的權相。

李嚴在劉禪登基後，也獲「封都鄉侯，假節，加光祿勳」，但在與諸葛亮集團的鬥爭中，逐漸處於劣勢。回顧李嚴集團敗亡的過程，原因不是諸葛亮太狡猾，而是李嚴能力太差了。

建興三年，諸葛亮率眾南征，幾乎徵發了各派所有力量。平定南方戰亂是國之大事，李嚴集團沒有反對這個安排。因此到了第二年，諸葛亮集團繼續採取行動。「以諸葛亮欲出軍漢中，嚴當知後事，移屯江州，留護軍陳到駐永安」。江州屬於內地，策略地位不如永安。儘管李嚴的軍銜升為前將軍，儘管李嚴表面上依然節制陳到，東部事務「皆統屬嚴」，但李嚴的實際地位下降了。同時需要注意的是，諸葛亮以出軍漢中為由，開始以軍事行動優先於政治和人事安排。既然如此，李嚴只好降低姿態，轉而全力經營江州，修築巴郡，希望建立一個能夠與成都相敵的根據地。

李嚴採取兩次大行動。第一是根據《諸葛亮集》的記載，李嚴「勸

亮宜受九錫，進爵稱王」。漢制，非劉姓不得封王。這完全是李嚴對諸葛亮一次不懷好意的笨拙試探。諸葛亮馬上回信拒絕，明確說自己對李嚴這個老朋友來信的不解。一方面，諸葛亮許諾滅魏之後，當「與諸子並升」，意思是統一北方後，我們共享富貴，給了張空頭支票；另一方面，諸葛亮又說「雖十命可受，況於九邪？」，我已經權傾朝野了，還需要九錫嗎？暗示李嚴，自己才是頭號託孤重臣，提醒李嚴不得妄動。第二就是李嚴要求在川東自己的勢力範圍內，設立「五郡巴州」，自為巴州刺史。蜀漢政權真正控制的只有益州一州，由諸葛亮擔任州牧。這樣，諸葛亮就控制蜀漢唯一的地方政權。現在李嚴要求將四川一分為二，自己領有一州，以實力對抗在成都的諸葛亮，意圖非常明顯。諸葛亮控制的朝廷當然是斷然拒絕。在後來彈劾李嚴罪名的奏摺中，諸葛亮將李嚴的這個主張，視為「窮難縱橫」。

應該說，李嚴集團的這兩招都是「臭棋」。李嚴這個人「腹中有鱗甲」、「性自矜高」、桀驁不馴，還「逞蘇、張詭靡之說」、「有蘇、張之事出於不意」。李嚴缺乏沉穩敏銳的特性，注定失敗的命運。這些都堅定了諸葛亮肅清李嚴的決心，奈何條件尚未完全成熟而已。

建興八年，李嚴因資歷再升為驃騎將軍。同年，蜀魏在漢中戰事激烈。諸葛亮率大軍坐鎮漢中，以此為契機，解決李嚴問題。諸葛亮調虎離山，要求李嚴率兵兩萬，離開根據地江州，到大本營漢中抗魏。這既使李嚴失去根基，也減少江州發生動亂的可能性。大敵當前，李嚴沒有理由抗命，深知利害關係的李嚴提出要求，提名自己的兒子李豐擔任江州都督，繼續掌握川東軍隊和根據地。這一次，諸葛亮非常爽快，「表嚴子豐為江州都督督軍，典嚴後事」。李嚴只得率軍北上，他忘記樹倒猢猻散的道理，只要打倒李嚴，他的殘餘集團注定會灰飛煙滅。

到了漢中，「亮以明年當出軍，命嚴以中都護署府事」。李嚴擔任

漢中各部隊總監督，全權處理丞相府事務。一年後，諸葛亮彈劾李嚴的奏摺是這樣評價這次調動的：「去年臣欲西征，欲令平主督漢中，平說司馬懿等開府辟召。臣知平鄙情，欲因行之際倡臣取利也，是以表平子豐督主江州，隆崇其遇，以取一時之務。」意思是李嚴藉機要挾，而自己忍辱負重。

建興九年春，諸葛亮進軍祁山，讓李嚴催督糧食運輸。

祁山戰役持續了半年。夏秋交際，連降暴雨，運糧不繼，諸葛亮在前方缺糧。李嚴乘機派人報告諸葛亮，說後方也缺糧。諸葛亮不得不退軍。李嚴在諸葛亮回軍後，採取兩面手法：一方面驚訝地說：「軍糧還很充足，為何撤軍呢？」以此來推卸自己沒有督運好糧草的責任，同時說明是諸葛亮自己無力推進而撤軍；另一方面，李嚴又向劉禪上表，說：「大軍假裝後退，以引誘敵人追擊，再進行打擊。」這就出給諸葛亮一個大大的難題。諸葛亮的對策非常簡單，「亮具出其前後手筆書疏本末，平違錯章灼。平辭窮情竭，首謝罪負。」諸葛亮只是出示了李嚴前後親筆手書信函。李嚴面對鐵證，只好認罪受罰。結果，李嚴被徹底打敗，「廢平為民，徙梓潼郡」，徹底退出政治舞臺。他的兒子、江州都督李豐，在父親被罷官後，被諸葛亮調到漢中繼承李嚴的工作：督運糧草。李豐最後官至朱提太守。朱提是一個西南少數民族地區的郡。

經過層層政治較量，諸葛亮消滅了最大政治對手，沉重打擊四川本土勢力，確立自己對全國的權威統治。在此前後，諸葛亮就在北伐的大旗下，賞罰自專，強力鎮壓異己分子。比如廖立是荊州名士，在劉備時期官運不錯，諸葛亮上臺後就靠邊站了。廖立心裡不滿，當著李邵、蔣琬等諸葛亮親信面前，批評劉備不取漢中而與孫吳爭荊州的策略錯誤，又批評關羽「怙恃勇名，作軍無法」，前後數喪師眾，最後批評諸葛亮親信向朗、文恭、郭攸之、王連等人都是平庸之輩，唯諸葛亮馬首是

瞻，不足與之謀大事。朝廷重用這些人才，使百姓疲弊。李邵、蔣琬自然將廖立的正確評論和不恰當評論都一併報告給諸葛亮。諸葛亮以「誹謗先帝，疵毀眾臣」的罪名，將廖立廢為平民，發配西北偏遠的汶山郡。廖立在那裡，種地到死。

魏明帝曹叡評論蜀漢政局時，一針見血地說：「亮外慕立孤之名，而內貪專擅之實。」

三

諸葛亮一生最主要的政治行動，不是赤壁之戰，而是七次北伐。

建興五年（二二七年），在平定南方蠻族騷亂、和東吳穩固同盟關係後，諸葛亮於當年三月，向後主劉禪上了〈前出師表〉。〈前出師表〉的第一句就點出：「先帝創業未半，而中道崩殂，今天下三分，益州疲弊，此誠危急存亡之秋也。」蜀漢進行的是哀兵之戰。與〈隆中對〉的第三步不同，蜀漢已經沒有發自荊州的二路軍，只能憑藉出漢中的一路，能夠獲得對曹魏作戰的勝利。通篇表章中，諸葛亮都沒有詳細說明進軍計畫和經略中原的步驟，而是充滿情感地勸諫智商不太高的劉禪要親賢臣、遠小人，回顧自己受到的知遇之恩。後人不知道諸葛亮寫表章是何等的悲壯與雄心。到最後，作者是涕淚交加，不知所云了。

表中有言：「興復漢室，還於舊都。此臣所以報先帝，而忠陛下之職分也。」

當年，四十六歲的諸葛亮離開了成都，從此長年征戰在外，極少回到首都，最後身亡五丈原，安葬於今陝西勉縣。

　　當時曹魏鎮守關中的是駐屯長安的夏侯楙。蜀漢大將魏延建議派精兵五千人，負糧五千，直接從褒中出兵，循著秦嶺東進，出子午谷不過十天，就能到達北邊的長安。夏侯楙能力差，長安城空虛，可以一戰平定咸陽以西地區。到時候，蜀漢大軍源源而來，收復關中地區，與關東的曹魏勢力對峙。諸葛亮認為這個計畫太冒險了，不如從平坦大道西取隴右，平穩無虞。所以諸葛亮在世都不用魏延的計謀，一直堅持從祁山出隴右，經營隴右。可惜蜀漢每次北伐隴右，都沒有抓住曹魏兵力分散的暫時優勢。魏軍主力很快反應過來，出現在蜀漢北伐軍面前。諸葛亮一再經略隴右的目的，是控制河西和涼州，擴展蜀漢的實力，修改〈隆中對〉中的荊州和益州兩路北伐，改為涼州和益州兩路居高臨下的進攻。這是諸葛亮在蜀漢局限在益州一地，聯盟東吳的現實情況下修改的。荊州不可復得，益州不足吞天下，因此選擇地域廣袤、扼守東西、民風剽悍的涼州來代替荊州。

　　從建興六年到建興十二年的七年間，諸葛亮每年都在實踐自己進軍隴右的計畫。

　　建興六年（二二八年）春，諸葛亮派趙雲、鄧芝率偏師作為疑兵，前據漢中的箕谷，揚言由斜谷進攻郿，以吸引和箝制關中魏軍，自己率主力出漢中西北，進攻祁山、西縣，以奪取隴右。夏侯楙一戰即被擊敗。南安、天水、永安三郡叛魏歸蜀，關中震動。魏明帝親自西鎮長安，命張郃為前鋒，率主力迎敵。諸葛亮派馬謖督諸軍為前鋒，與張郃戰於街亭。馬謖違反諸葛亮作戰方針，在街亭大敗。街亭失利後，佯攻部隊趙雲、鄧芝疏於戒備，在箕谷與魏將曹真對壘時，以優勢兵力失利，燒毀棧道退卻。諸葛亮不得不放棄三郡，遷移西縣百姓千餘家，退回漢中。回到漢中，諸葛亮「揮淚斬馬謖」，同時請示自貶為右將軍，行丞相事，以表示承擔戰敗責任。

得到諸葛亮北伐消息的同盟國東吳，在東線發動的夏季攻勢卻獲得勝利。張郃率主力東下進攻東吳，關中空虛。諸葛亮聞訊，上〈後出師表〉，於冬十二月越散關圍陳倉。但這回蜀漢事起倉促，陳倉守將郝昭防守得當，諸葛亮包圍陳倉近一個月而沒有攻下。魏國救軍將至。糧草不濟，諸葛亮不得不再次撤退。

建興七年春，諸葛亮派陳式攻取武都、陰平兩郡。為了牽制魏雍州刺史郭淮，諸葛亮率軍迎戰，郭淮退軍，蜀軍攻占兩郡。這是諸葛亮連年北伐最實在的成果。諸葛亮因功恢復丞相職務。

建興八年春，魏國發動攻勢，司馬懿由西城沿漢水，張郃由子午谷，曹真由斜谷，分三路進攻漢中。諸葛亮在城固、赤坂迎戰。魏國因連續下大雨，道路不通，中途退兵。

建興九年二月，孔明親自率軍再度進攻祁山圖隴右。曹魏令費曜等守上邦，其餘救祁山。諸葛亮部署一部分兵力圍攻祁山，自率主力到上邦迎戰。魏帥司馬懿據險不戰，諸葛亮求戰不得，引軍退回祁山，魏軍尾隨。五月，雙方交戰，諸葛亮大破魏軍，司馬懿回軍保營。六月，諸葛亮糧盡退軍，射殺追擊的張郃。

建興十年，諸葛亮在漢中休養生息，獎勵農業，貯備軍糧，並製作木牛流馬等運輸工具，訓練士兵作遠征的準備。第二年冬天，諸葛亮囤積軍糧於斜谷口，整修驛站。第三年（二三四年）二月，諸葛亮率十萬大軍由斜谷出擊，並約吳同時出兵攻魏。四月，蜀軍沿褒斜道出斜谷。諸葛亮駐軍五丈原，屯田於渭水南岸，與司馬懿對峙，以備持久戰。司馬懿採取以逸待勞的方針，堅壁不出。五月，東吳分三路出兵，進攻曹魏，以配合蜀軍在西線的攻勢。曹魏面對蜀吳的協同進攻，採取「西守東攻」的策略。東吳初期判斷蜀軍在西線的進攻會吸引魏軍主力，當探知魏軍東下時，東吳不戰而退。諸葛亮與司馬懿對峙百餘天，積勞成

疾，八月病死軍中，時年五十四歲。蜀軍遵照遺令，祕不發喪，整軍而出，退兵回漢中。司馬懿聞訊追擊，蜀軍反旗擊鼓，佯裝反擊。司馬懿收軍，不敢進逼。因此有「死諸葛嚇退活仲達」的說法。

諸葛亮主導的北伐勝少敗多，付出多、收穫少。曹魏駐西部戰線的司馬懿，其策略基本上是避其鋒芒，堅守不出。「亮每患糧不繼，使己志不伸。」國力不足是束縛諸葛亮施展拳腳的主要原因。蜀漢與曹魏真正主力決戰的機會並不多。但是蜀漢作為主動出擊的一方，成本付出更大。連年的征戰，消耗蜀漢大量國力，不僅兵員，還包括物資，以及人才。到諸葛亮死時，蜀漢再也沒有實力發起先前的攻勢了。

既然虛耗實力，如果蜀漢憑藉地形，內斂自守又當如何呢？蜀漢在防守的基礎上休養生息，可能實力積蓄會優於積極進攻，但在政治態勢上，將會惡化。諸葛亮的連年北伐，使曹魏在他身前及死後的數十年中，處於消極、被動防守的態勢。蜀漢以土狹民寡的一州之地，迫使擁有九州之地的曹魏，被迫採取策略防守數十年，蜀軍在與強大的曹魏軍隊對峙中，保持主動權。這不能不說是諸葛亮連年征戰的積極結果。如果消極防守，曹魏必定憑藉自身的強大國力，對蜀漢北部構成越來越大的軍事壓力。蜀漢依然需要增兵設將，以重兵在邊界與曹魏對峙。這依然會消耗蜀漢大量實力。無法忽視的一點是，諸葛亮把興復漢室掛在嘴邊，就不得不拿出實質行動。北伐是最好的行動，而且諸葛亮可以借北伐，收攬實權。正因為諸葛亮「言行一致」，矢志報國，後世將他樹為忠君愛國的楷模。

蔣琬、費禕和姜維等人繼諸葛亮之後，主導了蜀漢後期的政治與軍事，或大或小都延續北伐政策。可惜，諸葛亮死後，蜀漢再也找不到這樣的強權人物來維持權威統治了。權相體制最終改變。

《三國志》稱讚諸葛亮「神武赫然，威震八荒，將建殊功於季漢，

參伊、周之巨勛」，這是就他的功績來說的，沒有涉及個人品行。諸葛亮生前宣稱自己在「成都有桑八百株，薄田十五頃，子弟衣食，自有餘饒。至於臣在外任，無別調度，隨身衣食，悉仰於官，不別治生，以長尺寸。若臣死之日，不使內有餘帛，外有贏財，以負陛下」。等到他死時，家裡果然沒有餘財。我們可能對諸葛亮的政治生涯和執政觀點有不同評價，但就清廉來說，諸葛亮是無可指責的。

三個陣營的一家人

一

一天，東吳宮廷召開酒宴，君臣同飲。東吳大帝孫權是個童心未泯、行為乖張的另類皇帝，惡作劇是他的愛好。孫權早對大臣諸葛瑾的驢臉感興趣了，就示意下人牽來一頭驢，驢臉上貼著一張紙：「諸葛子瑜」（諸葛瑾字子瑜）。觥籌交錯之間，大臣們看到一頭驢在朝堂上蹓躂，一片譁然。大家都熱鬧地看著諸葛瑾，孫權和幾個大臣還哈哈笑出聲。

諸葛瑾窘迫得滿面通紅。

尷尬時刻，一個少年快步離席，走到廳中，跪下來對孫權說：「請陛下允許我在紙上添加兩筆。」大家定睛一看，原來是諸葛瑾的長子諸葛恪。孫權對諸葛恪要添加的字很好奇，同意了。諸葛恪就在紙條下加了兩個字：「之驢」。「諸葛子瑜」變成了「諸葛子瑜之驢」，頃刻舉座歡笑。孫權就勢，讓諸葛瑾把這頭驢牽走了。一場惡作劇圓滿收場。

人們常透過這個故事，誇諸葛恪聰明，其實它更多的，是說諸葛瑾的溫順。諸葛瑾這個人脾氣非常好，面對如此尷尬的惡作劇，都能堅持在酒席上。孫權敢拿諸葛瑾開玩笑的一大原因，就是他脾氣好。如果諸

葛瑾的脾氣和同事張昭一樣倔強難纏，一生氣就罷工，孫權也不會找他麻煩了。

諸葛瑾是諸葛亮的親哥哥，但和諸葛亮生活在一起的日子不長。他沿襲東漢時期很多年輕學子的傳統，「少游京師，治《毛詩》、《尚書》、《左氏春秋》」。約中平六年（西元一八九年），母親章氏去世，諸葛瑾「居喪至孝」，並且「事繼母恭謹，甚得人子之道」，很符合當時對年輕人的要求。可惜天下大亂，諸葛瑾不能再照傳統程序進入仕途，只好託人開後門，進入東吳陣營。工作之初，諸葛瑾因為年輕，性格溫順，又屬於外來戶，在陣營中並不突出。歷史上也沒記載他有什麼活動。

諸葛瑾真正發跡，在歷史上有所作為，還拜弟弟諸葛亮所賜。諸葛亮成為蜀漢陣營的關鍵人物，而對蜀漢的外交，又是東吳的重要內容，因此諸葛瑾的「海外關係」，決定了他是東吳對蜀漢展開外交的不二人選。東吳上下很看重諸葛瑾和諸葛亮的兄弟關係。魯肅跑到荊州，和諸葛亮第一次見面，不先介紹自己「我是魯肅」，而先說：「我是諸葛子瑜的朋友。」二一四年，劉備得到四川，勢力大增後，孫權就主要依靠諸葛瑾展開交涉。客觀地說，如果沒有諸葛亮這個弟弟，還輪不到諸葛瑾登上政治舞臺呢！

我們也要替諸葛瑾澄清，他並非全靠裙帶關係過活的平庸之輩，而著實是因能力不錯。兄弟情為他開啟了仕進之路，發展還要靠自身努力。事實上，諸葛瑾很注意將公事和私事分開。二一五年，孫權遣諸葛瑾使蜀通好劉備。諸葛瑾和諸葛亮在公館見面，只談公事，不談私事。一次，孫權問諸葛恪：「卿父與叔父，孰賢？」諸葛恪回答說：「臣的父親正為此擔憂呢！」孫權就問怎麼回事，諸葛恪說：「臣父親知道的事情，叔父不知道。他為此擔心，怕洩漏了機密。」諸葛瑾是擔心兄弟情

影響外交。孫權聽後，感慨諸葛瑾的謹慎和忠心。

至此，諸葛瑾在孫權心中扎下了根，不再僅僅是諸葛亮的哥哥，而視為重臣。呂蒙討伐關羽時，諸葛瑾也參戰了，因功封宣城侯，又以綏南將軍代呂蒙領南郡太守。荊州被東吳奪走了，劉備大舉伐吳。孫權危急關頭，派諸葛瑾求和。諸葛瑾寫信給劉備：「陛下因為荊州和關羽的原因，大舉興兵，我覺得不值。陛下以匡扶漢室天下相號召，那關羽之親，何如先帝？荊州大小，孰與海內？俱應仇疾，誰當先後？若審此數，易於反掌。」劉備置之不聞。《三國演義》虛構了諸葛瑾親自來蜀漢軍中勸阻，劉備看在諸葛亮的分上，把他趕走了事。蜀漢大軍兵臨城下，東吳許多人把對劉備、諸葛亮的仇恨，轉嫁到諸葛瑾身上，紛紛懷疑諸葛瑾吃裡扒外，暗中通敵。陸遜等人則上表擔保諸葛瑾的忠誠。孫權平時愛開玩笑，大事關頭，頭腦很清醒，說：「孤與子瑜有死生不易之誓，子瑜之不負孤，猶孤之不負子瑜也。」諸葛瑾度過一難關，同年還升為左將軍、督公安，假節，封宛陵侯。

隨著老人不斷逝世，資歷不斷成長，諸葛瑾赫然成為東吳政權的重要人物。

地位提升了，兵也帶了，可諸葛瑾在帶兵打仗方面的成績，實在無法恭維。孫權後期，曹魏大軍圍困江陵，諸葛瑾率大軍救援。諸葛瑾溫和謹慎，長期找不到破敵之術，也沒有正面作戰，導致江陵之圍拖到第二年也沒有解開。第二年春天，河水大漲，東吳的水師發揮了作用，曹魏這才退兵。事後，諸葛瑾雖無大功，但因保全了土地和軍隊，也被記上一功。但參加江陵之戰的曹魏夏侯尚的傳記說：諸葛瑾與夏侯尚兩軍隔江相對。諸葛瑾占領江中沙洲，被夏侯尚用油船夜襲，「夾江燒其舟船，水陸並攻，破之」。可見，諸葛瑾雖然僥倖解了江陵之圍，但也折損了不少兵馬。

就這樣一個平庸的大臣，日益獲得孫權的信任，地位不斷提升，為什麼？還是那個老原因：脾氣好，讓人放心。諸葛瑾和孫權對話時，很會察言觀色，從來不嚴詞勸諫。他看孫權的情況，說些孫權喜歡聽的，一旦發現自己的話與孫權的意思不和，就轉換話題。如果某個意思必須表達出來，諸葛瑾就「徐復託事造端，以物類相求」，像剝筍一樣，慢慢地讓孫權了解自己的意思。孫權是自尊心很強、越來越自負的專制君主，諸葛瑾的做法，很合孫權的胃口。同時，諸葛瑾知道自己是南逃的山東人，想在以東南世族和淮泗豪強為主的東吳政權站穩，提升地位，必須和同事們維持好關係，夾著尾巴做人。他不但對孫權謹小慎微，對其他皇室成員也恭敬謹慎，與魯肅、陸遜等東南世族和淮泗豪強保持密切關係。諸葛瑾是孤零零的外來戶，和大家都沒有利害衝突，得到孫權及各派的交口稱讚，不想升官也難。

能力不強不要緊，會說話、維持人際關係，能補償能力的缺陷。諸葛瑾就是一個代表。當孫權稱帝，諸葛瑾被封為大將軍、左都護，領豫州牧，進入最高權力核心。

二四一年，東吳政壇的不倒翁諸葛瑾逝世，留下兒子諸葛恪和諸葛融。死前，諸葛瑾囑咐喪事從簡；死時，諸葛家在東吳儼然是政壇大家了。

二

諸葛亮和諸葛瑾有個堂兄弟叫諸葛誕。諸葛誕沒有南逃，走的是傳統的仕進道路。他留在北方，讀書、交友、當官，從尚書郎開始起步，第一個授予的實職是滎陽縣令，逐步升遷到御史中丞、尚書。

　　年輕的諸葛誕有個問題：好名。東漢末年開始，士大夫階層都好名，喜歡各種評比，把自己和身邊的人扣上各種榮譽光環。諸葛誕就和散騎常侍夏侯玄、鄧颺等十五人，互相品評吹捧，評出以夏侯玄領銜的「四聰」，諸葛誕領銜的「八達」，三個同僚晚輩為「三豫」。可惜魏明帝曹叡很不喜歡這種風氣，斥其為「沽名釣譽」，拿諸葛誕開刀，將其罷官。

　　諸葛誕遭遇仕途上最大的失利。好在他很快憑藉夏侯玄、鄧颺等好朋友的勢力，重新進入官場，得到揚州刺史的實職。此後，諸葛誕身為曹魏在淮南戰場的主要將領，出現在歷史記載中——這點和諸葛亮、諸葛瑾不同。諸葛亮和諸葛瑾文武官職都有，可算是「文武全才」，諸葛誕相比，更像單純的武將。事實證明，諸葛誕的確頭腦「單純」，沒有堂兄弟們那麼多想法。

　　揚州地處淮南，在曹魏政權後期叛亂頻繁。王淩叛亂時，太傅司馬懿東征。諸葛誕被提升為鎮東將軍、都督揚州諸軍事，封山陽亭侯，參與平定王淩叛亂。東吳北上趁火打劫，諸葛誕和堂侄諸葛恪在東關這個地方兵戎相見了一回。身為長輩的諸葛誕，敗給堂侄諸葛恪。幾年後，毌丘儉、文欽割據淮南壽春叛亂。他們兩人是諸葛誕的老同僚，遣使呼喚諸葛誕一起造反，理由是司馬家族擅權專政，要篡奪曹家的天下。諸葛誕覺得司馬家族對自己有恩，看不出司馬家族有篡位的意思，就將毌丘儉、文欽的使節斬首，向朝廷報告。大將軍司馬師東征，重用諸葛誕平叛，加督豫州諸軍，當作主力。毌丘儉、文欽的叛亂也失敗了，諸葛誕最先攻破壽春，居功甚偉。戰後，諸葛誕是曹魏在淮南地區資歷最老、功勞最大的將領。朝廷「以誕久在淮南」，任命他為鎮東大將軍、儀同三司、都督揚州。

　　諸葛誕坐鎮壽春，成為曹魏穩定淮南局勢的中堅。一代封疆大吏，好不風光。

諸葛誕的提升，不全靠抓住歷次平叛的機遇，而在於他高超的軍事素養。淮南戰場是三國後期曹魏和東吳作戰的主戰場，儘管曹魏在此地發生多次叛亂，內訌不止，但諸葛誕的存在，始終穩固本地局勢，沒讓東吳撈到什麼好處。文欽叛亂失敗後，率領殘部投降東吳。東吳派大將孫峻、呂據、留贊等人，會同文欽，氣勢洶洶殺向淮南，企圖乘虛攻城略地。諸葛誕督率淮南各軍，堅守城池，成功逼退吳軍。諸葛誕乘勝追擊，追斬了留贊，大敗吳軍，因攻進而封高平侯，食邑三千五百戶，轉為征東大將軍。隨著諸葛誕在淮南的地位不斷鞏固，他政治不成熟的一面，開始表現出來了。絕對的權力和穩固的地位，讓諸葛誕有點順著性情辦事，大肆練兵，把軍隊操練得精神飽滿；對自己喜歡的人，毫不吝嗇的賞賜；即使是犯死罪的人，只要覺得有用，諸葛誕就會保全下來。缺乏制衡的環境，容易讓人專制，諸葛誕就逐漸成為淮南地區說一不二的專制人物。

這在曹魏朝廷看來，是不允許的。朝廷的袞袞諸公，認定諸葛誕有成為地方軍閥的危險。恰巧甘露元年（二五六年）冬，諸葛誕以東吳再次侵略為由，申請朝廷再調撥給他十萬軍隊禦敵。朝廷認為淮南現有的軍隊，足以抵抗東吳侵略，而沒有答應諸葛誕的申請。諸葛誕繼而要求朝廷允許淮南修繕城池，並在淮河邊上建造新城。新的申請讓朝廷懷疑諸葛誕有異心，諸葛誕沒有異心，而是在申請被拒後發脾氣、賭氣要大修城池。你不是懷疑我要割據淮南嗎？我就大造城池，擺出一副行將割據的樣子給你看！朝廷從此堅信諸葛誕有了疑心，考量到諸葛誕的實力和地位，打算招他入朝，明升暗降，剝奪他的實權。

朝廷對諸葛誕的處置僅此而已 —— 畢竟這是「人民內部矛盾」，諸葛誕還是自己人。

事情後來發生變化。因為諸葛誕拒絕去朝廷當大官，賴在淮南不

走。掌權的司馬昭派親信賈充去淮南壽春勸諸葛誕入朝。賈充勸不動諸葛誕，他也不勉強，因為他此行有其他更重要的目的。只聽他談起時事，然後對諸葛誕說：「現在洛陽和河南的各派勢力，都覺得魏國國運走到盡頭，天下應行禪讓。你的意見如何？」賈充的意思很清楚，他希望諸葛誕支持司馬昭篡位。但他忘記諸葛誕受到曹魏幾代君主重恩，是堅定的曹魏支持者。諸葛誕根本沒給賈充面子，屬色斥責說：「你難道不是賈豫州的兒子嗎（賈豫州是賈充的父親、曹魏開國元勳賈逵）？你們賈家世受魏恩，為什麼負國，要把魏國的天下送給他人呢？我不想再聽到你的話了。」停了會，諸葛誕加重語氣說：「如果洛陽和河南發生動亂，我會率領本部兵馬，以死報國。」賈充默然無語。

沒幾天，朝廷正式下詔，任命諸葛誕為司空，免去他在淮南的職務。原來賈充回去對司馬昭說：「諸葛誕在揚州，有威名，聲望卓著。如果趕緊徵他來朝中任職，他肯定不來，但禍小事淺；如果不徵他，他有充足的準備時間，那時候就晚了。」諸葛誕接到詔書後，心裡恐懼，舉兵造反了。他是被司馬昭逼反的。

諸葛誕先拿不與自己同心的揚州刺史樂綝開刀。帶著數百人突襲揚州。揚州官吏要閉門堅守，諸葛誕在下面叱罵：「你們難道都不是我以前的部下嗎？」官吏不敢亂動，諸葛誕兵不血刃拿下揚州，將樂綝斬首。殺了樂綝後，諸葛誕把他的腦袋裝在盒子裡，附上一封奏表，發給朝廷 —— 實際上是給司馬昭。諸葛誕先說自己受國重任，統兵在東，效忠朝廷，現在殺了對朝廷有異心的揚州刺史樂綝（在警告司馬昭等人），然後表示「若聖朝明臣，臣即魏臣；不明臣，臣即吳臣」。

司馬昭當然明白諸葛誕對曹魏的一片忠心。正是因此，他更要剷除諸葛誕了。

諸葛誕收斂本部兵馬十餘萬，吞併揚州新附部隊四、五萬人，囤積

足夠軍隊吃一年的糧食，在壽春閉城自守。同時派將小兒子諸葛靚送到東吳當人質，向東吳求援。頭號凶敵棄暗投明，東吳喜出望外，派遣全懌、全端、唐咨、王祚等將領率兵三萬，會合文欽等曹魏降將，大規模增援諸葛誕。遠遠的，東吳給諸葛誕戴上「左都護、假節、大司徒、驃騎將軍、青州牧、壽春侯」等高帽。當然這一切都要在諸葛誕割據淮南成功之後才能享受。

司馬昭很重視諸葛誕叛亂，督率大軍二十六萬，大舉討伐。大將軍屯丘頭。鎮南將軍王基、安東將軍陳騫等四面合圍壽春，「表裡再重，塹壘甚峻」。包圍圈沒有合攏之前，全懌、唐咨、文欽等人率領部分援軍成功突入城中。而朱異等東吳將領，沒能突破包圍圈，被曹魏軍隊殺敗。在東吳專權的孫綝乾脆殺了朱異等人，撤軍回江東。形勢急轉直下，諸葛誕一下子就陷入困境。

諸葛誕的有勇無謀，在大戰中表現得淋漓盡致，最後將自己送上斷頭臺。壽春城被圍得水洩不通，諸葛誕想不出破解的辦法。結果「城中食轉少，外救不至，眾無所恃。」將軍蔣班、焦彝說：「現在軍心尚且穩固，官兵思用，如果併力決死，攻擊圍敵的一面，即使能大敗敵軍，也可能突圍成功。」諸葛誕卻懷疑蔣班和焦彝有異心，要逃跑，竟要殺害蔣班。兩人大懼，認為諸葛誕必敗，真的逃出城投降了。司馬昭受到啟發，對壽春城內大使反間計，全懌等人也率數千官兵出城投降了。城內軍心動搖，諸葛誕依然「不知所為」。

熬到第二年正月，諸葛誕終於決定要突圍了，和文欽、唐咨等人大造器械，五天六夜連續猛攻城南，向決圍南逃。曹魏軍隊居高臨下，依仗工事和發石車、火箭等，給突圍軍隊重創，死傷蔽地，血流盈塹。

諸葛誕只得退回城內，情況更加糟糕，糧食眼看要吃完了，幾萬人逃出去投降。文欽這時想出一個餿主意，要把所有北方人趕出去，節約

糧食，留下吳人堅守。諸葛誕不聽，兩人產生矛盾。文欽是割據淮南造反的前輩，當年被諸葛誕鎮壓，一直懷恨在心。現在新愁加舊恨，導致諸葛誕和文欽兩人在城中內訌，文欽被殺。文欽的兒子文鴦、文虎出城投降司馬昭，司馬昭赦免他們的罪過，讓他們沿著壽春四周巡城，對城內喊話：「文欽之子都沒被殺，其他人還怕什麼？」城內鬥志喪盡。司馬昭這才發動總攻，魏軍鼓噪登城，城內無敢動者。諸葛誕單騎在亂軍中突圍，被追兵斬首。曹魏的諸葛誕一族被族誅。

壽春城破，諸葛誕麾下有數百人堅絕不投降，全部被斬。看來，諸葛誕帶兵還是有一套的，有人願意為他去死。可惜他的政治素養，實在令人不敢恭維。

不可複製的權路

一

　　諸葛家族下一輩人中，最傑出的當屬東吳的諸葛恪。史載他「英才卓越」，「超逾倫匹」、「名盛當世」，這個評價可不是一般人承受得起。

　　孫權很喜歡諸葛恪這個孩子，羨慕地對諸葛瑾說：「藍田生玉，真不虛也。」諸葛瑾則很擔心，認為諸葛恪「非保家之子」，恐怕日後會為家族帶來血光之災。

　　原來諸葛恪這個人個性灑脫、舉止高調、不拘常理，和性情溫順、為人小心謹慎的父親諸葛瑾判若兩人，當然讓父親擔心。而個性同樣灑灑的孫權，則把諸葛恪視為忘年知音，引為同類。兩人常一起策劃一些「好玩」的事情。東吳重臣張昭為人嚴肅、不苟言笑，對孫權輕狂、不守禮法的行為，提出尖銳的批評。孫權惱怒在心頭，和諸葛恪一起設計，嘲弄張昭。一次，有白頭鳥聚集在宮殿前，孫權就問：「這是什麼鳥啊？」諸葛恪大聲回答：「白頭翁。」滿頭白髮的張昭，自認為是朝堂上最老的人，懷疑諸葛恪在戲弄自己，出來說：「諸葛恪欺騙陛下，從來沒聽說過有『白頭翁』之鳥。既然有白頭翁，那請諸葛恪拿出『白頭母』來。」諸葛恪不慌不忙地回答：「有鳥叫『鸚母』，聽說沒有對，請張丞相找出『鸚父』來。」張昭無言以對，滿堂歡笑。除了開同僚玩

笑，諸葛恪對蜀漢使節的玩笑也敢開。費禕出使東吳，陛見孫權後舉辦宴會，公卿大臣都在座。諸葛恪和費禕相對而坐，就互相聊了起來，談到吳蜀這兩個字。費禕問：「蜀字怎麼解？」諸葛恪回答：「有水者濁，無水者蜀，橫目苟身，蟲入其腹。」費禕又問：「那吳字怎麼解？」諸葛恪回答：「無口者天，有口者吳，下臨滄海，天子帝都。」孰上孰下，一眼便知。

諸葛恪的這些言行，都得到孫權的支持。一次，孫權當著群臣的面，對蜀漢的使節說：「我這裡的諸葛恪喜歡騎馬，請回去轉告丞相，送幾匹好馬來。」諸葛恪趕緊下跪謝恩。孫權說：「馬還沒來呢！謝什麼？」諸葛恪回答：「蜀國就是陛下的馬廄啊！現在有詔要馬，馬肯定會送來的。我怎能不謝呢？」這幾句話，在拍孫權馬屁的同時，又奚落了蜀漢一番。

孫權極其喜歡諸葛恪，對諸葛恪的仕途大開綠燈，不遺餘力地栽培。諸葛恪剛剛二十歲，孫權就封他為騎都尉，讓他進入太子孫登的東宮，與顧譚、張休等人一起與孫登講論道藝，成為東宮重要人物，不久轉為左輔都尉。孫權曾創置節度官，掌管天下軍糧，開始用侍中、偏將軍徐詳。徐詳死後，孫權平地一聲雷，提拔諸葛恪為節度官。遠在四川的諸葛亮，聽說親侄子當了這麼大的官後，反而憂心忡忡地寫信對陸遜說：「家兄老了，而侄子諸葛恪性格粗疏，如今主管糧穀。糧穀是全軍最重要的東西，怎麼能託付給諸葛恪呢？我雖然在他國遠方，也暗中不安，特地請足下轉告貴國君主。」陸遜轉告給孫權。諸葛亮的面子，孫權還是要給的。於是諸葛恪被撤去節度官。

怎樣才能讓諸葛恪建功立業，迅速提升呢？孫權在想這個問題，諸葛恪也在想。當時山越問題是東吳的大問題。東吳蠶食山越地區，擴充地盤，增加人口，將強壯的山越人編入軍隊，但遭到山越人的激烈抵

抗。諸葛恪毛遂自薦，要求出任山越聚居區丹楊郡的太守，誇口三年為朝廷增兵四萬。嘉禾三年（二三四年），孫權毅然任命三十二歲的諸葛恪為丹楊太守、撫越將軍。任命下達後，孫權「命恪備威儀，作鼓吹，導引歸家」，表示尊崇。諸葛恪到任後，不主動進攻山越地區，明令各地扼守險要。他的絕招是「搶糧食」，到收穫季節，東吳兵衝入山越地區，搶先收割居民的糧食。山越人沒有吃的，陸陸續續走出山區，歸降東吳。歸降一批，諸葛恪就遷徙一批，直至丹楊的山越人都歸降為止。三年後，諸葛恪增加了居民和士卒超過十萬人，孫權特地派遣尚書僕射薛綜勞軍，拜諸葛恪為威北將軍、封都鄉侯。

諸葛恪從此平步青雲，逐漸成為東吳後期的主要將領之一。他先後鎮守皖口、柴桑，陸遜死後升為大將軍，駐守武昌，負責荊州事務，事實上代替陸遜成為東吳最主要的軍政長官。

太元元年（二五一年），孫權病重。太子孫亮剛剛九歲，孫權選定大將軍諸葛恪為輔政大臣，託付身後大事。朝廷召諸葛恪從武昌回建業時，與諸葛恪共同鎮守武昌的大將呂岱告誡他：「國事多難，您做每件事三思而行都不行，而需要十思啊！」諸葛恪一向自信，現在正沉浸在迎接巨大權力的喜悅中，將呂岱的話左耳進右耳出，高高興興赴任去了。

孫權死了，忘年之交諸葛恪成為首輔大臣，主持軍國大事。他可以嗎？

二

諸葛恪主持軍國大事，的確有問題。說好聽點是他缺乏名望，說不好聽的，就是大家嫌他太嫩了。諸葛恪是孫權一手栽培的，孫權死了，

誰還能罩他呢？

侍中孫弘就不服諸葛恪，孫權剛死，孫弘圖謀祕不發喪，矯詔誅殺諸葛恪取而代之。這個惡性事件，因為多數人在諸葛恪和孫弘之間選擇前者，讓諸葛恪成功鎮壓叛亂企圖。事後，諸葛恪看到輔政地位的脆弱，在給駐守公安的弟弟諸葛融的信中，諸葛恪擔憂道：「……吾身顧命，輔相幼主，竊自揆度，才非博陸而受姬公負圖之託，懼兆丞相輔漢之效，恐損先帝委付之明，是以憂懼惶惶，所慮萬端。」惶惶不可終日的諸葛恪知道，這個世上根本就不存在救世主，他只能靠自己。

諸葛恪最先想到的，是扭轉孫權晚年不得人心的政策。孫權晚年的許多政策過於不得人心，比如設置特務機構監督官員、對國內貿易徵收關稅、制定嚴刑峻法……等。諸葛恪只要廢除它們，就能獲得官民的支持。諸葛恪也這麼做了，獲得不錯的效果，「恪每出入，百姓延頸，思見其狀」，可見他聲望很快提升，百姓對他的期望值也很高。

但除了與孫權晚年政策背道而馳外，諸葛恪想不出其他穩固權力的好方法。思前想後，諸葛恪將自己思路的狹隘歸咎於首都建業政局複雜、執政阻力重重，決心逃離建業，遷都到曾經主政過的武昌。

遷都是好事，可以讓主政者樹立改革的形象；遷都也是大事，牽涉到四面八方的利益。諸葛恪都開始修建武昌的宮殿了，全國各地反對遷都的聲音一浪高過一浪。最後，宮殿白修了，遷都一事「暫緩」。遷都不得，諸葛恪又思索出一件更能揚名立威的大事：北伐。

大抵權臣都喜歡大的軍事行動。且不說北伐成功會帶來巨大的利益和聲望，在北伐過程中，權臣就能藉機聚斂權力，轉移國內矛盾。從目的上來說，諸葛恪得到堂叔諸葛亮的真傳。

建興元年十月，諸葛恪帶領四萬軍隊就去「收復中原」了。這次草率的北伐，竟然獲得勝利，諸葛恪斬殺魏軍數萬人，繳獲大量器械物

資。仔細分析成功的原因，一是當時天降大雪，天寒地凍的；二是諸葛恪乘魏軍不備，發起突然襲擊，與兩國實力和諸葛恪的指揮能力沒有關係。但這並不妨礙諸葛恪大搖大擺地凱旋歸來。回朝後，諸葛恪大肆宣傳勝利，進位陽都侯，加荊、揚二州牧，督中外諸軍事。

北伐果然是一帖好藥，能夠治療諸葛恪的權力危機感。風光之後，諸葛恪似乎覺得曹魏這頭「紙老虎」也就那麼回事，盤算著如何再來一次北伐，建功立業。諸葛恪盤算來、盤算去的結論是：自己之所以沒有獲得更大的勝利，就是因為北伐時動員的軍隊不夠。如果第一次傾國而出，說不定直接就把魏國滅了。到那時，我諸葛恪就是一統天下的大功臣了！因為有輕敵之意，諸葛恪意氣風發地要發動第二次北伐。

諸葛恪對這次北伐傾注滿腔心血，他先派人與蜀漢大將軍姜維聯繫，東、西聯合攻魏，再抽調全國的精兵強將，計劃不能吞併曹魏，也要將曹魏打到重度傷殘。

結果大軍未出，東吳上下怨聲載道，一片反對。朝堂之上，大臣們輪番勸說諸葛恪放棄不切實際的北伐，言辭懇切。尤其中散大夫蔣延說得心臟病發作，被人扶出治病。為說服大臣，諸葛恪侃侃而談，指出曹魏權臣當道，政局不穩，「當今伐之，是其厄會」，但眾人主張維持現狀，「懷偷安之計」；至於眾人所謂「百姓尚貧，欲務閒息」的看法，更是鼠目寸光的表現，他表示一定要效仿其叔父諸葛亮北伐的精神。諸葛恪的智商很高，很雄辯，繼承家族「舌戰群儒」的優良傳統。最後所有反對者雖然心中不服，嘴上也不敢再說什麼了。於是，諸葛恪徵發州郡大兵二十萬人，大搖大擺殺向曹魏。史稱「百姓騷動，始失人心」。

糟糕的是，諸葛恪性格粗疏，儘管充滿豪情壯志，但基本上是大話和空想。他對北伐策略和具體戰術都沒有詳細、縝密的考量。

諸葛恪進軍淮南，仗著人多勢眾，開始時很順利，直到包圍新城。

新城城小兵寡，但極為堅固，守城將士一心堅守。吳軍困於堅城之下，達數月之久。其間，吳軍一度攻破城池外牆，守城的將士詐降，請諸葛恪退兵。守城將領說，魏軍的妻兒家小都在後方，守城沒到一定期限投降，會罪及家小，請諸葛恪寬限幾天再投降。諸葛恪竟然笑笑答應了，撤軍城外，等著魏軍到日期投降。結果當然不用說，魏軍修好城牆後，就拒絕投降，諸葛恪空歡喜一場。圍攻新城的軍隊「士卒疲勞，因暑飲水，洩下流腫，病者大半，死傷塗地」。各個軍營報告的傷病人數越來越多，諸葛恪卻認為這是官兵們膽小怯戰，裝病糊弄自己。聽得煩了，惱怒的諸葛恪要殺害匯報的部下，從此他的耳邊，再也聽不見傷病報告了。吳軍都尉蔡林多次提出軍事建議，都沒有被自負的諸葛恪採納，乾脆策馬降魏了。吳軍的士氣渙散得一塌糊塗，曹魏派來的司馬孚二十萬援軍，得知吳軍困境後，大舉進攻。諸葛恪被打得大敗，一路南逃。吳軍將士因病而死和在戰鬥中被殺的，遍布道路，填滿坑壑。諸葛恪一路上聽到的都是傷兵的哀號，非但沒有反省失敗的原因，反而神態自若。撤退到潯陽，諸葛恪還想在此地屯守，休整後再興北伐。但因為吳軍傷亡太大，國家無力再戰，才不得不班師回朝。

八月，諸葛恪回到建業，已經是大失人心，執政聲望降到最低點。大敗而回的諸葛恪，採取嚴刑峻法來鎮壓反對聲音。在大政上，他仍一意孤行，更換皇宮的禁衛軍隊，任用親信控制其親近，加緊訓練軍隊，還在做北伐的美夢。任何依靠強權一意孤行的統治，都無法長久。諸葛恪的統治此時也走到盡頭。孫氏宗室代表人物孫峻經過精心策劃，利用諸葛恪進見孫亮的機會，將其刺殺。

歷史給諸葛恪名垂青史的機會，可惜諸葛恪還沒想清楚如何執政，就把機會浪費了 —— 他原本就不是一個擅長思考的人。

三

　　諸葛恪企圖透過北伐建立功業，像叔叔諸葛亮一樣鞏固權力，樹立威望。可惜，人和人不一樣，國內情況和外部局勢也不一樣，叔叔成功的權力之路，並不能在東吳成功複製。諸葛恪用生命明白了這一點，連累東吳的諸葛家族遭到族誅的噩運。政治鬥爭動輒就牽連到族人和部署、親友，鮮血淋漓，這是中國古代政治的一大惡習。諸葛恪被殺後，弟弟、兒子、外甥和親信等人都被滿門抄斬。琅琊諸葛氏的江東一系，招致覆滅性打擊。

　　諸葛恪的長子諸葛綽初任吳國騎都尉，後來在爭立太子事件中支持魯王孫霸，從事陰謀活動。孫權得知後，下令諸葛恪嚴加「管治」長子。諸葛恪被迫用藥酒毒死諸葛綽。諸葛恪的次子諸葛竦和父親的性情相反，「隔代遺傳」了祖父諸葛瑾小心謹慎的性格，他多次勸諫父親剛愎自用，遭到拒絕後，終日憂心忡忡。諸葛恪權勢熏天時，家門口車水馬龍，諸葛竦卻憂心禍害不知何時到來。諸葛恪被殺後，諸葛竦第一時間得到消息，迅速帶著母親和弟弟諸葛建外逃 —— 可見他早有準備。最後還是被追兵追上，兩個兄弟和母親一起被就地斬首。

　　諸葛恪的弟弟諸葛融沿襲了諸葛瑾的爵位和軍隊，駐守公安。東吳實行部曲制，軍隊和爵位可以變相世襲，父死子繼。諸葛恪能力強，和孫權關係又好，不必吃父親的老本，也能飛黃騰達。諸葛融沒有哥哥的智慧，就當父親的繼承人。在個性上，諸葛融和父親諸葛瑾、兄長諸葛恪都不同，屬於瀟灑隱逸型。父兄兩人都生活簡樸，雖然身分高貴，卻「身無采飾」，但諸葛融卻追求高品質的物質享受，「而融錦廚文繡，獨為奢綺」，嬌嫩享樂。他的行政能力和口才都很平庸，但是愛玩，會多種遊戲。儘管鎮守重鎮，諸葛融「秋冬則射獵講武，春夏則延賓高會」。這種人物注定是交際圈的焦點，每日賓客盈門。諸葛融「每會輒

歷問賓客，各言其能，乃合榻促席，量敵選對，或有博弈，或有樗蒲，投壺弓彈，部別類分，於是甘果繼進，清酒徐行」，周旋於賓客之間，談笑遊戲，諸葛融終日不倦。諸葛恪被殺時，諸葛融擁兵在外，本來可以有所作為，卻選擇吞金自殺。他的三個兒子也被殺死。

諸葛瑾一系並未因此滅門，因為他除了諸葛恪和諸葛融，還有一個兒子：諸葛喬。諸葛恪連累全族，卻沒有波及到諸葛喬。因為早年，諸葛瑾見弟弟諸葛亮老大不小了，還沒有孩子，就把諸葛喬過繼給諸葛亮。諸葛喬成為諸葛亮法律上的長子，並跟隨諸葛亮生活在四川。諸葛亮對諸葛喬非常好，視同己出，不僅指定為繼承人，還很用心地栽培。他不僅為諸葛喬制定嚴格的教育計畫，還在北伐時，特意安排諸葛喬督運軍糧。可惜，諸葛喬早逝，來不及施展才華。他留下一個兒子，叫做諸葛攀。

東吳誅殺江東諸葛滿門，但諸葛瑾還有一支血脈保留在四川。諸葛亮感慨哥哥一家的悲慘遭遇，加上自己晚年得子，就讓諸葛攀回復原脈，重新當諸葛瑾的後裔。之後，東吳政局動盪，政變不斷，孫峻被殺，諸葛恪被「平反昭雪」。諸葛攀得以光明正大地來到東吳，繼承諸葛瑾一系的血脈和爵位。江東諸葛氏延續了下來，但元氣大傷，不復往日風采。

陳壽在《三國志》中高度評價諸葛恪「才氣幹略，邦人所稱」，但是他的性格注定失敗的結局：「然驕且吝，周公無觀，況在於恪？矜己陵人，能無敗乎！」

除了殉國別無選擇

一

　　諸葛亮晚年生的孩子叫諸葛瞻。

　　諸葛瞻出生時，諸葛亮已經四十七歲了。當時諸葛亮正在漢中準備北伐（建興五年，西元二二七年）。四十七歲生子，在三國時代算是超高齡。晚年得子，而且還是獨子，諸葛亮的喜悅之情可想而知。可晚年生子也有一個壞處：沒有精力照顧、栽培兒子的成長。建興十二年（二三四年）諸葛亮病逝時，諸葛瞻才八歲。

　　面對年幼的獨子，風燭殘年的諸葛亮心情非常複雜。他寫信給哥哥諸葛瑾，一方面說「瞻今已八歲，聰慧可愛」，對兒子的未來非常期待；另一方面又「嫌其早成，恐不為重器爾」，自己留給兒子豐厚的政治遺產和沉重的負擔，他那幼稚的肩膀能夠扛起來嗎？

　　諸葛亮死後，諸葛瞻很健康地成長，發展很順利。他從小聰明穎慧，書法和繪畫都很出色，是蜀漢重要的書畫家。十七歲時，諸葛瞻娶蜀漢公主為妻，擔任騎都尉一職，高調地開始了自己的政治生涯。僅僅一年後，諸葛瞻就被擢升為羽林中郎將，負責皇宮護衛，之後又迅速升為侍中、尚書僕射，加軍師將軍（這是諸葛亮擔任過的軍職）。整個蜀

漢時期，諸葛亮一脈人馬始終占據朝廷實權，諸葛瞻想不升官也難。他年紀輕輕就進入蜀漢的權力核心。

諸葛瞻渾身上下照耀著父親諸葛亮流傳下來的巨大光芒。大小官員推崇諸葛亮，除了諸葛亮勢力影響深遠外，諸葛亮生前表現出來的「忠君」和「愛國」，讓人無可指摘。在國事日非的現實中，官員們多少希望諸葛瞻能夠重展父親的雄風，整肅朝政，回復往日強盛。普通百姓崇拜諸葛亮，則因為諸葛亮「愛民」和「聰明」，民間流傳許多諸葛亮的故事，越流傳、越神化諸葛亮。蜀漢後期，政治日益黑暗，國力衰微，人們普遍懷念諸葛亮時期相對強盛的形象。「諸葛亮」三個字成為官民對過往美好時光的寄託。這種感情很自然被人們轉嫁到諸葛瞻身上。蜀漢官府一旦通過好的政策，官民們都會歸功於諸葛瞻，想當然地認為是諸葛瞻主倡的，大聲叫好，比如「諸葛將軍為前線將士撥發拖欠的軍餉了」、「諸葛大人解決蜀錦出口限制了」……等。

想必，諸葛瞻活得很壓抑，很累。

景耀四年（二六一年），諸葛瞻升為行都護衛將軍，節制諸軍，與輔國大將軍南鄉侯董厥一起平尚書事，實際負責朝政的運轉。

兩年後（二六三年），曹魏集中精銳，打動滅蜀戰役。當年冬天，魏將鄧艾劍走偏鋒，奔襲陰平小道偷襲入川。蜀漢朝野震動。當時，大將姜維正在漢中與曹魏主力糾纏，後方空虛，形勢危如累卵。朝議時，人們一起把目光盯向諸葛瞻。諸葛瞻唯一的選擇就是：主動請纓，領兵禦敵。他沒有任何推託的理由。

諸葛瞻和兒子諸葛尚，帶著一幫功臣勛舊子弟，領兵數萬，前去殲滅鄧艾。鄧艾長途輕裝奔襲，兵馬不過幾千人，諸葛瞻有很大成功的希望。但是他名實不符的弱點，在關鍵時刻暴露出來。諸葛瞻的軍事才能遠遠在鄧艾之下，實在太平庸了。諸葛瞻的部隊前進至涪城時，尚書郎

黃崇建議他迅速搶占險要，構築防線，以逸待勞，防止魏軍衝入平原地帶。諸葛瞻猶豫不決，怕承擔放棄防線以北城池土地的責任，結果沒有採納黃崇的意見，沒有構築防線，而是一味尋找鄧艾的幾千人決戰。鄧艾的軍隊是抱著必亡之心偷襲而來的，一陣猛攻，大敗諸葛瞻前鋒部隊。諸葛瞻退軍駐守綿竹。

在綿竹，蜀魏發生了最後一場決戰，鄧艾勝利，諸葛瞻陣亡，蜀漢不久投降。正史並沒有具體描寫戰鬥的情況，只記載了諸葛瞻戰前言辭拒絕鄧艾的招降。鄧艾遣使勸降諸葛瞻說：「若降者必表為琅琊王。」諸葛瞻大怒，斬了鄧艾的使者。他連和談的心思都沒有，更不用說投降了。於是，他主動迎戰鄧艾，戰死沙場，終年三十七歲。

《三國演義》向讀者描述了相對詳細的戰況。諸葛瞻和鄧艾遭遇時，軍中推出一輛四輪車，「車上端坐一人，綸巾羽扇，鶴氅方裾。車旁展開一面黃旗，上書『漢丞相諸葛武侯』。」魏軍大驚，「諸葛亮還活著，我等沒命了」，軍心大亂，不戰而退。其實，那不過是諸葛亮的木刻遺像而已。諸葛瞻成功借助父親的威名，贏了第一回合。第二回合，諸葛瞻之子諸葛尚趁魏軍立足未穩，率前鋒部隊突襲魏軍，又獲得一次小勝。鄧艾在第三回合親自迎敵，諸葛瞻親提大軍，「徑殺入魏陣中」。沒想到，鄧艾早就看出蜀軍輕敵，設下兩支伏兵，「兩下伏兵殺出，蜀兵大敗，退入綿竹」。蜀軍死傷不少，被幾千敵軍困在城中。面對重圍，諸葛瞻的對策就是：突圍。結果在領兵突圍時，他又中了魏軍的包圍，中箭落馬。諸葛瞻未免被俘，不讓父親諸葛亮抹黑，拔劍自刎而死。諸葛尚也死於亂軍中。

據說，諸葛尚臨死前大叫：「父子荷國重恩，不早斬黃皓，以致傾敗，用生何為！」這裡的黃皓是後主劉禪寵信的太監，在蜀漢後期干政擅權，成為朝廷一害。但諸葛尚將國家的覆亡歸結為黃皓一人，以偏概

全，也有失公允。黃皓是什麼人？是宮中使喚用的太監。你諸葛家世受皇恩，手握實權，竟然讓一個太監擅權干政，本身就是你諸葛瞻失職。

不管怎麼說，諸葛瞻的能力雖然差了一點，但維護了父親的榮譽與尊嚴，也沒有辜負朝廷和百姓對他的期望。他以必死之心，與來敵奮勇作戰，以身殉國，死得其所。第一次上陣，諸葛瞻就遇到久經戰陣的一代名將鄧艾，夠為難他的了。蜀漢百姓也原諒諸葛瞻的平庸，為他們父子立祠供奉。晉代史學家干寶評價諸葛瞻「雖智不足以扶危，勇不足以拒敵，而能外不負國，內不改父之志，忠孝存焉」。「忠」、「孝」兩個字是對古人很高的評價，諸葛瞻能把這兩個詞留在自己家，難能可貴。

二

蜀漢滅亡後，民間對諸葛家族的「忠孝」肯定和高度推崇有增無減。為了樹立榜樣和安撫民心，朝廷決定對諸葛家族後人量才錄用。當時琅琊諸葛氏後人主要是諸葛瑾的曾孫、諸葛喬的孫子、諸葛攀之子諸葛顯、諸葛亮之孫、諸葛瞻次子諸葛京。其中諸葛京已經在曹魏的宦海中沉浮了，擔任郿縣縣令。尚書僕射山濤就上奏：「郿令諸葛京，祖父亮，遇漢亂分隔，父子在蜀，雖不達天命，要為盡心所事。京治郿自復有稱，臣以為宜以補東宮舍人，以明事人之理，副梁、益之論。」於是在二六四年，晉王司馬昭將諸葛京、諸葛顯叔侄二人遷徙到河東定居。而諸葛誕因為叛國罪（得罪司馬家族）而絕祀，沒有找尋後人繼承他的血脈。

諸葛京在西晉王朝一直當到江州刺史，死在任上。雖然還在官場上有一席之地，諸葛家族再想振興當年權傾三國的雄風已不易，所空缺出

來的權職，早已被新的氏族權貴所壟斷。

　　諸葛家族的大族招牌，主要是靠諸葛亮的道德光芒支撐，維持高名氣。子孫逐漸蔓延開來。如今，全國各地都有所謂的諸葛村，族人聚居，以「聰慧」和「忠孝」兩點自傲。

第四章

江東大族首望之家

——陸遜、陸抗、陸機、陸雲家族

晉惠帝太安二年（三〇三年），河北鄴城發生一起冤案。成都王司馬穎大開殺戒，將南方世族代表陸機、陸雲、陸耽三兄弟，還有陸機之子陸蔚、陸夏等人斬首，誅滅陸家滿門。在東吳時期出過兩位丞相、五位侯爺、幾十個將軍的吳縣陸家，走到輝煌的盡頭。時人孫惠評論說：「不意三陸相攜暗朝，一旦湮滅，道業淪喪，痛酷之深，荼毒難言。國喪俊望，悲豈一人！」

東吳政壇的黑馬

一

東漢末年，一度落魄的孫策求見廬江太守陸康。陸康讓年少氣盛的孫策吃了個閉門羹。

陸康有很多理由不見名不見經傳的孫策。首先，陸康是名門之後。江東陸家世居吳縣地區，最早可追溯到光武帝的尚書令陸閎。陸閎喜歡穿越布單衣，光武帝知道後，專門下令會稽郡進貢越布。陸家的地位和門第之高，這就是最好的例子。陸康就是陸閎的四世孫。而孫策只是前袁術部將孫堅的兒子。孫堅是富春的小販出身，靠從軍打仗才得以列位將軍。其次，陸康地位突出，名揚天下。他很忙，求見他的人很多，客觀上也沒有能力接見每一個來訪的年輕人。陸康出任廬江太守，是為了鎮壓黃穰等人的大規模造反。廬江等地反軍超過了十萬人，攻陷四座縣城。陸康到任後，申明賞罰，成功掃平起義。漢獻帝即位後，天下大亂，陸康堅持奉貢朝廷，加封「忠義將軍」，名噪一時。陸康完全沒必要接見孫策，所以派手下的主簿接待孫策。

孫策血氣方剛，自信心正強，想當然地覺得應該得到陸康的親自接見。現實殘酷地告訴孫策，他並不是什麼人物，孫策心裡無法接受，進而懷恨陸康。「你陸康欺人太甚，看我以後怎麼收拾你！」

我們知道孫策後來威震天下，成為東吳政權締造者。陸康的日子就不好過了，沒過幾年，孫策就領兵來報仇了。他得到袁術的資助，將盧江城團團圍住。陸康堅持固守，他治理盧江多年，公正清明，得到軍民的擁戴。戰鬥期間，正在休假的官吏和官兵們紛紛自願返回盧江，夜裡攀繩回城和陸康同仇敵愾。盧江城被圍困兩年後，終於陷落。陸康發病而死，享年七十歲。陸家宗族上百人，或死於飢餓，或死於戰火，死亡過半。

陸康在天下紛紛擾擾、人人為己謀利、州縣官吏爭權奪利的時候，還奉公執法，固守城市，顯得與時局格格不入。陸康也知道盧江不可守，但身為精通儒學的當代名士，他必須這麼做，為理論和忠心獻身。盧江被圍之前，陸康將子弟祕密送回吳地老家。所以，陸家雖然在盧江遭到孫策重創，但保留了復興的種子。

送回老家的子弟中，有陸康的兒子陸績。陸績六歲時見過袁術，袁術用橘子招待他，陸績在懷裡藏了三顆，拜辭的時候，不小心把橘子掉在地上。袁術好奇他為什麼這麼做，陸績回答：「我要拿回去給母親吃。」陸績的孝心，為他贏得了名聲。東吳政權建立後，陸績身為孫策仇人的兒子，日子不太好過，一直當不了官。一次，陸績參與張昭、張紘、秦松等人的討論，後三者認為天下不安，要武力平定。陸績地位低，只能坐在後座，還得不到發言的機會，最後按捺不住，就大聲駁斥張、秦等人的意見，為人矚目。客觀來說，陸績繼承了父親的俊美容貌和博學多知，還特別善於觀星及占卜，當然也懷有父親的迂腐和耿直。孫權做人也很直，且很崇拜哥哥孫策，對陸績父親當年冷遇孫策的「惡行」耿耿於懷，始終不待見陸績。史載陸績「以直道見憚」，最後被孫權任命為鬱林太守。鬱林現在廣西南部和越南北部地區，蠻荒凶險，東吳尚未有效控制該地區，還有零星戰火存在。鬱林太守一職，顯然不適

合陸績。孫權讓他帶兵兩千上任，結果陸績舊病復發，三十二歲就死在任上。

二

這樣看來，吳縣陸家的處境不太好。一個家族最大的挑戰可能就是生不逢時，不受所在地政權的肯定和接納。陸家因為人丁稀少，更因為和東吳政權有夙仇，想要光復家族、飛黃騰達，看來是難上加難了。

中興家族的責任，落在了一個叫陸遜的孩子身上。

陸遜是陸康的姪孫，陸績的堂姪。陸遜本名陸議，祖父陸紆官至城門校尉，父親陸駿官至九江都尉，早死。陸遜從小就跟隨叔公陸康生活。廬江圍城時，陸康也把陸遜送回吳地老家。陸遜輩分雖然低，但年齡卻比陸績長數歲，無形中成為吳郡陸家的主心骨。

先不說陸遜的政治能力，陸遜身上有股強烈的責任感，對國家的，對家庭的。政權不是一戶人家能夠選擇或推翻，吳縣陸家最現實、最直接的做法，就是去適應東吳政權，做既得政權的強者，從而實現家族發達。所以二十一歲的陸遜就進入孫權的幕府，歷任東西曹令史後，出任海昌縣的屯田都尉。屯田都尉是專管某地屯田事務的中級官員，雖然和縣令同級，但事情瑣碎繁重，吃力不討好。孫權讓陸遜做這種差事，驅使重於提拔。陸遜沒有放過任何一次機會，把屯田督辦得很好，不久兼領縣事，成為著名的地方精幹官吏。

陸遜的恭順和能幹，給孫權留下很深刻的印象。孫權雖然還記得陸康冷遇孫策的舊事，但也是個愛才的務實者，他需要陸遜這樣的部下。

他決心修復與陸家的關係，將哥哥孫策的女兒許配給陸遜。

未婚妻是殺害家族幾十條人命的仇人女兒，陸遜該如何選擇呢？

陸遜平靜地選擇了這樁婚姻，成為東吳王家的女婿。它象徵吳縣陸家拋棄與孫家的恩恩怨怨，堅定地將政治命運與東吳政權綁在一起。

陸遜成為孫策女婿後，並沒有得到特別關照，還是得從基層做起。辦好屯田後，陸遜又被調去平定山越之亂。當時赤壁大戰正酣，孫權和周瑜、程普等大將忙於備戰，後方的山越民族趁機起兵造反，擾亂東吳後方。山越是百越的一支，散布在江南各地山區，和東吳政權打打殺殺多年，如今在關鍵時刻來搗亂，孫權沒時間，也沒精力去平叛。資歷不夠去赤壁前方的陸遜，就被派去平叛前方了。陸遜類似光桿司令，只有少量軍隊，卻要對付百倍於己的亂軍。陸遜「先兵後禮」，集中軍隊，在夜幕下發動奇襲，攻破部分山越村寨，接著伸出橄欖枝，招撫山越人民。山越民族最終被各個擊破，陸遜「宿惡蕩除，所過肅清」，並從中召了數以萬計的精兵強將，充實自己的部隊。鑑於陸遜成績突出、掌握的軍隊越來越多，孫權將征討會稽、丹陽、新都等地山越的重任，都託付給陸遜。陸遜深入山越險阻之地，將強者入伍、贏者補為民戶，實力更加強大。古代行軍治國，一講糧草，二講兵源，陸遜既屯田又募兵，兩項工作都完成得很好。加上東吳採取世襲部曲制，鼓勵部將壯大實力，陸遜得以後來居上，躋身一線將領行列。

陸遜最終憑藉精明能幹和傑出政績，在不友好的東吳政權中，站穩了腳跟。

三

赤壁之戰，陸遜因為年輕力弱沒能趕上。關係著東吳國家命運的第二場重大戰役，爭奪荊州之戰，陸遜爭取到了。

建安二十四年，蜀漢留守荊州的關羽出兵進攻襄樊。但他對東吳心存忌憚，擔心東吳大將呂蒙等偷襲荊州，所以出政前，留下重兵鎮守荊州，防備呂蒙偷襲。奪取荊州是東吳既定國策，呂蒙因為關羽留的這一手，有心而無力，難以下手。他想到的，就是先藉故離開前線，讓關羽消除顧慮，再尋找破綻、偷襲荊州。呂蒙以生病為名返回建業，希望關羽能撤走部分軍隊，方便東吳乘虛襲取荊州。

呂蒙因疾去職一事是國家最高機密，只有他和孫權兩個人知道，東吳朝野並不知情。陸遜則發現其中的奧妙，跑到建業拜見呂蒙，商討荊州問題。呂蒙一開始和他打哈哈，說自己病重，沒能力再討論荊州問題。陸遜一針見血指出：「關羽矜其驕氣，陵轢於人，聽說他現在北伐獲得一些功勞，更加意驕志逸，一心北進，對我輕敵。現在關羽聽說您有病離職，防備必然空虛，現在正是出其不意，殺敵報國的良機。」呂蒙大驚，對陸遜的洞悉力大吃一驚，認定陸遜才幹出眾，足以協助自己完成大業。所以當孫權問呂蒙，你離職了，總需要一個人代替你為前線主帥，該選誰好呢？呂蒙推薦陸遜：「陸遜意思深長，才堪負重，觀其規慮，終可大任。」任命陸遜的另一個好處是「未有遠名，非羽所忌」，更可以達到麻痺關羽的目的。於是，孫權拜陸遜為偏將軍、右部督，取代呂蒙統領東吳前線大軍。

陸遜深深介入了荊州之戰。到任後，陸遜再施小計，寫信給關羽。在信中，陸遜謙恭至極，先說「僕書生疏遲，喜鄰威德」，然後大大誇獎關羽一番，說自己是關大將軍的崇拜者，並鼓勵他「戰捷之後，

常苦輕敵，古人杖術，軍勝彌警」，希望關大將軍「廣為方計，以全獨克」，獲得更輝煌的戰果。關羽讀信後，自我感覺超級好，根本不把陸遜這個黃毛小子當對手。他下令留守後方的軍隊大部分北調。之前呂蒙就因為關羽留在江陵、公安等地的守軍太多，無機可乘。現在，江陵幾乎成為一座空城，陸遜迅速上報孫權，說偷襲荊州的時機已經成熟。孫權接報，親率大軍征討荊州，以呂蒙和陸遜為前鋒，甚至渡江襲取荊州大部。

荊州之戰中，呂蒙坐鎮江陵，以逸待勞，迎戰關羽主力。陸遜也沒閒著，乘勝西進，攻城掠地，占領宜都、枝江、夷道、秭歸等長江中游重鎮，一直兵臨三峽口。陸遜以重兵扼守三峽峽口，切斷荊州與蜀漢大部的連繫，既有力保障了東吳主力對荊州的占領，又截斷關羽大軍敗逃回四川的退路。關羽被呂蒙打敗後，走麥城，被俘而死，其中也有陸遜的一份「功勞」。綜觀整個荊州戰役，陸遜發揮了舉足輕重的作用。日後劉備說起陸遜，就咬牙切齒地認為陸遜是殺害關羽的元凶之一。

陸遜占領三峽地區的一大考量，就是組織蜀漢出兵東進。他判斷劉備不會甘心失去荊州，遲早會東出討伐，東吳必須作好戰備。考量到東吳攻占荊州後，「荊州士人新還，仕進或未得所」，陸遜上書建議網羅荊州人心。孫權採納陸遜的建議，起用大批荊州士人，初步穩定了荊州人心，並任命陸遜為西部的宜都太守。宜都少數民族眾多，陸遜上任三把火，第一是招撫當地蠻夷；第二是討伐造反的秭歸大姓文布、鄧凱等勢力，兩人戰敗降歸劉備。陸遜用計引誘兩人歸降，文布中計而還，被斬首；第三，陸遜屯守夷陵，守住峽口防備蜀漢。

果然不出陸遜所料，劉備傾全國之軍，大舉進攻東吳報復。劉備大軍攻勢很猛，一路所向披靡，一舉收復荊州西部地區，並圍困東吳前線大將孫桓於夷道城。《三國演義》說「此時先主威聲大震，江南之人盡

皆膽裂，日夜號哭」，雖然有所誇張，但東吳朝野一日數驚，愁眉苦臉卻是真實的。東吳面臨自曹操南征以後的第二次存亡危機。

關鍵時刻，陸遜被部分大臣推到前方。孫權「破格」任命陸遜為大都督，率領各部將領約五萬人迎戰劉備。

為什麼說是「破格」任用呢？陸遜不論資歷還是本部兵馬的實力，都不足以成為前線統帥。孫堅時代的大將韓當，孫策時代的呂範、周泰、潘璋、徐盛、朱然等將領都還在世，而且智勇雙全、身經百戰，掌握軍力在陸遜之上。陸遜指揮的「或是孫策時舊將，或公室貴戚，各自矜恃，不相聽從」。所以，軍隊中存在質疑將國家存亡託付給一個小將是否合適的聲音。部分老資格的將領，還對陸遜口出怨言，行事陽奉陰違、不聽號令。

陸遜沒有辜負孫權的信任。他先恩威並施，成功團結內部。陸遜當眾宣稱：「僕雖書生，受命主上，國家所以屈諸君使相承望者，以僕有尺寸可稱，能忍辱負重故也。各在其事，豈復得辭，軍令有常，不可犯矣。」對心懷不滿的老將，陸遜好言相勸：「諸君並荷國恩，當相輯睦，共剪此虜，上報所受，而不相順，非所謂也。」戰爭期間，陸遜沒有奏報一起將領違背節度的事情。相反，當時有人散布謠言，說諸葛亮的哥哥諸葛瑾暗中投敵。陸遜卻向孫權擔保諸葛瑾的忠誠，避免內部分離。陸遜此舉得到東吳上下的讚賞。

卻說劉備大軍，水陸並舉，滿山遍野到達夷道猇亭，與東吳軍隊相接。諸將請求迎戰，陸遜認為劉備銳氣正盛，並且居高臨下、占據險要地形，很難攻克，如果倉促應戰，遭到不利，反而更加損害本方士氣。陸遜給眾將的命令是：約束部隊，靜觀其變。陸遜希望把劉備引誘到平原曠野上，尋找劉備的失誤，予以反擊。為此陸遜承受巨大的壓力，重圍裡的孫桓不斷求援、部將反覆迎戰，對命令不理解。陸遜壓制越大，

下面的反彈就越激烈。即便如此，陸遜堅持與劉備從二月對峙到六月。期間，劉備花了許多心思，招惹東吳軍隊出戰，都沒成功。

六月是炎熱的夏季。劉備終於露出破綻，他捨棄水軍，撤軍在岸上安營紮寨。蜀軍找的營地，都是林木茂密、陰涼溼潤的地區，因為軍隊眾多連營五、六百里。戰線一拉長，兵力就分散了，弱點也就顯露出來。再加上蜀漢大軍遲遲找不到決戰的機會，士氣疲憊，唉聲嘆氣。陸遜期待的局面終於出現了。

陸遜決定反攻。諸將迷惑不解，紛紛說劉備大軍初來乍到時不進攻，現在東征半年多，連營五、六百里，各個險要地方都被蜀軍固守了，進攻的最佳時機已過。陸遜說：「備是滑虜，更嘗事多，其軍始集，思慮精專，未可幹也。今住已久，不得我便，兵疲意沮，計不復生，掎角此寇，正在今日。」陸遜先派部隊攻擊劉備其中一處營地，果然像將領們擔心的那樣，大敗而歸，大家更不滿了，這不是明擺著要士兵送死嗎？但陸遜此舉只是試探虛實，透過實戰觀察蜀軍營壘。他雖敗，卻很高興，命令士兵「各持一把茅，以火攻拔之，一爾勢成，通率諸軍同時俱攻」。這幾乎是赤壁大火的重演，吳軍大火燒向蜀軍位於林區的營壘，火光蔓延，大敗蜀軍。劉備率殘兵狼狽逃竄，最後靠燒毀驛站物資，「以火攻火」，才成功脫身。

夷陵之戰，陸遜大獲全勝，劉備一世英名付諸東流。

戰後，大將徐盛、潘璋、宋謙等，紛紛建議一鼓作氣，乘勝深入蜀漢，擴大戰果。孫權也動了心思，詢問陸遜。陸遜清醒地指出，吳蜀作戰猶如鷸蚌相爭，便宜了曹魏那個漁夫。東吳如果沉浸在大勝的狂喜中，繼續西進，要防備曹魏大軍偷襲東吳後方。陸遜見好就收，守收復失地後，就回軍後方，果然撞到了趁火打劫的曹魏大軍。在危險和困難前，保持冷靜的頭腦不難，但在狂勝之際，依然清醒無疑最難，陸遜做

到了。憑藉能力和功績，夷陵之戰後的陸遜，再也不是當初被老將輕視的晚輩，而實實在在成為東吳政壇上數一數二的大佬。

　　從罪臣之後，到王國重臣，陸遜如同一匹黑馬，奇蹟般的領跑在前。

王朝的割據支柱

一

東吳君臣似乎有「短命」的傳統。孫堅、孫策兩代君主都早死，周瑜、魯肅、呂蒙等統兵大將也都英年早逝。陸家子弟很幸運，都長命。隨著老將凋零，陸遜在夷陵之戰後挑起王朝割據的大梁。他和兒子陸抗，先後成為東吳賴以存亡的依靠。軍事上的問題，東吳朝野首選的求助對象，就是陸家父子。

三國割據的形勢是北強南弱，南方的蜀漢和東吳在軍力、國力上，都落後於曹魏。隨著形勢的發展，這種不平等越來越明顯。陸遜等南方主事者需要高超的手腕，才能維持脆弱的南北平衡。陸遜主掌東吳軍事，構建一條以長江沿線各個要點（如建業、江陵、西陵等）為依託的防禦戰線，並展開力所能及的局部進攻。

進攻永遠是最好的防守。一段時間裡，東吳出現了將領投降曹魏的大潮，最嚴重的，當屬元勛韓當的兒子韓綜，舉部曲數千人逃奔魏國。陸遜發現其中的價值，要東南的鄱陽太守周魴寫信給魏國前線大將曹休詐降。曹休立功心切，輕信周魴，徵得朝廷同意，徵調前線大軍，南下接應周魴，希望借此撕開東吳的防線。同時，曹魏排除司馬懿和賈逵，分別從江陵、夏口向南推進，配合曹休。至此，赤壁大戰後，曹魏和東

吳之間的最大戰役爆發了。

曹魏的如意算盤是由司馬懿、賈逵牽制吳軍主力，曹休乘虛聯合周魴的降軍，撕裂長江防線。陸遜則用周魴誘使魏軍主力孤軍深入江南，用伏兵和有利地形圍殲魏軍，進而改變南北方一段時間的軍力對比。陸遜唯一的紕漏是，詐降只能夠欺瞞一時，遲早會暴露。曹休就在南進途中發現騙局，但他恥於被欺騙引誘的現實，又自恃兵馬精多，繼續南進作戰。一場埋伏圍殲戰，變成了正面決戰。曹休故意以老弱殘兵在前，引誘吳軍追擊，將精銳部署在後，擊破陸遜的驕兵。陸遜將計就計，自為中部，以朱桓、全琮為左右翼，三路包抄曹休。東吳軍隊依託有利地形和充足準備，最終擊退曹休，陸遜一路追擊到夾石，斬獲萬餘，牛馬驢騾車乘上萬輛，軍資器械無數。曹休逃回北方後，疽發背死。司馬懿等人也無功而返。此戰陸遜雖然沒有完全達成目標，但給前線魏軍重創。

戰後又有人建議擴大戰果。這次提出建議的是朱桓，他的計劃更加宏偉，建議吳軍乘勝長驅直入淮南，占領淮南後，進攻許昌、洛陽。他認為這是占領中原的良機。陸遜一如既往地保守持重，堅持東吳不在正面戰場上占絕對優勢，反對冒險進擊。

本次雖說是小勝，卻意義重大。之前，孫權被迫向曹魏稱臣納貢。魏文帝曹丕不斷要土特產和南方鳥獸，不如意就威脅要孫權送人質來。曹休被打敗後，雙方的氣焰大變。曹魏不像往常那麼囂張、狂妄了，東吳也學會用平常心與曹魏來往。戰勝曹休的第二年，即西元二二九年，孫權在武昌即皇帝位，正式建立東吳王朝。陸遜不僅締造王朝安然的外部環境，還多少在心理上締造東吳的王朝心態。

陸遜歷次大戰都獲得輝煌勝利，身上染了「戰神」般的光芒，威震敵方。對外自信起來的孫權，曾御駕親征曹魏，陸遜為偏師參與北伐。

南北實力差距決定東吳這次北伐以失敗告終。孫權主動退走。糟糕的是，陸遜的信使被魏軍擒獲，撤退計畫提前暴露了。同事諸葛瑾寫信勸陸遜，敵人知道我軍虛實，而且旱季到了，東吳水陸兩軍宜迅速撤退。陸遜卻像沒事般，讓將士們在營中耕地種豆，下棋射箭。諸葛瑾再次催促，陸遜回答：「如今我們倉促撤退，敵人會以為我們畏縮恐懼，會來追擊，必敗無疑。」不僅不退，陸遜還從水陸兩路反攻襄陽。魏軍已經知道陸遜的軍情，並在兵力上占優勢，但「素憚陸遜」，震懾於陸遜的威名，緊閉城門不敢迎戰。陸遜這才慢騰騰地整理隊伍，組織步兵上船，安然撤回後方。一個將領能夠做到這個分上，比如漢時的李廣、衛青，陸遜也應該知足了。

二

　　一個政治世家的崛起，離不開知人善任的君主。君臣融洽是政治世家崛起的必修課，而這需要君臣雙方的努力。

　　孫權對陸遜的信任和重用，貫穿在陸遜崛起過程之中。

　　陸遜長期坐鎮荊州的武昌，負責抗曹，同時也主掌對蜀漢的外交。孫權將國家外交大權託付陸遜，所有相關事宜都告訴陸遜，每次寫給劉禪、諸葛亮的書信，都先經過他，內容是否合適，語氣輕重是否得當，都任由陸遜修改決定。為了方便行事，孫權還把吳王大印都封存在陸遜那裡。君主將大印交給大臣自由使用，孫權和陸遜可能是唯一的一例。抵禦曹休時，孫權拜陸遜為大都督，全權負責前方作戰。孫權授權陸遜假黃鉞、統御六師及中軍禁衛，「攝行王事」，等於將陸遜當君王對待。出征時，孫權為陸遜執鞭，百官跪送。正因陸遜得到孫權的完全信任和

授權，行軍打仗起來可以盡其所能。

　　東吳建立後，孫權拜諸葛瑾為大將軍，以陸遜為上大將軍。漢代軍制，大將軍是最高軍職，位在丞相之上，孫權覺得大將軍也無法展現陸遜的尊崇和地位，特設「上大將軍」這個新職。孫權還將太子孫登、諸皇子及尚書等官員配置在武昌，賦予武昌陪都的地位。陸遜擁戴太子，執掌荊州和揚州豫章等三郡，主掌軍國大事。丞相顧雍死後，孫權又任命陸遜為丞相。他不讓陸遜從武昌去首都建業受命，而是派專人將丞相印綬送到武昌交給陸遜。陸遜成為上大將軍大丞相，坐擁太子和一半以上的國土，成為前無古人，後無來者的大權臣。

　　所以說，每個成功的大臣或將軍背後，必然站著一個信任授權、知人善任的君主。

　　但是知人善任有兩種，一種是真正的心心相通，政治理念和政策觀點完全一致，所以能做到同進退、共榮辱；而另一種，是為解決困難結成同盟，暫時掩飾政治理念的不盡相同，來換取具體政策上的一致。絕大多數君臣只能做到第二種「知人善任」，只可能是一時一事，注定無法一生一世。孫權和陸遜的關係，就是第二種。陸遜是一個務實靈活的政治家，有保家衛國、保民保國的抱負，又洞悉局勢、實事求是。在具體政策上，他主張保境安民，對外採取守勢，對內輕徭薄賦，發展農桑衣食，育養士民，增強國力。孫權的性格近乎相反，和絕大多數皇帝一樣自信滿滿，追求文治武功。加上他年輕登基，掌握朝政六十年，接二連三收穫輝煌的勝利，逐漸變得自負自滿，好大喜功。好大喜功的皇帝未免多加賦稅，刑罰過重，陸遜就上書勸諫孫權恩德治國，寬於刑罰，輕於賦稅。孫權回答：「君以為太重者，孤亦何利其然」，但「不得已而為之」。孫權為什麼不得已呢？因為他和陸遜的觀念不同，心裡追求的事情多了，當然需要搜刮更多物資來執行。孫權後期，朝政日非，君臣關係日漸惡化，孫權甚至設置特務機關監察百官。陸遜再次勸諫孫權

「夫峻法嚴刑，非帝王之隆業，有罰無恕，非懷遠之弘規也」，但石沉大海。孫權沒有採納陸遜的建議。

孫權好大喜功的重要表現是追求奇珍異寶和異域土地。傳說浩瀚的大海中，有夷州、朱崖及宜州等神奇的土地，孫權就想奪取那裡的珍寶、民眾來增加國力，因此要動用大量人力、物資和財富。是否要執行這麼大的國家工程，孫權心裡沒有對策，詢問陸遜的看法。這種事的投入與產出，完全不成比例，陸遜堅決反對。他那麼清醒的頭腦，肯定知道孫權已經沉迷，無法自拔了，勸諫無用。但強烈的使命感，還是讓他上書勸諫，說「反覆思唯，未見其利」，認為萬里奔波，風險極大，即使有所收穫，也完全抵不上耗費的財富，建議孫權「育養士民，寬其租賦」，積儲國力，然後再圖大事。孫權一意孤行，派出多支船隊。現在我們知道，孫權在二三〇年派出尋找夷州的船隊，最終到達臺灣，彪炳史冊。但東吳的船隊付出上萬人的犧牲，最終擄掠了上千臺灣原住民。事實證明，陸遜的意見是對的，孫權的臉上也掛不住，最後殺了率領船隊的衛溫、諸葛直了事。

後來又有一件看起來更可靠的事情。割據遼東的公孫淵，派遣校尉宿舒、閬中令孫綜向東吳稱藩，並獻上貂馬。孫權大喜過望，認為這是東吳統一天下的預兆，下詔封公孫淵為燕王，並組織龐大的船隊，由太常張彌、執金吾許晏、將軍賀達率領上萬大軍，攜帶大批金銀珍寶，趕赴遼東首府襄平舉辦冊封大典。建業和遼東相隔萬里，波濤洶湧，還要穿越曹魏領土，孫權的想法無疑一場鬧劇，群臣都不贊成，從丞相顧雍到普通官吏，紛紛勸諫。孫權固執己見，滿懷希望地派出船隊。公孫淵卻搶了孫權的封賞，誘殺張彌、許晏等人，再把他們的首級和東吳的印綬，送給曹魏邀功請賞。孫權被要了，自負狂傲的心在流血。他非常憤怒，決定組織更大的船隊，御駕親征遼東，「不自截鼠子（指公孫淵）

頭以擲於海，無顏復臨萬國」。君主冒險跨海遠征，於國、於民都大大不利，陸遜不得不上書勸諫。

　　陸遜的勸諫非常有藝術。他不像張昭等人那般辭氣壯厲的苦諫，而是先順著孫權的意思，大罵「公孫淵實在可惡」，再回顧孫權的神武，「破操烏林，敗備西陵，禽羽荊州，斯三虜者當世雄傑，皆摧其鋒」，所以公孫淵這個跳梁小丑，肯定不是孫權的對手。孫權正聽得舒服，陸遜話鋒一轉，東吳的國家策略是統一天下，最大的敵人是曹魏，而孫權冒險遠征，必然招致曹魏偷襲。不論是遠征失敗，還是曹魏偷襲成功，一旦如此，悔之晚矣。孫權聽得頻頻點頭，陸遜接著說，只要打敗曹魏，區區公孫淵肯定歸降求饒，到時候嚴懲他也不遲。最後，孫權畢竟是政壇老手，忍下了惡氣，放棄了跨海遠征的計畫。

　　陸遜費盡心思的勸諫獲得成功，可君臣之間的政治分歧，則不是動嘴皮子能夠解決的，它遲早會爆發出來。而和陸遜一起鎮守武昌的太子孫登的死，讓陸遜和孫權的關係起了波瀾。孫登死後，孫權立孫和為新太子。但是孫權又非常喜歡四子孫霸，給孫霸和太子一樣的待遇。這大大失策，等於是刺激孫霸爭奪太子地位的野心，也讓孫和內心不安。結果東吳內部因為太子之爭，分為兩派，黨同伐異，內訌不已，史稱「二宮之爭」。身為上大將軍兼丞相的陸遜，在這樣的問題上，很難做到絕對的不偏不倚，陸遜也有自己的傾向。陸遜熟讀儒家經典，深知「國本」的重要性，更反對因為太子之爭影響內部團結穩定。最公正、最方便的做法，就是維護沒有錯的新太子孫和的地位。陸遜站在孫和的立場說話：「太子正統，宜有磐石之固，魯王藩臣，當使寵秩有差，彼此得所，上下獲安。」陸遜多次向孫權陳述意見，都得不到響應。內訌讓孫權頭痛，他難以決定繼承人選，討厭大臣們吵吵嚷嚷的鬧劇。支持孫和的一派，人多勢眾，叫得也最厲害。孫權為了壓制內訌，先拿孫和一派下手。而陸遜首當其衝，是孫權打擊的頭號目標。太子太傅吾粲因為多

次和陸遜書信往來，交換太子一事的意見，下獄冤死。孫權多次派遣宦官到陸家來責備陸遜。陸遜一片忠心換來歷次訓斥，加上憂國憂民，年紀也大了，「憤恚致卒」，終年六十三歲。

陸遜的死被很多人視為是參與東吳太子之爭的惡果，並不盡然。更深層的原因是，孫權、陸遜兩人幾十年來存在的政治分歧。當迫切需要解決的政治問題（荊州戰役、夷陵戰役）等不復存在，政治分歧升為首要問題，孫權和陸遜君臣交融的蜜月期也結束了，剩下的只有苦澀的爭論。陸遜和孫權都是很有個性的強勢人物，所以造成一方以死亡結局退出的悲劇。

三

陸遜死時，兒子陸抗才二十歲。孫權任命他為建武校尉，統領陸遜所部五千人。陸抗去謝恩，孫權不依不饒地拿出他人狀告陸遜的二十條罪狀詰問陸抗。陸抗不卑不亢，將這些罪狀一一駁斥，孫權對陸遜的印象有所改觀，也記住陸抗這個名字。幾年後，陸抗回建業治病，勸諭後回任，孫權與他涕泣而別，承認：「我之前聽信讒言，與汝父大義不篤，以此負汝。前後所問，一焚滅之，莫令人見也。」這等於是變相替陸遜平反了。

我們來看看陸抗的表現。陸抗被放到戰爭前線去捶打，參加過諸葛誕迎降等戰役，都督過柴桑、西陵等要地，經驗豐富。東吳末代皇帝孫皓即位後，加鎮軍大將軍，領益州牧，都督信陵、西陵、夷道、樂鄉、公安等地軍事。東吳的國家安全寄於長江防線，而長江防線西起西陵，東至建業，陸抗負責的就是西段。西段責任重於東段，既要負責抵擋從

湖北北部湧過來的敵人，又要抵禦巴蜀的敵人順流而來進攻東吳。蜀漢滅亡後，西段實際上兩面遭受曹魏、西晉的威脅。所以說，東吳把國家的安危大半交給了陸抗。東吳能夠繼續割據下去，就看陸抗這個擎天柱能否守住西線了。

和父親一樣，陸抗也堅持守勢，認為內政富強是國家安全的根本。但東吳王朝已經走向末期，朝野的許多情況讓陸抗擔憂。比如朝廷政令多變，陸抗就擔心地上疏指出「國家外無連國之援，內非西楚之強，庶政陵遲，黎民未義」，並提出十七條具體政策建議。但孫皓沒有採納。當時宦官何定弄權干政，陸抗又上疏勸諫孫皓勿用小人，抑黜群小，對有真才實學的人要隨才授職。孫皓還是沒有採納。陸抗屢次上疏ㄅ都沒有奏效，直到對朝政鞭長莫及，轉而埋頭恪盡職守，加強西線防備了。

東吳末代皇帝孫皓是出了名的暴君，好大喜功就算了，還動不動就敲碎大臣腦袋，殺人如麻。奇怪的是，孫皓對陸抗非常客氣，除了不採納勸諫外，並沒有其他與他過不去的言行。也許，荒唐的孫皓內心知道，陸抗是東吳的長城，不能自毀長城。

但孫皓還是給陸抗帶來大麻煩。鳳凰元年（二七二年）夏天，暴戾無道的孫皓逼反陸抗的部下、昭武將軍、鎮守西陵的步闡。步闡世代為將，不忍孫皓迫害，以本部兵馬和西陵城，向晉武帝司馬炎投降，並送姪子為人質，向西晉求援。司馬炎任命步闡為都督西陵諸軍事、衛將軍，兵分三路予以支援：命荊州刺史楊肇進入西陵協防步闡，命車騎將軍羊祜率五萬軍隊進攻江陵，命巴東監軍徐胤率水軍進攻建平。

西陵是蜀漢出三峽的第一站，也是東吳長江防線的最西站。它的淪陷，將動搖整個長江防線。陸抗第一反應就是不惜一切代價奪回西陵。他抽調西線各處兵馬，日夜兼程，進圍西陵。西陵爭奪戰就此打響。陸抗不急著攻城，而是命令各軍在西陵外圍構築高牆，割斷步闡和西晉援

軍的連繫。築牆的工程量巨大，時間又緊迫，東吳官兵晝夜築圍，非常辛苦。諸將多有怨言，紛紛勸陸抗說：「現在三軍銳氣正盛，可以速攻步闡，不等西晉救兵來西陵城就能攻下。何必大造圍牆，浪費勞力和物資呢？」陸抗訴苦水說，西陵城地處險要，之前又把城牆修得牢固無比，還儲存大量糧草和守城器械，都是陸抗親自督辦的。現在如果一味猛攻，不僅城池攻不下來，等西晉援軍來了，就會內外受敵，無法抵禦了。宜都太守雷譚不聽，言辭懇切，請求進攻。陸抗為了讓大家了解實情，同意雷譚帶部分軍隊攻城，結果大敗而歸。眾將這才相信西陵是塊硬骨頭，轉而抓緊時間修築圍牆，在西晉援軍帶來前，將西陵城團團圍住。

從陸抗的身上，我們彷彿看到陸遜指揮若定、料事如神的風采。

西陵戰鬥還膠著，羊祜的五萬大軍到達江陵了。眾將請求陸抗去江陵督戰，陸抗再次力排眾議，認為江陵的情況和西陵類似，城牆堅固、兵精糧足，西晉短時間內攻不下來。即使敵人占領了江陵，孤城也守不住，損失不大；如果西陵落到西晉手裡，長江防線破了，而且南邊群山中的蠻夷也會趁亂而來，荊州不得安寧。「吾寧棄江陵而赴西陵，況江陵牢固乎？」所以，陸抗堅持趕赴西陵督戰。當年年底，西晉楊肇部隊終於抵達西陵，徐胤的水軍也進抵建平。陸抗分兵防守這兩支敵軍，還派人防備羊祜南渡、攔截徐胤水軍順流東下，自率大軍，依靠搶先修好的圍牆與楊肇對峙，以待戰機。

吳將朱喬、都督俞贊失去信心，叛逃晉軍。陸抗說：「俞贊軍中多舊吏，知道我軍的虛實，我常擔心某地防守有漏洞，敵人知道後，肯定會先攻此處。」陸抗連夜撤換那處地方的軍隊，替換上精兵強將。第二日，楊肇果然集中兵力進攻那個防區弱處。陸抗指揮反擊，打敗晉軍。僵持到年關將近，楊肇計窮，在夜幕掩護下逃走。陸抗怕追擊後，圍城力量

空虛，被步闡出城襲擊，所以只播鼓佯作追擊。楊肇卻被嚇破膽子，丟棄鎧甲狂逃。陸抗只派出一隊輕兵追擊，竟然將晉軍逼回四川。羊祜本來就是掩護軍隊，知道主力失敗後，主動撤兵。

西陵最終被西晉各軍拋棄，陸抗開始督率軍隊猛攻狂打，最終攻克西陵，俘殺步闡及其部屬數十人，全都誅滅三族。城內數以萬計的脅從者被赦免。陸抗重新修治西陵城池後，陳軍東還。雖然凱旋歸來，陸抗卻「貌無矜色，謙沖如常」，因功加拜都護。

長期在西線與陸抗對峙的是西晉大將羊祜。陸抗和羊祜兩人真正交手，多數是在打「心理戰」，留下許多惺惺相惜的佳話。

羊祜對吳軍採取懷柔政策，每次交戰都告知東吳時間，從不發動襲擊。對主張偷襲的部將，羊祜一律賞酒灌醉。西晉部隊也越境搶糧作為軍糧，但每次都留下相同價值的絹作為交換。羊祜遊獵的範圍，也往往局限西晉境內。如有禽獸被東吳人所傷後，被晉軍獵得，羊祜下令一律送還。因此，東吳和西晉兩軍不像敵人，倒像友軍，和睦共處。陸抗、羊祜兩位主將也發展出「友誼」。陸抗一次生病，竟然向羊祜求藥，羊祜馬上派人送藥過來，並說明這是自己新配製的藥，還未服，先送給陸大將軍吃。部將擔心其中有詐，勸陸抗勿服，陸抗認為「羊祜豈鴆人者」，放心服下。同樣，陸抗送給羊祜的酒，羊祜也飲之不疑。這看似奇怪，實際上卻是兩軍在打道德戰、士氣戰，比的是心理素養。陸抗告誡將士：「彼專為德，我專為暴，是不戰而自服也。各保分界而已，無求細利。」陸抗在勉力維持，孫皓又在後面搗亂。貪小便宜的孫皓，多次派軍入侵晉國邊界，獲得一些小成績，沾沾自喜，大吹大播。陸抗認為此舉驚擾邊界百姓，有弊無利，上書勸諫說：「宜暫息進取小規，以畜士民之力，觀釁伺隙，庶無悔吝。」孫皓還是不採納，相反對陸抗和羊祜的做法很不理解，派人責問。陸抗回答：「一邑一鄉，不可以無信義，

況大國乎！臣如果不這麼做，正是彰顯羊祜之德，滅了我方威風。」陸抗掌軍時，東吳並未在心理戰上分毫輸給西晉。

鳳凰三年（二七二年），西晉益州刺史王濬在巴蜀大造戰船，訓練水軍。部分造船材料和木屑順流而下，被東吳守軍獲得。部分大臣深感憂慮，當時陸抗已經病重，仍堅持上書說：「西陵和建平兩城是國家的屏障。如果敵人泛舟順流而下，瞬間就能到達這兩地，我軍根本來不及救援。此乃社稷安危之機，非徒封疆侵陵小害。臣父陸遜曾以為西陵是國家的西門，若有閃失，非但失一郡，整個荊州都不再為東吳所有。如果西陵有事，我們當傾全國之力爭之。臣所統地區方圓千里，四處受敵，外禦強對，內懷百蠻，內在已經弊端重重，羸弱不堪，難以待變。乞求朝廷加以充實，補足疆場受敵的損失，讓臣所部兵馬滿員八萬，省息眾務，信其賞罰。如果軍隊不增，制度不改，而欲克諧大事，此臣之所深感也。臣死之後，乞以西方為屬。」這篇奏摺是陸遜、陸抗父子兩代對局勢的看法。陸抗抱病直言，深深憂慮局勢，隱隱中看見東吳兵敗國亡的命運。但強烈的責任感，讓他無法不犯顏直諫。可悲的是，孫皓依然置之不理。陸抗在當年死去，從此東吳再無良將。

為臣者，最可悲的就是滿腔熱血空對昏君傾訴。人之將死，其言凝聚畢生的經驗教訓，卻無人吸取。晉咸寧五年（二七九）年，西晉大軍伐吳，王濬的水軍就是按照陸抗生前擔憂的方案沿流而下，一路打到建業的。孫皓有七年時間改革軍隊、加強防範，卻無所作為，最終束手就擒，完全是咎由自取。

陸抗攻克步闡的西陵時，殺戮極重。為首幾家被族誅，連襁褓中的嬰孩也不放過。有人就預言陸抗的後世必受其殃。西晉伐吳時，陸抗的兒子陸晏、陸景死於戰火。活入西晉的另外三個兒子陸機、陸雲、陸耽的命運又會如何呢？

文人不合時宜

一

東吳末年，孫皓曾問丞相陸凱：「卿家有幾人在朝為官？」陸凱回答：「二相、五侯、十將。」孫皓讚嘆說：「盛哉陸家！」

西晉初年，北方貴族盧志大庭廣眾之下問陸機：「陸遜、陸抗是你的什麼人？」陸機回答說：「如同你和盧毓、盧珽的關係一樣。」盧志正是魏朝司空盧毓的孫子、魏朝衛尉卿盧珽的兒子。晉朝人極重避諱，陸機和盧志兩人互稱對方父祖名諱，從此結下深仇大恨。

誠然這件事是由盧志挑釁而起的。盧志敢在大庭廣眾中，直呼陸家父祖姓名，從反面顯示，吳縣陸家傳到陸機這一輩，已經門庭下降，大不如往昔了。陸家衰落最主要的原因，是東吳政權的滅亡。任何政治世家都需要依託一定的政權，離開政權的庇護，就成為無源之水、無土之木了。東吳滅亡後，連孫皓都稱讚不已的江東第一陸家，就喪失了所有的封爵和地位，成為新王朝的平民百姓。政治家族的衰落，必然和王朝覆滅同步，這也是陸遜、陸抗等人努力保家衛國的「私心」所在。皮之不存，毛將焉附？無可奈何東吳滅亡，身為「亡國奴」的陸機，就只能受到北方貴族的奚落了。

　　陸機兄弟面臨著如何適應新朝，以及如何從中重奪權柄的艱巨任務。

　　從能力上看，陸機具有復興家業的很大希望。史稱陸機：「身長七尺，其聲如雷。少有異才，文章冠世。服膺儒術，非禮不動。」可見陸機長得魁梧高大，還精通文章儒術。東吳滅亡時，陸機年紀尚輕，在吳亡後十年時間裡，他和弟弟陸雲隱居吳縣華亭（今上海郊區）老家，閉門苦讀。勤學苦讀的結果，陸機、陸雲兄弟成為著名文人，詩詞歌賦出色。同時代的文人張華稱讚陸機：「別人寫文章時，都恨自己才少，你寫文章時，卻擔心文才太多，湧出難以控制。」陸機還是著名書法家。他的作品章草〈平復帖〉，是中國現存最早的名人書法。

　　說了這麼多，陸機、陸雲兄弟倆的文學能力，沒有人會否定了，但他們的政治能力如何呢？因為東吳政權覆亡，小兄弟倆沒找到政治實踐的機會，所以看不出政治能力如何。他們更常把對政治的理解融入作品之中。陸機在吳亡後，寫了〈辨亡論〉，「欲述其祖父功業」，探究東吳滅亡的原因，總結經驗教訓。這在西晉剛統一的政治環境下，陸機的行為是相當冒險的。而他得出的結論，是用賢乃興國之本。之後，兄弟倆經常追思家族功業，如《陸機集》中有〈思親賦〉、〈述先賦〉和〈祖德賦〉三篇，《陸雲集》中也有〈吳故丞相陸公誄〉、〈祖考頌〉等文章。政治的文字之旅，讓陸機、陸雲的決心更加強烈：恢復祖輩的榮耀，復興家族！

　　西晉初年的華亭還是一片沒有開墾的處女地，遠處海天一色，近處滿目潮間帶，中間點綴著若干蘆葦叢和飛翔而過的白鶴。陸機、陸雲兄弟徜徉在家鄉的土地上，追思過去，暢想未來。他們有高貴的出身、美妙的詩文、滿腔的抱負和樸實的心靈。如果東吳還在，他們又會走上父祖濟世報國的老路。但是政權更迭了，他們遇到了新問題，老路走不通

了，他們必須像眼前的白鶴一樣，去更廣闊的政壇搏擊長空。於是，陸機、陸雲兄弟與家鄉告別，在西元二九○年來到洛陽──新王朝的首都。

陸家兄弟為什麼要入洛呢？因為去年，晉武帝司馬炎下詔「內外群官舉清能，拔寒素」，陸機兄弟是應召前往。「生亦何惜，功名所嘆」，他們是來建功立業、光宗耀祖的。

陸機兄弟對前途的期望值很高，也做了精心的準備，付出辛勤的勞動。

剛到洛陽時，兄弟倆造訪太常張華。當時當官還需要高官舉薦徵辟，恰好張華也是文人，很欣賞兩個晚輩，一見如故。交談中，張華誠懇地指出陸機不論說話還是遣詞造句，都帶有濃重的南方口音，希望他改正。新王朝畢竟是北方王朝，陸機兄弟必須要過語言這關。所以陸家兄弟回去後，就開始學習洛陽官語。驛站裡伺候官員的僕役為洛陽人，陸機、陸雲就向這些下人學洛陽話。張華又指出，洛陽正流行玄學，如果新人不事先揣摩玄學，難免無法應對一些場合。陸機、陸雲又開始讀玄學相關書籍。最後，張華出面當陸機、陸雲兄弟的推薦人。太傅楊駿辟陸機為祭酒，不久轉為太子洗馬、尚書著作郎。陸雲成為吳王的郎中令，不久出任浚儀縣令。陸雲到任後為政肅然，將一個號稱難治的縣城治理得井井有條，深得百姓愛戴。

吳縣陸家是江東的頭號名門望族，陸機、陸雲兄弟入洛後，帶動了江東士人的入洛潮。南方士人紛紛北上求仕，吳郡陸、顧、張各家，會稽賀、虞等大姓，皆有人北上，門第稍低的各家子弟，應召北上的更多。這對南北交流、新政權鞏固對南方的統治，都有好處。陸機、陸雲兄弟的表率作用，幫了西晉王朝一個大忙。身為先行者，陸機兄弟在舉薦鄉里，照顧老鄉仕途方面費盡心機。陸雲曾寫信對陸機說：「近日得到

洛陽的消息，某某得了驃騎司馬，又云似未成，已訪難解爾。某某做了司馬參軍，此間復失之，恨不得與周旋。某某拜訪了大司馬。」他倆對同鄉的官運仕途如同自身，患得患失。陸機曾將戴若思推薦給趙王司馬倫，稱他是「東南之遺寶，朝廷之貴璞」。賀循是東吳名臣之後，入晉後歷任陽羨、武康兩縣縣令，多有政績，但朝中無人，久久不能升官。陸機就拉人一起上書推薦賀循，認為他的才望資品可擔任尚書郎，慢慢升為太子洗馬、舍人。

陸機、陸雲兄弟為什麼對同鄉仕進這麼熱心？這恐怕還得從兩人的門第觀念說起。陸機、陸雲出身江東的名門領袖，自覺有提攜同鄉其他大族的責任。而心中對東吳政權隱隱的懷念，也讓陸機、陸雲兄弟將東吳舊地的名門子弟視為一個整體，希望能夠一起在新的王朝共榮共進。說到底，一個是懷念，一個是責任。

親愛的洛陽，我們東吳士人們來了，你會歡迎我們嗎？

二

陸機兄弟對新政權是熱心的，但是新政權並沒有張開火熱的胸懷。

陸雲在寫給同鄉楊彥明的信中也承認：「階途尚否，通路今塞，令人惘然。」

晉武帝司馬炎一再下詔令「吳之舊望，隨才擢敘」，但只是在開空頭支票。南方士人的仕途坎坷，且遭受北方貴族歧視。所以南方豪傑之士大多隱居不仕。

陸機、陸雲初到北方，認為自家門第高貴，頗有與北方規則抗衡的

念頭。「初,陸機兄弟志氣高爽,自以吳之名家,初入洛,不推中國人士。」陸機兄弟拜見皇親國戚王濟。王濟指著案上的數斛羊酪,問陸機:「你們江東有什麼可以對比它的嗎?」這是帶有輕蔑的問話,像懷疑鄉巴佬的見識一般。陸雲回答:「有千里蓴羹,還有末下的鹽豉!」這還算好的,盧志先前的挑釁要過分得多。出盧家門後,陸雲對陸機說:「何至於鬧得這麼僵呢?他可能真是不了解我家底細。」陸機憤怒地說:「我父親、祖父海內知名,豈有不知?」說完,陸機狠狠地罵盧志「鬼子無禮」。傳說盧志的遠祖盧充曾誤入鬼府,與崔少府的亡女結婚生子。北方士人沒有陸機那樣高談理想抱負的,最多是聚在一起談談宇宙和人生,談談物動心動等虛幻的話題。他們根本不關心陸機所說的那一套。在屢屢受挫之後,陸機等人不得不面對現實:北方貴族並不友好,自己也很難融入北方政壇。

南北相隔百年後,差異越來越大。江東遠離中央集權,個人思想非常寬鬆自由。而北方經過東漢末年、曹魏時期的不斷思想整肅,從孔融、楊修等人的死,到「竹林七賢」受的迫害,北方文人受到政治的摧殘,不得不與政權妥協,放棄政治上的獨立思考。從曹魏早期的王朗開始,到荀勗、賈充之流,為人不齒的文人反而顯達於世。陸機等人沒有經受過思想洗禮,更沒有見過思想迫害,很難理解北方社會相對沉悶又追求虛幻的清談的逃避態度。他們還沒學會在政治夾縫中求生存。而陸機、陸雲兄弟門第再高、抱負再大、思想再樸實,受到的傷害可能就越大。

在〈謝平原內史表〉中,陸機把內心的矛盾、自卑和委曲求全,都表現出來。「臣本吳人,出自敵國,世無先臣宣力之效,才非丘園耿介之秀。」自我貶低之後,陸機大誇新王朝,「皇澤廣被,惠濟無遠,擢自群萃,累蒙榮進,入朝九載,歷官有六,身登三閣,宦成兩宮,服冕乘軒,仰齒貴遊,振景拔跡,顧邈同列,施重山岳,義足灰沒,遭國顛

沛，無節可紀……」

事實上，許多南方士人來北方後，很快就察覺到政治氣氛不對，折返家鄉。顧榮、戴若思等人，都勸陸機與其在北方鬱鬱寡歡，不如回老家。陸機依然相信自己的才華和名望，自負地要實現匡世救難的志向，沒有聽從。家族未興，何來衣錦還鄉？

很多人痛心地看到陸機、陸雲兄弟變了，變得急功近利、攀附富貴，中了權力之毒。

陸機變得「好游權門，與賈謐親善」。這個賈謐是晉朝元老賈充的外孫，賈充守為子嗣。賈家出了賈充、賈南風，賈謐又「權過人主」，整家人聲名狼藉。正因如此，賈謐為撈取聲名，招攬名人雅士。陸機、陸雲投身其門，被列入「二十四友」，被正人君子所詬病。有陸機、陸雲的崇拜者堅持陸機兄弟此舉是被迫的。既然陸機選擇留在洛陽追求功名，就不存在被迫與否一說。陸機、陸雲並非一定附逆，但依附權貴自古以來都是文人發跡的終南捷徑。陸機和賈謐相互利用，未嘗沒有可能。

遺憾的是，賈謐這棵大樹並沒有為陸機兄弟帶來多大功名，反而給兄弟倆開了一扇仕途之門，兩人從此在一個個權貴之間徘徊。

八王之亂爆發時，陸機投靠了趙王司馬倫。司馬倫輔政後，陸機被引為相國參軍，並因參與誅殺賈謐一事立功，賜爵關中侯，進而為中書郎。但司馬倫這個人並不比賈謐好到哪裡去。趙王司馬倫性極貪鄙，才能不及中人，殺人奪權卻是一套一套的。輔政後，司馬倫妄想更進一步，篡位當皇帝。陸機竟然參與賜司馬倫九錫的詔書和司馬倫禪讓詔書的寫作，被視為大逆不道之舉。趙王司馬倫敗亡後，齊王以陸機附逆，寫作九錫文和禪詔的罪名，將他投入獄中，準備殺頭。成都王司馬穎、吳王司馬晏等人相救，陸機得以不死。出獄後的陸機聲名下降，僥倖逃

生的他，本應該對仕途有所醒悟，灑脫返回故土也不是不可以。但陸機
投靠成都王司馬穎，選擇繼續留在政治漩渦之中。

成都王司馬穎相貌堂堂，但貪婪殘暴，優柔寡斷，性情多變。陸機
怎麼越投靠，越所投非人呢？可悲的就在這裡，文人能選擇投靠對象的
能力是非常有限的。就像現在的大學畢業生一樣，挑選工作部門的可能
性越來越小，關鍵是看哪家會接納你。陸機屢受排擠，還經歷一次牢獄
之災，對營救自己的成都王，感激之情溢於言表。加上司馬穎正處於勢
力上升期，陸機又從他身上看到復興王朝和家族的希望，因此進入成都
王幕府當參軍。而弟弟陸雲在浚儀縣令的崗位上做得好好的，卻老是被
嫉妒自己的太守訓責，憤而辭官。這時也被哥哥陸機拉入成都王司馬穎
的幕府，任清河內史。陸機不久被司馬穎升為大將軍參軍、平原內史。
此外，陸家弟弟陸耽、南方士人孫惠、孫拯等，也都進入司馬穎幕府。
其中陸機兩人參與機要，是成都王幕中南方士人的核心。這群南人追隨
成都王穎，其主要目的還是為了乘亂建功立業。陸機、陸雲兄弟依然是
代表。

三

陸機、陸雲兄弟在司馬穎手下做得很認真，很興致高昂，無奈幕府
內的權力結構太複雜了。

司馬穎寵愛宦官孟玖，盧志又在幕府中擔任左長史。孟玖曾打算讓
老父親當邯鄲縣令，陸雲堅決反對，說：「擔任大縣縣令必須具備一定
資格，怎麼可以任用宦官之父？」孟玖的弟弟孟超被安排為司馬穎麾下
的將領。孟超放縱部屬大肆搶掠，陸機逮捕肇事官兵，孟超率騎兵一百

餘人衝進陸機營帳搶走犯人，還罵陸機是南蠻。孫拯勸陸機尋機誅殺孟超，陸機沒有同意。相反孟玖等人恨死陸機、陸雲兄弟，必欲除之而後快。

彷彿是迴光返照，事事不順的陸機，突然被司馬穎任命為後將軍、河北大都督，統帥成都王麾下二十餘萬兵馬，討伐在洛陽的長沙王司馬乂。陸機欣喜若狂，自從東吳滅亡後，陸家還是第一次領軍，而且是如此重大的任務。陸機興奮地判斷建功立業的機會來了！

出征前，司馬穎向陸機許諾：「如果功成事定，當封卿為郡公，位列臺司。將軍勉之矣！」

陸機說：「歷史上齊桓公任用管仲，建九合之功；燕惠王懷疑樂毅，結果功敗垂成。今日之事，在公不在機也。」

可見陸機對自己的能力很有自信，但對戰鬥結果不太有自信。他怕司馬穎用己而疑己，更擔心司馬穎設置的出征將領隊伍。陸機是主帥，但有冠軍將軍牽秀、北中郎將王粹分兵協助。王粹、牽秀等主要將領，根本出身北方貴族，不僅不聽從陸機指揮，作戰時還從中作梗。他們聯合孟玖、盧志等人，嚴重限制陸機施展拳腳。司馬穎用陸機，同時又用一系列宵小之輩，怎能不讓陸機擔心？同鄉孫惠勸陸機讓位給王粹，陸機又猶豫不決，最終不願放棄榮華富貴的希望，領兵奔洛陽去了。

果然戰鬥一開始，孟超就不聽指揮，貪功冒進，全軍覆沒。成都王大軍在洛陽郊外被打得潰敗而逃，幾乎全軍覆沒。兵敗回來後，全軍上下非但不總結經驗教訓，反而開始推卸責任，尋找替罪羊。南方來的、與北方政治空氣格格不入、看起來手足無措的陸機等人，就是最好的替罪羊。盧志趁機向司馬穎進讒言，說陸機有異心，故易戰敗。司馬穎不分青紅皂白，將陸機、陸雲等南方士人逮捕入獄。

江統、蔡克、棗嵩等上書司馬穎，為陸機鳴不平。「如果要為戰敗

負責，誅殺陸機一人就足夠了，有關陸家等人叛逆的事情，應該列出證據，不可草率。等證據確鑿了，再誅殺陸雲等人不遲。」司馬穎遲疑不決，拖了三天。蔡克直接指出，這是宦官孟玖等人迫害陸雲的醜行，遠近無人不知。求情的人多了，都言辭懇切，司馬穎流露出寬恕陸雲等人的表情。一旁的孟玖趕緊把司馬穎扶進後房，催促他火速誅殺陸雲、陸耽，誅滅陸家三族。陸機知道難逃一死，反而流露出瀟灑大度來，洋洋灑灑寫下長信，給成都王司馬穎，然後從容受刑，面不改色。

為了蒐集「證據」，孟玖對孫拯嚴刑拷打，直到血肉模糊、骨頭外露，孫拯都堅稱陸機冤枉。最後孟玖等人不得不杜撰一份假口供。司馬穎本來對誅殺陸家的事情感到後悔，現在見到孫拯認罪狀，竟然大喜，誇獎孟玖說：「要不是你忠心，怎能追查出這等叛逆陰謀來。」司馬穎此舉完全是為自己脫罪。他糊塗成這樣，陸機等一代名士屈身相隨，真是令人扼腕嘆息。

陸機臨刑前，曾對弟弟陸雲感嘆：「欲聞華亭鶴唳，可復得乎？」是啊，華亭海邊遠眺海天一色的壯闊美景，仰頭看藍天中隻隻飛過的白鶴，聽那聲聲鶴唳，這樣的日子曾經享受過，也多次有機會回去重溫，可惜一一錯過了，現在已成絕響。功成名就的熱望、復興吳縣陸家的責任感，讓天性高傲、才華橫溢的陸機、陸雲兄弟，為之奮鬥終身。

他們趕上一個壞時節，鋒芒畢露又不懂委曲求全，不懂韜光養晦，更不懂識人。後人評價陸機「不知機」，急功近利、貪圖名利，最終賠上性命，賠上整個吳縣陸家。

李白〈行路難〉第三首，感嘆道：「華亭鶴唳詎可聞，上蔡蒼鷹何足道。君不見吳中張翰稱達生，秋風忽憶江東行。且樂生前一杯酒，何須身後千載名。」「華亭鶴唳」從此成為形容陸機這樣不合時宜的權力敗客的專用詞。

第五章

從權術走向藝術

── 王導、王敦、王羲之、王獻之家族

　　西晉末年，八王兵戎相見，天下大亂。山東琅琊國臨沂的王家，決定舉族遷徙到相對安定的東南地區。王家的王導即將渡過淮河時，擔心前途，找大占卜家郭璞算命。郭璞算了一卦，說：「吉，無不利。淮水絕，王氏滅。」於是王家高高興興南下去了，果真如郭璞所言，在南方繁衍生息，成為南朝第一大名門望族。

王與馬不敢共天下

一

　　王家的舉族遷徙，只是發生在西元三一○年前後，著名永嘉南渡的一部分而已。

　　在永嘉南渡中，許多北方的名門望族、朝堂大臣，帶著族人，裹著金銀細軟，吆喝著僕從車駕，逃過淮河，來到長江下游沿岸。亂哄哄的這股移民潮，給東南地區帶來大約九十萬的新人口。琅琊王氏除了王導外，還有王廙、王含、王舒、王彬等兄弟，和王羲之、王胡之、王彪之等子侄輩，通通搬遷到原來的東吳舊都建鄴（今江蘇南京）。王家在秦淮河邊一條叫烏衣巷的街道裡聚族而居。來自陳郡的謝家緊隨其後，也搬到這條巷子裡，和王家當起鄰居。

　　事實上，儘管王家對南渡心存疑慮，但南渡事件很大程度上是王導和堂兄弟王敦、王曠向琅琊王司馬睿建議的。兄弟幾人認為北方正遭受少數民族鐵騎的蹂躪，官軍無力抵抗，不如轉移到東南地區，留得青山在，再想報仇復國的大業。

　　此時的王家，還只是晉朝若干二流家族之一，和政治權力的關係並不緊密。琅琊王家最大的驕傲，是家族道德凜然，家風高尚。王導的曾

祖母朱氏，是曾祖父的續弦，對王導的伯祖父王祥和祖父王覽極盡虐待之能事。王祥兩兄弟無怨無悔，真心侍奉後母。朱氏就變方法折磨兩個孩子。寒冬臘月，朱氏深夜要吃魚，逼王祥去捉活魚。王祥跑到河邊，開始鑿厚厚的冰層，準備捕魚。不料，冰面自動裂開，兩條鮮活的鯉魚蹦到王祥腳下。這就是「二十四孝」中「臥冰求鯉」的故事。王覽則為了防止朱氏毒死王祥，每次飯前他都替兄弟嘗毒。兄弟倆的道德故事感天動地，驚動了以道德為選拔官員標準的漢朝政府。東漢政府多次徵辟兩兄弟做官，都被拒絕了。直到年老，王祥才千呼萬喚始出來，出任曹魏王朝的徐州別駕。這是琅邪王氏家族步入政壇的開始。

可見，王家的政治根基並不深。但他們一來沒有「歷史遺留問題」，沒有政治冤家和夙敵，二來樹立了超高的道德標準，掌握官場升遷的利器，官越當越大。王祥、王覽兩人先後擔任朝廷重臣。等到甘露五年（二六○年），司馬昭發動政變，殺死小皇帝曹髦時，圖謀篡位的司馬家族已經不得不考量王家的意見了。當時小皇帝的屍體還沒入殮，司馬昭一再催促王祥來商量後事。王祥很聰明，來了以後，先抱著小皇帝的屍體大哭一場，自責救駕來遲，可又贊同司馬昭的後事安排。在這裡，王祥為家人樹立既重視道德說教，又注重政治實效的好榜樣。王祥死前，對王覽說：「你的後人會大紅大紫的」。果然王覽的孫子輩飛黃騰達，先是王衍擔任太尉，成為掌權人物；再是王澄出任荊州刺史；王敦出任青州刺史。王衍很得意地說：「荊州有江、漢之固，青州有負海之險，卿二人在外，而吾留此，足以為三窟矣。」王衍這個人，平日裡不做正事，迎合西晉初年社會思想觀念開始從儒家道德向虛幻玄學轉變的趨勢，整天拿著一把拂塵誇誇其談，信口雌黃。暗地裡，王衍意識到危險，早設計王家「狡兔三窟」的退路，得到祖父輩的真傳。

王家政治上崛起的時期，正是西晉八王之亂時期。王衍被亂軍推倒

牆，壓死了。那一邊，永興二年（三〇五年），八王之一、東海王司馬越授意同陣營的琅琊王司馬睿去守下邳，並派東海王參軍王導給司馬睿當助手。王導的入場，比王衍、王敦幾個堂兄弟都要晚，但站好隊、跟對人了。這個人就是琅琊王司馬睿。司馬睿的封地就是王導的老家。司馬睿對封地內的望族王氏很有好感，刻意籠絡，而王導的真本事也為司馬睿解決不少問題。兩人很快組成政壇好搭檔。當時中原大亂，王導建議司馬睿去東南地區獨當一面，很快就得到司馬睿的贊成。兩人找機會，拉上人馬，在三〇九年搬到建鄴。

司馬睿初到江東，當地人對他很冷淡。那時的江浙人，不像現在這麼溫文爾雅，民風驃悍得很，但同時又像現在一樣現實、勢利。西晉王朝已經分崩離析，皇室成員在江東士人心中早已大大貶值。而司馬睿這個琅琊王，又是西晉皇室中的邊緣人物，他要向上追溯到司馬懿，才能和晉皇扯上關係。現在，司馬睿帶著一大幫人逃到南方來，誰又能保證他們能長久在南方立足，司馬睿說不定過幾年就被人撤走了。所以，江東的世族大姓輕蔑地稱司馬睿、王導等人為「傖父」，很不禮貌。東南人心不附。

王導著急了，對他們那些南下的北方世族來說，司馬睿的命運就是他們的命運。南方原住民排斥司馬睿，就是間接地排斥王家。司馬睿在南方站不住腳，王家人也站不住腳。於是在南下建鄴的一個多月後的三月三日「修禊節」，秦淮河邊出現這幕：

司馬睿坐在奢華的肩輿之上，在皇家儀仗的簇擁下，緩緩而來。王導等北方世族和名流，都恭恭敬敬地騎馬跟隨其後。整個隊伍威嚴、肅穆又不失豪華熱鬧，將西晉王朝的泱泱皇室風範展現給當時在江邊過節的江南世人。江東的紀瞻、顧榮等著名大族，都在江邊搭著席位，占地盤過節。目睹這一幕，他們內心受到極大震撼。皇室骨肉相殘之後，竟

然還能保持這麼威嚴的陣勢；原來司馬睿在北方的地位這麼高，得到這麼多大人物的支持；原來司馬睿等人還知道南方的節日，主動參加，與民同樂。震撼之餘，南方人士紛紛拜倒在路旁。司馬睿落座後，江東各大族的代表人物紛紛前來拜見。司馬睿、王導等人，專門挑一些南方人不知道的新聞、禮儀、賞賜來說事，把那些世代居住在江東的世族大家們，聽得暈頭轉向的。回家後，世族大家們紛紛感嘆，司馬睿這批人不可小覷啊！

緊接著，南方各大人物和名流先後接到司馬睿的聘書。司馬睿一下子徵辟了一百六十個幕僚，許諾以高官厚爵。東吳滅亡後，江東士人的仕途變得很不順暢。如今司馬睿大施恩惠，迅速將士人團結在身邊。史載：「由是吳會風靡，百姓歸心焉。」

南方是安定了，北方則出現大麻煩。三一八年四月，長安被匈奴攻破，晉愍帝遇害。王導趕緊勸說司馬睿繼承帝位。東晉王朝很快在建康（建鄴改名）建立了，司馬睿就是晉元帝。司馬睿和王導的「王馬搭檔」，也就升級為司馬睿當皇帝，王導當丞相的政治結構。至此，王導讓司馬睿勢力在南方扎下了根，也讓自己在南方政壇扎下了根，更為琅邪王家奠定了富貴百年的基業。

二

王導這個人，是東晉王朝和琅邪王家的關鍵人物。他繼承王家與人為善，為政務實的作風。在王朝南遷、萬事草創的東晉初期，王導的這種個性和執政思想，適應了局勢的需求。一個初建的王朝最需要什麼？安定。這種安定，既包括政治軍事上的安定，也包括人心的安定。南北

方世族勢力之間的矛盾，中原少數民族對南方的覬覦，都威脅著東晉的安全。王導覺得，內亂也好，北伐也好，都會給脆弱得經不起折磨的新王朝帶來致命危險。最好的對策，就是以不變應萬變，不出亂子就好。所以王導的執政核心，就一個字：靜。調和南北方世族的關係，在政策上清靜無為。

王導經常大擺筵席、款待賓客。鄰居謝家的小孩子謝安，在若干年後，依然對王導談笑風生的形象和王家氣氛和諧的酒席留有深刻印象。一次，南方名士劉真長來拜訪王導。時值盛夏，王導正把大肚子貼在彈棋盤降暑。他看到劉真長來，忙自嘲自己的不雅動作，說：「何乃淘？」淘是南方方言中冷的意思，整句話就是「真涼快」。劉真長出來後，旁人問他：「王公這個人怎麼樣啊？」他感嘆：「沒有什麼特別的，只是聽到他在說吳語。」小小的一句吳語，一下子就拉近了政府和南方世族的距離。還有一次，眾人在長江邊的新亭觀賞江南美景。周顗感嘆道：「風景沒什麼不同，但卻只能看到長江，看不到黃河了啊！」想起國破南逃，在座許多人落下淚來。王導見狀，愀然變色：「當共戮力王室，克復神州，何至學作楚囚，相對哭泣！」王導其實是不贊成北伐的，但他能用一句口號振奮人心，扭轉士氣，不愧有政治家風度。

朝廷剛成立時，國庫空虛，王導靈機一動，做了一套寬大的布衣服，穿在身上，出去走一圈。結果，朝野官員和建康的士人，認定這是服裝界的新風尚，紛紛買布做衣服。國庫中的布很快就以高價銷售一空。府庫充裕了，王導在士人中的號召力也得到驗證。

正因王導有這樣的號召力，他的思想、言行直接影響東晉人的世界觀和處世態度。王導的執政，客觀上「鎮之以靜，群情自安」，把「靜」和「無為」放到非常高的地位。東晉的政局和人心得到穩定，但政壇的進取心和事業心也受到壓抑。對世族大家來說，平靜、固定的統

治，符合他們的利益。因為他們是既得利益者，在王導時期擴充政治和經濟利益。可隨著時間的推移，我們會看到，世族勢力在南朝惡性擴張，大家族、大人物們以清談玄學為風尚，恥於做具體政務了。南方各大家族（包括琅琊王家）日後的思想轉變，多少是由王導推動的。

司馬睿登基之日，感慨萬分，對王導的輔助和擁立之功深深感激。他竟然在莊嚴肅穆、百官隊列時，拍拍龍椅的空處，招呼王導「升御床共坐」。王導連忙推辭。司馬睿呼喚他三、四次，言辭懇切。王導眼看再僵持下去，登基大典要泡湯了，只好跪地啟奏：「如果天上的太陽和地下的萬物一樣升列高位，蒼生到底要仰照哪一個呢？」司馬睿一想，原來皇帝是天上的太陽，一天的確不能有二日，這才不再堅持要王導同坐了。民間用一個俗語形象地形容這一幕：「王與馬，共天下。」這句俗語恰如其分地表現出當時王家的權勢。東晉初期，司馬睿完全信任王導，叫他「仲父」，把他比作自己的「蕭何」。王導也經常勸諫司馬睿克己勤儉，優待南方，與人為善。司馬睿和王導在草創時期，上演一場君臣相敬相愛的佳話。琅琊王家也達到權勢的高峰，除了王導擔任丞相，王敦控制長江中游，兵強馬壯；四分之三的朝野官員，是王家人或與王家相關的人。另外，王家在南朝時期出了八位皇后。王導主觀上不敢與司馬睿共坐龍椅，但說王家和司馬家族共享天下，也並不過分。

等司馬睿坐穩龍椅，慢慢開始享受獨一無二太陽的感覺後，開始對「王與馬，共天下」的傳言產生不高興的感覺。王家勢力的擴張，侵犯皇權獨尊的敏感神經。司馬睿開始暗中限制、削弱王家的勢力。他提升、重用琅琊王時的王府舊人劉隗和刁協。劉刁兩人沒什麼本事，但對尊馬抑王一事不遺餘力，不斷出頭打壓王家勢力。

王導被疏遠了。我們知道王導既與人為善又很務實，面對皇權的打壓，他採取謙抑自守的對策，退居家中，靜觀時局變化。司馬睿一時找

不到理由，也不想進一步把王導怎麼樣。但王導忍得了，堂兄弟王敦就忍不了。王敦和王導是兄弟，性格則截然不同。王導主靜，王敦好動。他放蕩不羈，性情外露，對王家受到打壓，憤慨難平，並把怒氣表現出來。鑑於王敦控制著長江中游各州的政權和軍隊，司馬睿派劉刁兩人出任地方刺史，企圖箝制王敦的勢力。這一下，王敦直接造反，招呼兄長王含等人帶上大軍，順江而下，衝向建康，找司馬睿等人算帳。

對王導來說，司馬睿的打壓不是什麼大問題，王敦的造反卻帶來棘手的大麻煩。造反是誅滅滿門的重罪，王導趕緊寫信給領軍、衝在前面的王含，勸他罷手。王敦、王含等人堅持造反。王導只得選擇堅定地站在司馬睿一邊，反對王敦等人造反。王導認為東晉初建，安定是最大的王朝利益；王家還不具備推翻東晉，出頭當皇帝的實力，必須依靠東晉政權，才能維持權勢。所以，王導從琅琊王氏的安全和最高利益考量，必須與王敦劃清界限，擁戴司馬睿。聽說劉隗和刁協已經在勸司馬睿誅殺王導和王家所有成員了，王導趕緊帶著王邃、王彬、王侃等在朝廷任職的王氏宗族二十多人，每天跪在宮門外候罪。

王家的危險得到許多朝臣的同情。王導平日經營的人情關係，在關鍵時刻發揮作用。尚書僕射周顗就認為：「皇帝又不是神仙，怎麼可能不犯錯呢？但大臣（指王敦）怎麼可以舉兵造反？」他決定進宮保王導等人。周顗來到宮門口，王導情急之下，衝著他大叫：「伯仁（周顗的字），我一家老小百餘口性命，都交到你手上了！」周顗是來幫王家的，卻不能外露，讓司馬睿覺得自己就是來當說客的──這是說服的技巧。所以周顗看都不看王導，從他身邊徑直進宮去。

在宮中，周顗竭力向司馬睿擔保王導的忠誠，言辭懇切。本來，勸完皇帝，周顗可以出來安慰王導了。可周顗是個酒鬼，在宮中喝得酩酊大醉才出來。王導在宮外跪了一天，又向周顗呼救。大醉的周顗還在偽

裝，這次不但不搭理，還轉頭對隨從說：「我要殺盡亂臣賊子，換取金印，掛在手肘後！」在這種情況下，換了誰，都會對周顗產生誤會。王導就對周顗恨之入骨，不知道他在力保自己，更不知道他回家後，還上書力證王家無罪。在周顗等人的力保下，司馬睿在宮中召見王導。王導跪地請罪：「逆臣賊子，何世無之？豈意今者近出臣族！」司馬睿被感動了，光著腳走下龍椅，扶起王導，拍拍他的手，表示絕對相信王導。

王家的危機解決了，不料王敦的軍隊攻占了建康。劉隗和刁協一個逃亡北方，一個被殺。王敦把持了朝政，官員進退操於其手。因為周顗聲望很高，王敦想讓他出任三司，特地跑來徵詢王導的意見。王導沒說話，王敦就想降低任用周顗，王導還是沉默。既然周顗不能用，王敦說：「那就只有殺掉了。」王導依然不說話，看著王敦下令斬周顗。後來王導從文書中得知真相，大哭道：「我雖不殺伯仁，伯仁卻因我而死。」

王敦的叛亂，並沒有給東晉王朝造成太大的傷害。只有少數人死於戰亂，朝野官員基本各安其位。司馬睿依然當他的皇帝，只是王敦不願意見他。繼續當丞相的王導，就在王敦和司馬睿之間充當溝通的橋梁，努力維持朝廷的穩定。對王敦進一步擅權的做法，王導堅決抵制。王敦起初也沒有想當皇帝的想法，不久退兵長江中游，局勢進一步降溫。不料，王敦退兵後，身體越來越差，卻在周邊宵小的蠱惑下，重新發兵進攻建康，這次他擺出傾覆朝廷的架勢。王導再次堅決站在司馬睿這邊，主動掛帥，提兵與王敦叛軍作戰。王敦隨即病死，兄長王含、繼子王應被殺，叛亂徹底消除。

王導對策得當，讓琅琊王家非但沒有受牽連，還因討伐王敦有功，得到加官晉爵。王導從司徒進位太保，王舒升湘州刺史，王彬任度支尚書。王家跨過這道檻，保持天下第一望族的地位。

三

王敦之亂後，王導身為世族大家的代表和朝廷的穩定中堅，繼續存在。

王導的老搭檔司馬睿，在王敦第一次叛亂後不久鬱悶而死。王導等人擁立太子司馬紹即位。司馬紹當了三年皇帝，也死了。王導等人又擁戴五歲的皇太子司馬衍即位。

司馬紹臨死前，考量到繼承人年幼，留下遺詔，讓太保王導錄尚書事，與中書令庾亮一同輔政。司馬衍即位，司馬紹的皇后庾氏以皇太后身分臨朝稱制。庾亮是庾太后的弟弟，當今皇帝的舅舅，很快就把實權集中到自己手中。儘管王導是三朝元老，皇帝對他下詔書都用敬語，但王導離實權越來越遠了。見慣榮辱浮沉的王導淡然處之。庾亮是個有很多想法的年輕人，雄心勃勃。有人曾向王導進讒，說庾亮可能舉兵擅權，對王導不利，勸王導多加防備。王導說：「他若逼我，我就一身布衣服，回家養老去，有什麼可怕呢？」後來蘇峻起兵叛亂，建康遭焚。朝廷一度考慮遷都，有人建議遷都豫章，有人要求南遷會稽。王導則哪裡都不去，堅持定都建康。許多朝臣對照王導的恬淡無爭，引為榜樣。之後儘管東晉屢次出現政治變動，朝廷始終保持大致穩定，變動也沒有波及普通百姓的生活。王導的「靜」和「無爭」，在其中造成不小的作用。朝廷一有動靜，政治一有裂縫，他就上前當和事佬。

東晉朝臣為晚年的王導取了一個雅號：糊塗宰相。原因是王導每年考察官員時，都流於形式，考察的結果，你好、他好、大家好。有人有意見，王導就說，害國之魚我們都能容忍，何必每年糾纏於那些小魚、小蝦呢？的確，王導一生對威脅王朝利益的大問題，都採取拖延、打太極的對策，讓時間去消化它們，根本就沒必要在每年的官員考核上

較真。他晚年常說：「現在說我糊塗，只怕將來有人還會懷念我的糊塗呢！」

咸康五年（三三九年），王導病逝，終年六十四歲。

王導一生最大的成就，是建立了「王與馬，共天下」的權力格局。

他堅定地認為，只有司馬家族的東晉王朝穩定，才有琅琊王氏遮風擋雨的地盤。結果王導輔助司馬家族，為王家贏得一份遠遠超過遮風擋雨需求的大地盤，風光得很，都可以和皇帝「升御床共坐」了。好在王導是個成熟、老練的政治家，恭敬自律，沒有反稱司馬睿「您真是我的劉邦啊！」，更沒有跑上去坐在龍椅上，拍拍司馬睿的肩膀攀交情，所以琅琊王家在東晉初期根基日漸深入，繁衍昌盛。

王敦是豪傑，不是政治家

一

西晉末期，豫章（今南昌）曾經發生一樁震驚一時的凶殺案。

時任荊州刺史王澄受琅琊王司馬睿徵召，去建鄴途中，在豫章被堂弟、揚州刺史王敦殺害。

事情是王澄挑起的。他在荊州當「地頭蛇」當慣了，加上性格桀驁不馴、出道比王敦早，所以在豫章盛氣凌人，對王敦很不客氣，多有謾罵之語。王敦也是桀驁不馴的人，也很傲慢，竟然對堂兄弟起了殺心。可是王澄功夫不錯，隨身帶有玉枕自衛，還有衛士二十人，如何下手呢？知情者是這樣描述的：王敦先招待荊州的衛士痛飲，將他們灌醉，然後向王澄借玉枕「欣賞」。拿到玉枕之後，王敦臉色突變，隨即誣陷王澄叛亂，要就地正法。王澄發覺上當，馬上撲過來和王敦拚命。王敦被他撕掉了衣帶，成功逃脫了。在激烈打鬥中，王澄爬上房梁，對王敦破口大罵，可惜寡不敵眾，被王敦帶人殺死了。

這樁血案，將王敦的個性暴露無遺。王敦和王導是堂兄弟，但他們繼承了政治世家不同的風範。

龍生龍，鳳生鳳，世家子弟自然有不同於普通人家子弟的風範。他

們受到家風和政治環境的過早薰陶，往往繼承家族的政治遺產和行為風範。先不說政治世家對子弟仕途的幫助，我們只看世族大家到底有什麼樣的行為風範。一是大家族從豐富的政治實踐中得出的經驗教訓，累積的做事穩重、言行成熟的風範；二是豪邁爽快，言談睿智，行為瀟灑的風範。王導主要繼承家族的第一類風範，王敦則繼承後者。王敦從小就是個瀟灑的公子哥，光鮮亮麗，放蕩不羈，自尊心強，睚眥必報，是那種一眼就能從人群裡看出來的焦點人物。在講述魏晉豪爽氣度的《世說新語》中，他是當仁不讓的主要角色。

西晉建立者晉武帝司馬炎曾經召集當時的名流和世家子弟，討論技藝。在座的人都暢所欲言，爭著在司馬炎面前表現自己，只有王敦一副與己無關、滿臉不屑的樣子。司馬炎注意到這個年輕人，就問他會什麼。王敦回答說會打鼓，司馬炎就給他一面鼓。王敦捲起袖子，離開座位，「揚槌奮擊，音節諧捷，神氣豪上」，旁若無人，自我陶醉。當時滿座皆驚，司馬炎很喜歡王敦這個相貌不凡、舉止雄豪的孩子，就把女兒襄城公主嫁給他。王敦幸運地當了駙馬爺。

但並不是所有人都喜歡王敦，家族內外都有人把他當「問題少年」。太子洗馬潘滔曾評價王敦「處仲（王敦的字）蜂目已露，但豺聲未振，若不噬人，亦當為人所噬」。他說，王敦的樣子不是一般人，若不是害人，就是被別人害死。王愷和石崇比富，王愷宴請賓客時，都要美女陪酒，如果客人不飲，就殺掉陪酒女郎。王敦去他家作客，堅絕不喝酒，陪酒的美女悲聲哀求，王敦都傲然不視。先後三個陪酒美女都被殺了，王敦一直無動於衷。王導也去了，不會喝酒的他，不忍美女被殺，竭力喝酒。後來，王敦去石崇家作客。石家的廁所裡，有十多個婢女服務，她們穿著華麗的衣服，捧著甲煎粉、沉香等物，服侍賓客上廁所，賓客出來前，還為他換上新衣服。客人們一般都不好意思在石家上

廁所，王敦卻大方地接受婢女們的服侍，脫衣、穿衣，噴香、抹粉，神色傲然。婢女們私下議論：「這個客人日後一定當賊！」

當然，王敦身上也有令人稱讚的一面。賈南風專權，將太子陷害到許昌幽禁。她下令太子離京時，官屬不得相送。時任太子舍人的王敦和太子洗馬的江統、潘滔等人，卻不畏強權，公開前往相送。天下大亂之初，王敦將妻子襄城公主的一百多個侍婢和自家的金銀財寶，全都分發給手下。可見，王敦的特立獨行，有時也用對了地方。

二

王敦這樣的人，很適合亂世。

因為王衍的提攜，王敦在西晉末年早早成為封疆大吏。他所轄的揚州境內，有許多亂匪。王敦知人善任，提拔陶侃（陶淵明的曾祖父）等人，苦戰數載，肅清了境內的亂匪。因為他掌握軍隊，能力不俗，更因為王家對東晉王朝的擁戴之功，王敦在東晉初年成為大將軍，都督江揚荊湘交廣六州軍事，被封為漢安侯，控制長江中游地區，成為東晉最大的實權人物。他和王導，一個在外，一個在內，是朝廷的中流砥柱。

但王敦很快就造反了。為什麼？首先，王敦是一個閒不住的人。王導的清靜無為，和朝廷的安然無事，讓王敦「淡」出心理問題，他不適應慢慢老去的生活。其次，王敦身邊聚集一批奸佞小人。不安分的權臣身邊，容易聚集奸佞者，就像有裂縫的雞蛋，容易招來蒼蠅一樣，這是中國歷史的一個小規律。王敦身邊就聚集了王含、王廙等同族，開始驕橫、專擅。第三，司馬睿等人對王家的打壓，推動了輕狂的王敦的造反。在司馬睿的授意下，御史中丞劉隗和尚書左僕射刁協全力抑制王氏

勢力，暗中作軍事部署。王敦對此憤憤不平，常常在酒後手持玉如意，邊擊痰盂，邊吟誦曹操的「老驥伏櫪，志在千里。烈士暮年，壯心不已」。

王敦先是上書指責司馬睿，為王導抱不平。上書送到建康後，先到達王導手中，老好人王導把它退給王敦。王敦不甘心，第二次直接上書給司馬睿。這一次，王導不知道，更阻攔不了。司馬睿看完王敦的上書，第一反應是王敦可能會發兵造反，他趕緊派戴淵鎮守合肥、劉隗鎮守泗口，預防王敦順江東下。王敦畢竟是名門之後，先客氣地寫給劉隗一封信。他在信中以國家大義勸說劉隗和自己聯手，共扶朝政。「聖上信重閣下，今大賊未滅，中原鼎沸，欲與您戮力王室，共靜海內。如果大家同心，帝業得以興隆，否則，天下永無望矣！」但劉隗是個得志小人，粗魯地回信，說像他這樣的朝廷股肱之臣，是不會和王敦同流合汙的，他要效忠皇室，當個大忠臣。這分明是把王敦推到對立面，他似乎忘記王敦是個自尊心很強的人。王敦果然大怒，決心給劉隗一個去地獄當忠臣的機會。於是，王敦就這樣造反了。

王敦在武昌興兵東進，舉起的大旗是：清君側。他說司馬睿寵信奸臣，弄得民不聊生，他才出兵清除奸賊，拯救百姓。沈充在吳興起兵響應王敦，叛軍迅速推進到建康附近。司馬睿派出的刁協、戴淵、劉隗等人，都不是王敦的對手。早在王敦起兵之初，劉隗和刁協就勸司馬睿盡誅王氏全族。司馬睿離不開王家的支持，沒有答應，劉隗等人「始有懼色」。從一開始，這就是一場最高層間的權力遊戲，劉隗這樣的初學者，注定是犧牲品。三個月後，建康石頭城的守將周札為王敦打開城門，叛軍兵不血刃入城。王敦勝利了！司馬睿陷入狼狽的境地，身邊一度只剩下一個警衛將領和兩個侍中。他放了馬後砲，說：「王敦如果沒有忘記社稷宗廟，則天下尚可共安；如果想要我的龍椅，早點說嘛！我

自己會回琅琊去，何必騷擾百姓？」王敦的個性決定，社稷宗廟在他心中沒有多少分量，而他又不想尊奉司馬睿這個打壓王家的皇帝。他進入石頭城後，一時也不知道應該怎麼辦，放縱士卒劫掠。

很明顯，司馬睿和王敦兩個人，誰都無法徹底離開誰。

王大將軍還算是個厚道人。他沒有廢黜司馬睿，更沒有對他動刀子，而是保留了司馬睿政權。從法律上來說，王敦所做的，真的僅僅是「清君側」，沒有絲毫違法、謀逆之處。司馬睿下詔大赦，赦免參與叛亂諸人的罪過，並封王敦為丞相、都督中外諸軍事、錄尚書事。王敦拒絕接受。

司馬睿曾派公卿百官去石頭城拜見王敦。王敦絲毫不改豪傑本色、名士風範，坐在上座，先去戲問手下敗將戴淵：「之前打仗，你輸了。當時還有餘力嗎？」戴淵坦言：「哪裡還有餘力，真的是力量不足！」王敦問他：「天下會怎麼看我今天的所作所為？」戴淵暗中頂了一句：「見形者謂之逆，體誠者謂之忠。」意思是說，只有真正理解你內心的人，才知道怎麼回事，從表面來看，是亂臣賊子所為。王敦哈哈一笑，誇戴淵是「能言之人」。王敦又對周顗說：「伯仁，你對不起我！」周顗依然滿不在乎地說：「王公舉兵，下官親帥六軍，沒有成功抵擋住貴軍，致使朝廷軍隊落敗。在這一點上，我對不起你！」既然是清君側，就要殺死幾個奸臣。王敦最後挑選周顗、戴淵殺雞儆猴，並在朝野職位上安插若干黨羽，打道回武昌去了。

王敦的這次叛亂，輕率地置王家於族誅的危險邊緣，在家族內部遭到反對。王導戰前勸說王敦、王含罷兵，戰後努力做王敦和司馬睿溝通的橋梁，盡量讓事件平安結束。另一個堂兄弟王彬，在王敦殺周顗時，公開為周顗哭別，哭得悲切異常。王彬見王敦時，並沒有一絲悲痛之情。王敦不解，王彬回答：「我哭周顗是情不自禁。」對於王敦，王彬痛

批他不義，批得聲淚俱下！王敦當場大怒，揚言要殺掉王彬。王導連忙當和事佬，拉王彬跪下謝罪。王彬卻說：「我腳有病，在天子面前都不下跪，更別說是你了！」王敦非常生氣，逼問：「腳痛和脖子痛，你選一個！」王彬依然不卑不亢地看著他。王敦畢竟厚道，對同族人很客氣，沒有把王彬怎麼樣。

王敦的豪傑性格，決定他當不了政治家。王敦不屑花時間學習繁瑣的政治技巧、營造各種人脈關係，更沒時間像兄弟王導那樣，參與實際事務。他起兵反對司馬睿，是倉促起兵，並沒有成熟的設想，更談不上詳細的善後措施。他的成功，只是反證劉隗等人更加無能，證明離開王敦等實力人物支持的司馬睿政權，是多麼的虛弱，根本不能說明王敦的強大和正確。歷史上，像王敦這樣光芒四射的明星，注定是曇花一現的流星，成不了政治家。政治家需要耐心、周密和腳踏實地的個性，王敦顯然不是。

那麼掌握更大實權的大俠、大名人王敦怎麼樣了呢？絕對的、碩大的權力，讓王敦迅速腐化、墮落。史載「敦既得志，暴慢滋甚，四方貢獻多入其府，將相岳牧皆出其門」。可見，他沒有收斂張揚的個性，更沒有學會穩重地處理好各方面關係，而是瘋狂享受從各地搜刮來的珍寶財富，和支配人事調動的樂趣。更糟糕的是，王敦寵信沈充和錢鳳，聽任他們兩人胡作非為。這兩個人出身土豪，也不是政治家，得勢後「大起營府，侵人田宅，發掘古墓，剽掠市道」，把所有得罪他們的人都整死。朝野上下、官僚百姓都希望做盡壞事的沈、王等人，順帶也希望王敦集團，早點失敗才好。

在建康，司馬睿憂憤死後，繼位的司馬紹，一心剷除王敦集團。

王敦的身體狀況越來越差。人將死時，頭腦都特別清醒。王敦意識到自己和王家的力量，都無法推翻東晉王朝，而在無力推翻朝廷的前提

下，當個與朝廷不和的權臣，是沒有前途的。病重的王敦很清楚繼子王應年紀很小，擔心自己死後，王應指控不了部隊。他給部屬設計上中下三策：上策是解散軍隊，歸身朝廷，保全門戶；中策是退兵武昌，屯兵自衛，同時和朝廷和睦共處；下策是趁自己還活著，集中全力推翻朝廷，萬一僥倖，就能開創一個新王朝。錢鳳和沈充等人，卻覺得王敦的下策是上策，決定挾著王敦的餘威，興兵作亂。

王敦身不由己，將軍隊向東移，自己任命自己為揚州牧，並大肆任命黨羽為朝官和地方官吏。王敦沒有兒子，兄長王含把兒子王應過繼給他。現在，王敦假傳聖旨，拜王應為武衛將軍，拜王含為驃騎大將軍。司馬紹於是正式下詔討伐王敦。王敦派王含率領水陸大軍，氣勢洶洶殺向建康。朝廷方面是王導掛帥，他知道王敦病重，出兵前，率領宗族子弟為王敦「發哀」，宣傳王敦已死。假消息越傳越廣，朝廷陣營軍心大振，王敦陣營人心大慌。王含也實在沒用，大敗而歸。王敦氣急敗壞，痛罵兄長是沒用的老婢，掙扎著要帶病親征。走沒多遠，王敦就病死了。黨羽沈充等人繼續進攻建康，無奈大勢已去，被一一討平。王含、王應父子逃離戰場，去投靠族人、荊州刺史王舒。王舒不是王敦那樣的豪傑，也不是王含那樣志大才疏的小人，做出了最平穩的選擇：大義滅親。王舒把王含父子痛毆一頓後，扔進長江餵魚去了。

王敦的命運最悲慘，葬入了墳墓，還被挖出來，屍體被戮，腦袋被割下，掛在朱雀橋上示眾。王敦是很有才華，很有個性的人物，是一代豪傑，但他被過於放蕩不羈的個性，被要求安定團結的東晉政治大環境給埋葬了。可惜，可嘆！王敦之後的亂臣賊子，幾乎沒人能做到像他那樣的豪爽、率性、不羈和驚天動地。王敦因此成為許多雄心勃勃或蠢蠢欲動的豪傑志士的標竿、榜樣。後來人曾說：「恨卿輩不見王大將軍！」這句話可以視為對王敦一生的莫大評價。

王家的華麗轉身

一

　　南朝是個宣揚個性的時代，怪人怪事特別多。東晉王朝承平日久，出現有人屢次拒絕朝廷徵召，不願升官的奇聞。而且這個人，還是世代為官的琅琊王氏子弟、江州刺史王羲之。

　　王羲之的才華就不用說了，在江州刺史任上做得也不錯，朝廷屢次要提升他當京官，王羲之就是不去。當時有人寫信勸他，說他傻。王羲之回信表示：「我沒有廟廊之志。」在他之前和在他之後，都有無數人信誓旦旦地說，我不想當官，我沒有野心，但那多數是虛偽的表演。王羲之是真的沒有廟廊之志，不像攀爬權力的金字塔，他追求的是人生的品質，追求理想的修為。聽說安徽宣城的風景不錯，王羲之向朝廷請求，希望能去宣城當太守。朝廷原本是想把王羲之提拔到更高的崗位，沒料到王羲之要求官越當越小，要去一個小郡當太守，朝廷當然無法理解。朝堂上的世族大家們更無法理解：你王羲之可是天下第一望族的子弟，去當什麼宣城太守，不怕身分地位降低，我們這些同伴才怕呢！於是，也不徵詢王羲之本人的意見，朝廷宣布升他為右軍將軍、會稽內史。

　　王羲之會接受嗎？會稽（今浙江紹興）是東南大郡，是江東世族

和南渡大族的聚居地，地位突出。會稽內史的地位自然也很重要。這一回，王羲之高興地接受了提拔自己的任命——因為他早就聽說會稽山水秀美，人文典雅。於是，他打點行裝，來到顧愷之形容的「千岩競秀，萬壑爭流，草木覆蓋其上，彷彿雲蒸霞蔚」的會稽。千年之後，我們會發現王羲之的這個選擇，是中國文化的大幸。

王羲之，王覽曾孫、王導之姪、王曠之子。父親王曠當過淮南太守，曾勸司馬睿南遷。據說王家南遷後，信奉五斗米道教，為子弟取名，都帶個「之」字。除王羲之外，平輩的還有王胡之、王彪之、王晏之、王允之等兄弟，晚輩的有王徽之、王獻之、王恢之等人。這似乎是區分王家子弟的一大特徵。

被無數父母掛在嘴邊，用來教育小孩的「聰明孩子」王羲之，小的時候一點也不聰明，相反還有點笨，連話都說不好。雖然名士周顗曾摸著十三歲的王羲之腦袋，說孺子可教，前途不可限量，但一般人還是把這視為周顗判斷失誤。王羲之二十歲的時候，太尉郗鑒想和王家攀親戚，把女兒嫁入王家。王導說，我們家人才濟濟，你隨便挑吧！郗家就真的派人來挑女婿了。回去後，郗鑒問有什麼好人選。

家人報告說，王家的年輕人都滿好的，精心打扮，相貌堂堂，只有一個人除外。那個人躺在東邊房間的床上，露著肚子，啃東西吃呢！郗鑒一拍大腿，就是他了！我要選那個挺著肚子的年輕人。不用說，這個特立獨行的年輕人，就是王羲之。雖然郗鑒很自豪地誇王羲之是「東床快婿」，但多數人心中都不以為然，覺得郗老太尉也看走了眼。

事實上，王羲之是那種大智若愚，大器晚成型的孩子。小時候不出色，不代表長大也不出色。一些小時候異常聰慧、領先的孩子們，長大後往往平庸無奇；而小時候埋頭低調讀書的孩子，比如王羲之，常常是一鳴驚人的主角。王羲之正常進入仕途後，表現出不俗的政治素養。王

導之後，東晉王朝高層政治紛爭不斷。總有幾個人鼓動北伐，想借北伐為自己貼金。殷浩北伐時，王羲之明確寫信反對，勸阻他。擔任地方官時，王羲之開倉賑災，奏請朝廷減免苛捐雜稅，很有父母官的樣子。可令人不解的是，出身顯赫、政績不錯的王羲之，一直拒絕升官，比如這次的會稽內史任職，放著更高的職位不要，擺明了，心思就沒在仕途之上。那些終日鑽營官場的人看來，王羲之是一如既往的傻。

他們不知道，想當官容易，不想當官難。像王羲之這樣進入仕途易如反掌，因為家族影響和個人能力，在官場一帆風順的人，他們不追求高官厚祿，是因為看破官場，開始追求其他生活。官場吸引力之大，家族影響之深，他們能夠不隨波逐流，更加不易。

王羲之追求的，是平淡的生活，幽雅的精神。他來到清麗秀美的會稽，當官是次要，享受是主要的。當時的會稽人文薈萃，有和王羲之伯父王導認識、正隱居在東山、離「東山再起」還有段日子的謝安；有大人物都以得到他撰寫的墓碑為榮的文人孫綽；有豫遊江南、提出「色即為空」大論的名僧支遁；有隱居山林、大談玄學和山水詩的隱士許詢等等。王羲之很快就和這些人打成一片，還組織了一個叫「蘭亭之會」的聚會，把他們一網打盡。

永和九年（三五三年）暮春之初的三月三日，又是一年一度的修禊節。

這一天，王羲之、謝安、孫綽等四十多人，齊聚會稽山陰城外的蘭亭，洗洗身子，喝喝酒水，清談閒聊。他們不知道，永和九年暮春的蘭亭，將會成為中國文化史上的一座豐碑。

根據王羲之的記載，當日的蘭亭「天朗氣清，惠風和暢，群賢畢至，少長咸集」。此地的風光也相當對得起民眾，「此地有崇山峻嶺，茂林修竹，又有清流激湍，映帶左右，引以為流觴曲水，列坐其次」。

因此雖然聚會上沒有絲竹管弦、歌舞助興，但聚會的文人雅士們一觴一詠，大到宇宙，小到具體的花草品類，暢敘幽情。恍惚之間，王羲之感嘆上天公平地給予每個人一個生命，每個人都會走完一生，有的人飛黃騰達，有的人感悟良多，有的人放浪形骸，殊途同歸而已。行走之人，不知老之將至，常常是剛剛欣賞的東西，轉眼就成為陳跡。「每覽昔人興感之由，若合一契，未嘗不臨文嗟悼，不能喻之於懷。」王羲之的結論是：固知一死生為虛誕，齊彭殤為妄作。若干年後的我們審視今天，就像今天的我們審視昨天一樣。和王羲之相同，參會者紛紛提筆寫文，抒發感想。這些文章，多少帶有當時玄學為了玄，專門寫得讓人看不懂的意思，但更多的是抒發對人生、對宇宙的看法。

會後，眾人把文章收集起來，集成一本小集子，委託王羲之作序。王羲之當時已經微醉，也不推辭，提筆立刻寫了一篇序文。這篇因為編輯需要，被定名為「蘭亭集序」的文章，一氣呵成，初正楷、後小草，莊中有變，變中有雅，令人賞心悅目，是書法和文章的雙重瑰寶。後人有好事者，認真察看了文章，發現王羲之在裡面沒有寫兩個完全相同的「之」字。

據說，王羲之事後對原稿不甚滿意，想重寫一份，超越原稿。他聚精會神認真重寫了幾份，感覺都不如醉酒的時候寫得好。索性，王羲之不寫了，就將寫於蘭亭、帶有修改痕跡的原稿定為作品。

〈蘭亭集序〉之所以成為書法極品，一大原因是王羲之將書法提高了一個新境界。之前人們是為了寫字而寫字，王羲之是為了欣賞而寫字；為了表達而寫字；為了內在的修養而寫字、練字、賞字。書法開始在王羲之的手中，從實務超脫成為藝術。這是王羲之的書法境界，也成為中國書法的入門。

王羲之是琅琊王家最優秀的書法家，卻不是唯一的書法家。官宦世

家同時也是文化世家，家人文化素養高於常人。琅邪王氏的前輩王衍、王戎等人，都是書法家。兩人擅長草書，輕便沒有拘束，很符合玄學大家的氣質。之後，王敦、王導、王廙、王曠等王羲之的父輩，也都寫了一手好字。與王家來往的謝家、庾家，也出了多位書法大家，王羲之的岳母郗夫人，就是有「女中仙筆」美譽的大書法家。王羲之在這樣的環境中，沾染了習書練字的風氣，更得益於大家族的雄厚物質基礎和優越生活，將書法從其他事情中獨立出來，當成一門藝術來對待。也只有琅邪王家這樣的門閥世家，才能培養出新藝術門類的大師。

王羲之在書法的世界中越走越遠，後人用八個字形容他的作品：「飄若浮雲，矯若驚龍」。永和十一年（三五五年）初，厭倦官場的王羲之棄官而去，在會稽金庭定居下來。晚年的他種地、蓋院子，教導子弟書畫，也去河邊放鵝、釣魚，悠然自得。

王羲之的身上完全沒有父輩輾轉奔波、指點江山的氣度。同樣褪去政治光芒和雄心的，還有同輩的王胡之等人。王胡之是王廙的兒子，他們父子倆都是老莊之說的信徒。王胡之的經歷和王羲之近似，在山水優美的吳興當一個生活優裕的太守，心情很好，不管朝廷怎麼調動他的職位，就是在吳興太守任上賴著不走。朝廷拿這樣的「釘子戶」無計可施。和王羲之一樣，王胡之和謝安的關係也不錯，兩人常有詩歌唱和。王胡之曾向謝安寫道：「巢由坦步，稷契王佐。太公奇拔，首陽空餓。各乘其道，兩無貳過。願弘玄契，廢疾高臥。」在他看來，功成名就的姜子牙也好，不食周粟餓死的伯夷、叔齊也好，每個人都有自己的生活狀態，他王胡之的理想就是高臥山林，聽聽風聲，撫摩泉水。

很多人不理解琅邪王家在王導、王敦一代人之後，就黯淡了呼風喚雨的權勢，替王家惋惜。王羲之這一輩的多數人，的確把注意力從政治上轉移，但是王家的權勢依然存在。王羲之等人占據著太守朝臣的高

位，琅邪王家聲望依舊沖天。東晉王朝建立在東南世家大族的支持基礎上，制定了一整套保障世家大族利益的制度，王羲之這代人，不需要創業干政，就能保持權位。王家還像王導、王敦那樣掌權、掌軍，反而會觸動清靜無為的東晉王朝的敏感神經。

既然大環境不希望你在政治上有所作為，本也不願積極干政的王羲之他們，何樂而不從政壇轉身而去，醉情藝術與山水？

二

那麼，王家還有沒有人留在朝堂中央呢？有。他就是王彪之。

東晉王朝一直將琅邪王氏視為朝廷的依靠。是依靠，就得有人在權力中央，領取朝廷的官爵利益，也把家族的支持傳達給中央。而王彪之就是溝通朝廷和王家的新一代橋梁。

王彪之是王彬的兒子，是個典型的「少白頭」，剛過二十歲，就鬚髮皆白，人稱「王白鬚」。他鬚髮皆白的重要原因是讀書太用功了，尤其對歷代規章制度研究很深，舉凡周禮儒學、歷朝歷代典章制度、文物典故等，都刻苦鑽研。他一個人鑽研浩如煙海的規章典籍，能不少白頭嗎？王彪之還有蒐集文獻的習慣，把相關的學習資料都收藏在一個青箱之中，後來又把自己的著作和文章也收入箱子裡，讓後人世代相傳。王彪之的這個習慣，成就了一門學問：王氏青箱學。

朝廷考量到王彪之的實際情況，任命他為太常。太常是九卿之一，地位很高，但那是漢朝的事情了。到東晉，太常的地位大大削弱，因為太常主管朝廷的典章制度，可算是朝廷中專業性最高的崗位。專業性崗

位始終敵不過政治性崗位，這是政治發展的一大趨勢。

王彪之很適合太常的崗位，學問深厚，為人嚴謹莊重。

早年，王彪之也任過會稽內史。他嚴於執法，六親不認。當地橫行鄉里的中小世族大家，對王彪之恨得牙癢，但鬥不過琅邪王氏，不得不收斂氣焰。三萬多戶被世族大家逼得遠走他鄉的百姓先後回遷了。

桓家勢力後來居上，與琅邪王家、陳郡謝家平分秋色後，大將軍桓溫試圖控制朝廷，桓家子弟鎮守軍事要地。許多世家子弟爭相向桓家靠攏，派親信向桓溫表達忠心。王彪之是極少數拒絕向桓溫獻媚的人之一。桓溫對他懷恨在心，將王彪之罷官，還將他逮捕入獄。好在琅邪王家勢力尚在，藉大赦讓王彪之先降職後調任回京，還升任尚書僕射（相當於副丞相）。王彪之和謝安（他想通了，出來當官了）、王坦之（名字很像琅邪王家子弟，其實是太原王家的人）三人一起聯合，對付桓溫日益擴大的野心。

東晉孝武帝司馬曜即位時只有十一歲，皇太后打算請桓溫攝政。王彪之、謝安、王坦之三個人都不同意。桓溫和王敦一樣，身體不好，遇到挫折就一病不起。臨終時，桓溫決心最後一搏，向朝廷要求「九錫」（天子賜給權臣的禮器，後來演變成奸臣篡逆的先兆），還要袁宏草擬〈九錫文〉。袁宏把〈九錫文〉拿給王彪之看，王彪之諷刺他說：「你這樣的大才，怎麼寫這種文章？」袁宏碰壁後，去找謝安。謝安的政治技巧很高，不說同意不同意，而是笑著要袁宏反覆修改。袁宏修改一遍又一遍，謝安都笑說不滿意，只好又去請教王彪之。王彪之知道謝安的用意，說：「謝安的用意，你還不明白嗎？桓溫病情一天比一天重，馬上要死了，你著什麼急啊？」袁宏恍然大悟，對〈九錫文〉也不再熱心了。沒多久，桓溫逝世，〈九錫文〉的事情不了了之。

桓溫死後，朝廷由謝安、桓沖、王彪之三人輔政。桓家勢力大降，

謝家勢力上升，政令大多出自謝安之手。琅邪王氏和陳郡謝氏的關係不錯，王彪之和謝安的私交也不錯。但王彪之對謝安不合禮制的做法，也會毫不留情地批評抵制。謝安痛打落水狗，要把桓沖排擠出朝，表面上恭請皇太后臨朝，深層意思是方便謝家操縱實權。王彪之引經據典，認為謝安這麼做不合制度，堅決反對。謝安政治手腕比王彪之厲害，成功排擠了桓沖，但不如王彪之為人嚴謹、自律。謝安很有藝術細胞，講排場，對修宮殿等「藝術工程」有濃厚的興趣。王彪之堅持要與民生息，而且外面還有強敵呢！所以反對大興土木擾民。王彪之立論嚴謹、義正詞嚴，謝安反駁不了，在王彪之在世時，都無法放開手腳，進行「藝術工程」。

三七七年，王彪之逝世。他的一生，看似繼承王導、王敦父輩的衣缽，其實不然。王導這一代人奠定了家族興盛發達的根基，是草創的英雄；王彪之則是守成的英雄，安分地扮演好王朝支柱的角色，不越位，不退縮。和王羲之等堂兄弟一樣，王彪之也實現了角色的轉變。

書法重於政治

一

從王羲之開始，琅琊王家的聲望，更多是從書法藝術而來。

王羲之一共有七子一女，這八個子女都在書法上小有成就。先說他的女兒，我們雖然不知道王羲之唯一女兒的名字，但知道她後來嫁給浙江餘姚的劉暢。她和劉暢有個孫女，嫁入陳郡謝氏家，生了一個曾外孫，取名謝靈運。

王羲之七個兒子中，最有名的是王獻之。王獻之曾擔任過吳興太守，官職終於中書令，但他最大的成就，還在書法方面。書史上把他與父親王羲之並稱「二王」。王家的人書法成就斐然，得益於家庭提供的優越物質基礎，更是他們刻苦練習的結果。王羲之練習書法時，吃飯、走路都不放過，人們常常看到他用手指在身上畫來畫去，因此王羲之的衣服換得特別勤。教科書中經常舉兩個王羲之練字的例子，鼓勵現在的孩子以他為榜樣。第一個例子，是某次王羲之在書房練字，忘了吃飯，家人把饅頭送入書房，王羲之太投入了，拿起一個饅頭，就蘸墨吃了起來。家人進來收拾時，看到滿嘴黑墨的王羲之還在啃「墨水饅頭」呢！還有一個例子，是王羲之洗硯，而把一池水都洗黑了。人們把這樣的水

池稱為「墨池」，現在中國紹興、永嘉、廬山等地，都搶著說王羲之的「墨池」在自己的轄區內。王獻之開始練字時，問父親書法的祕訣是什麼。王羲之指著院子中滿滿的十八口大水缸說，那就是祕訣。王獻之練字研磨，把那麼多水都用完了，果真大長書法水準。王獻之的書法，繼承了父親的風格，又更加無拘無束。中國書法史上「一筆書」的狂草，就是王獻之的創舉。

王獻之的婚姻生活很不幸。他先是娶二舅郗曇之女為妻，小倆口感情很深，但被迫與愛妻離婚，當了新安公主的駙馬。王獻之和新安公主生有一女，就是後來的安僖皇后。

王羲之後代中，經歷最傳奇的是王徽之。王徽之也是書法家，但成就遜於父親和弟弟王獻之。他的官也小，只當過參軍和黃門侍郎之類的中級官員，他的心思也不在官場上，平日不修邊幅，工作時蓬首散帶，根本不過問職責內的事情。某次桓溫問他：「王先生現在是什麼職務啊？」王徽之撓頭，看到衙門口馬匹進進出出，說可能是個管馬的衙門（實際上是軍府）。桓溫又問，最近衙門裡有馬匹死亡嗎？王徽之冷冷地說，我連衙門裡有幾匹活馬都不知道，哪裡知道有幾匹死馬？這麼不負責任的回答，竟然讓王徽之獲得玄學界的一致好評。上級知道這段奇聞後，覺得很沒面子，找王徽之談話，要求他工作要嚴肅，要好好上班。王徽之盯著天花板，一副愛理不理的模樣。談話結束後，王徽之乾脆棄官而去。相比官場，王徽之更喜歡山陰的鄉間生活。一夜，山陰大雪，王徽之半夜醒來，發現大地白茫茫的一片，自飲自酌起來。徬徨間，王徽之想起居住在剡縣的好友戴逵，連夜叫人備船要去造訪。當夜，皎月當空，一葉小舟穿行在浙東的水系之間。王徽之邊飲酒、邊吟詩，等天邊露出魚肚白時，終於到達戴逵府前。奇怪，王徽之卻叫船夫掉頭回山陰。船夫問其故，王徽之答：「吾本乘興而行，興盡而返，何必見戴？」

他要的就是造訪的過程和期待的感覺。

丞相謝安想和王家聯姻，原先挑中的人選就是王徽之。聽說王徽之「雪夜訪戴」一事後，謝安反悔了，將侄女轉嫁給王徽之的哥哥王凝之。王徽之原本就是閒雲野鶴之人，毫不介意。他的後半生與竹子為伴，浙江丘陵的竹子挺拔茂盛，成林後氣象萬千，王徽之自評生活不可一日無竹，最後終老竹林之中。

代替弟弟成為謝家女婿的王凝之，成績不如兄弟，活得也不夠瀟灑。他最後擔任的職務是會稽內史，掌管地方軍政大權。正趕上海匪孫恩起義，起義軍圍攻會稽。部下建議備戰，王凝之卻相信道家神祖能夠保佑會稽無恙，只是終日閉門祈禱。部下催得急了，王凝之就說：「吾已請大道，許鬼兵相助，賊自破矣。」結果起義軍長驅直入，殺入會稽。王凝之和子女一同遇害。後世喜歡用王凝之的極端例子，來證明王家勢力的衰敗，進而論證整個門閥世族勢力在南朝的逐漸沒落。這有一定的道理，但東晉南朝的政治背景是清靜無為，不喜歡多事。後人想當然的奮發、進取的政治姿態，並不利於世族勢力的維持與發展，反而只會讓他們與王朝政治格格不入，帶來危險。既然制度保障世族的利益，所以世族子弟們選擇清靜，漫天神聊。王家選擇從政壇走向藝術領域，也是一種必然的選擇。起碼在整個東晉南朝，琅琊王家都保持了南朝第一家的地位。

二

唐朝初年，會稽有位老和尚智永在彌留之際，將弟子辨才叫到自己床頭。

　　正在辨才為師傅抽泣的時候，智永鄭重其事地將一個包裹嚴密的匣子託付給辨才。辨才打開，發現裡面竟然是東晉著名書畫家王羲之的代表作〈蘭亭集序〉。辨才疑惑地看著病重的師父。智永緩緩地向辨才吐露一個驚天祕密：

　　智永和尚出家前姓王，正是王羲之的第七代嫡系子孫，保管著先輩的代表作〈蘭亭集序〉。〈蘭亭集序〉是王家的傳家寶，被子孫世代珍藏。傳到智永手中時，智永少年出家，雖然酷愛書法，無奈沒有子嗣可以繼續流傳，只好在死前，將〈蘭亭集序〉傳給心愛的弟子辨才和尚。辨才和尚對書法也很有研究，自然知道〈蘭亭集序〉的價值，嚴肅地接過師傅的臨終囑託，發誓不會辜負師傅，無論艱難困苦，都會將這件書法名作保存下去。智永欣慰地闔上雙眼。

　　辨才和尚將〈蘭亭集序〉藏在他臥室梁上特意鑿好的一個洞內，小心守護，除了親近的和尚，從不給外人看。

　　天下沒有不透風的牆。辨才和尚保存著〈蘭亭集序〉的消息，還是流傳了出去，最後傳到唐太宗的耳裡。唐太宗李世民喜愛書法，尤其喜愛王羲之的書法作品。唐太宗廣泛地徵集王羲之的書法，獻書者紛紛湧獻，都獲得優厚的獎賞。李世民經常臨習，但他夢寐以求的王羲之〈蘭亭集序〉，一直沒有現身。當他聽說王羲之的書法珍品〈蘭亭集序〉在辨才和尚那裡，便多次派人去索取。辨才和尚為了師傅的囑託，硬是連皇帝的面子都不給。皇帝的使者過來，辨才和尚就推說不知真跡下落。辨才咬緊牙關，就是不承認自己有王羲之的真跡。

　　李世民還算是相當仁慈的皇帝，沒有惱羞成怒，更沒有發兵硬搶。李世民決定智取。他派同樣熟諳書法的監察御史蕭翼裝扮成書生模樣，去與辨才接近，尋機取得〈蘭亭集序〉。蕭翼對王羲之的書法也很有研究，和辨才和尚談得很投機，辨才和尚很信任這個書生。有一天，蕭翼

興高采烈地來找辨才和尚。待兩人寒暄後，蕭翼鄭重其事地從懷裡拿出幾件王羲之的書法作品給辨才和尚欣賞。這些都是蕭翼從皇帝手中拿來的王羲之真跡。辨才和尚也是第一次看到這些王羲之的作品，一時興起，不以為然地說：「這些雖然是王羲之的真跡，但不是佳品。我這裡有王羲之的代表作。」蕭翼忙問是什麼作品，辨才和尚興奮地告訴他是〈蘭亭集序〉真跡。蕭翼假裝不信，說〈蘭亭集序〉早已從世間消失了。辨才和尚從屋梁上取下真跡給蕭翼觀看，蕭翼一看，果真是〈蘭亭集序〉真跡，大聲稱讚。這一次，辨才和蕭翼兩人暢談書法，通宵達旦。結果辨才和尚不知不覺，昏昏睡去。

等他第二天醒來，吃驚地發現〈蘭亭集序〉不知去向，書生蕭翼也不知去向了。辨才和尚恍然大悟，方知上當。後來，辨才知道〈蘭亭集序〉進了皇宮。他失去真跡，內心不忍，積鬱成疾，不到一年就去世了。此時，琅琊王家也沒入了歷史。

第六章

舊時王謝堂前燕

——謝衡、謝安、謝玄、謝靈運家族

　　這是一個家族的奮鬥史。陳郡謝家和王導、王羲之他們家是烏衣巷的鄰居，也是南朝可以比肩的名門望族，世代公卿。「王謝」並稱，成為世族的代名詞，一起見證兩晉南北朝時期世族大家的興衰榮辱。不同的是，陳郡謝家崛起的歷程更曲折，宦海沉浮的代價也更大。祖宗留下的聲望是福是禍，其中冷暖，後人自知。

在亂世尋找支點

一

　　陳郡的謝家子弟富有奮鬥精神，因為他家的起點很低。

　　舉凡名門望族，都喜歡自己列譜系，謝家後人發達了，祖先只能向上推到曹魏時期的典農中郎將謝纘。謝家發跡之晚，可見一斑。謝纘的這個典農中郎將，相當於太守級別，但是負責屯田事務，不屬於正牌的地方官職，政治地位極其一般。謝纘的兒子謝衡入晉後，在國子監謀事，相繼做了博士、國子祭酒，終於散騎常侍，算是坐了一輩子清水衙門的冷板凳。謝衡耐得住清貧，努力鑽研業務，成為一代大儒。

　　在「本朝歷史從何時算起」、一夫多妻家庭的兒子是否應該為非親生母親服喪等問題上，謝衡提出許多理論意見。他的意見很可惜沒被採納，但被史官忠實記錄下來，讓後人能夠確認陳郡謝氏的早期作為。

　　謝衡守著一肚子學問，未能飛黃騰達，是有深刻社會原因的。因為他精通的是儒家，而當時社會盛行玄學。這就好比現代社會，大家都追捧金融、管理等顯學，謝衡則醉心哲學、宗教一樣，雖然著作等身，也難以在大學裡掌握話語權。西晉經歷短暫的統一後，陷入八王之亂，社會動盪不安。人們普遍追求玄而又玄的清談，大談宇宙人生，將儒家禮

法視為迂腐的俗務。謝衡的不得意，由此注定了。所以到謝衡的兒子謝鯤長大成年後，毅然拋棄家學，轉學玄學，鑽研《老子》和《易經》，大談特談雲彩和人心的關係。

謝鯤的能力用對了地方，很快引起社會注意，二十歲就躋身「名士」行列。

有的人醉心玄學是為逃避亂世；有的人完全是附庸風雅，將玄學視為敲門磚。謝鯤由儒入玄，不敢說沒有功利的目的，但就玄學功力來說，他完全是第一等。真正的玄學大師，精通世故又看破世事，能超然物外、寵辱不驚，用心靈指導言行。表面的清談和悖理不羈，是掩藏內在深刻和豁達的迷霧。謝鯤就不修威儀，整天唱歌鼓琴。鄰居高家有個漂亮的女兒，常常在窗前織布，看得謝鯤心癢不已。謝鯤沒有「檢討骯髒的思想」，而是公然去窗前，向鄰家女子表達愛意。郎有情，妾無意，謝鯤的率真被鄰家女子視為輕浮的挑逗，拿起織梭就向他扔去。謝鯤的兩顆牙齒被撞掉了。時人笑話說：「任達不已，幼輿（謝鯤的字）折齒。」謝鯤聽了也不生氣，既然人家不接受，那就算了，我繼續逍遙率性的生活。牙齒掉了沒關係，又不影響我長嘯高歌。

謝鯤引起大臣和名士們的矚目，其中包括王衍、嵇紹等大人物。那時進入官場，全靠領導者的一句話，需要官府的徵辟。誰名聲大，得到大臣們的交口稱讚，誰就拿到官場入場券。這不，謝鯤被東海王司馬越徵辟為掾吏。可惜官運不佳，因為小故被除名。長沙王司馬乂看不起謝鯤，曾把他抓起來，要加以鞭撻。謝鯤主動解衣，要接受懲罰，沒有害怕的神情。司馬乂只好放了他，謝鯤也沒有歡喜之色，一切都平淡自如。謝鯤屢受挫折和屈辱，反而名氣更大。士族名士們都替他感到可惜。謝鯤沒有一個字的牢騷，清歌鼓琴，悠哉樂哉。

一個人對名利可以榮辱不驚，但對人生和家庭責任，不能不時刻保

持清醒、周密的認知。鼓琴高歌間，謝鯤意識到國家大亂，北方終將淪陷。所以當東海王司馬越不久再次徵辟他出任參軍一職時，謝鯤拖病辭職，舉家遷往南方。他最先來到豫章（今江西贛北）。傳說該地有座空亭，鬧鬼，發生過多次殺人事件。謝鯤毅然搬到院落中居住。拂曉，有個黃衣人呼喚謝鯤的名字，要他開門。謝鯤無懼色，從門旁的窗子，伸手把黃衣人用力拉過來，揮刀砍斷他的肩胛，落了一塊皮肉。仔細一看，竟然是一塊鹿皮。謝鯤尋著血跡，最後消滅了鹿怪，該地從此再無妖怪。謝家一搬再搬，謝鯤最後選定建康城裡秦淮河畔朱雀橋邊的烏衣巷安家，成為烏衣巷裡謝家的第一代主人。

謝鯤避禍豫章，被大名士、大將軍王敦徵辟為長史，有了固定的政治舞臺。

王敦也是不修邊幅、率性而為的名士，許多地方與謝鯤惺惺相惜，常常感嘆只有和謝長史才有話說。而謝鯤也不為功名所累，說話也不看著王敦，平靜而真誠地對待工作。可怕的是，謝王兩人氣質相同，政治觀點卻是相反的。王敦有不臣之心，企圖叛亂擅權。謝鯤漸漸知道王敦這個人不是匡扶社稷的同道中人，開始不屑政事，集會時從容議論，巧妙諷諫王敦，平日主要優遊寄寓，與一幫名士縱酒高歌。王敦鑑於謝鯤名高望重，一直以禮相待。

王敦最終走上叛亂的道路。他對謝鯤說：「劉隗這個奸邪，危害社稷，我要消滅君側之惡，匡主濟時，怎麼樣？」謝鯤回答：「劉隗的確是個禍害，但只是城狐社鼠而已。」意思是殺雞焉用牛刀，用不著王大將軍去打劉小老鼠。王敦罵了聲「庸才」，也不問謝鯤意願，任命他為豫章太守，借助他的才望，拉著他一起兵逼建康。謝鯤被迫成為叛軍一員。

叛軍進展順利，王敦攻下要塞石頭城後，狂傲地感嘆：「我以後不能再和大家一起造福地方了。」意思是自己要去中央工作，要掌國家大權

了。謝鯤又潑了冷水：「怎麼會呢？只要你願意，每天都可以。」攻下建康後，王敦問謝鯤局勢和人情如何。謝鯤回答：「明公之舉雖欲存社稷，但普通人未必了解您的苦心。」謝鯤還跑去皇宮拜見司馬睿，又建議王敦任用周顗、戴若思等原來的大臣。王敦不聽，逮捕周、戴二人要殺頭。參軍王嶠勸阻，王敦連王嶠也要一起殺。部下畏懼不敢說話，只有謝鯤說：「明公辦大事都沒有殺戮一人，現在王嶠提了不當的建議，就要被殺，是不是用刑太過了？」王敦這才赦免王嶠。最終，王敦在世族勢力的聯合抵制下，退出建康。謝鯤勸他撤退後，進宮拜見皇帝一次。王敦鬧脾氣，不願進宮，以無法保證安全為由推脫。謝鯤再勸他，說自己入觀皇上，發現宮中秩序穆然，不會有危險，如果王敦入朝，自己願意侍從。王敦沒被勸動，不朝而去。

撤退後，許多人為謝鯤的安全擔心。王敦對謝鯤的確不滿意，感到厭煩，打發他去豫章實任太守。謝鯤為政清廉，得到百姓的擁戴，可惜沒多久，就死在任上，時年四十三歲。半年後，王敦敗亡。謝鯤早死，省去了許多麻煩。更因為謝鯤在王敦叛亂期間，說了很多對朝廷有利的話，努力勸諫王敦，所以並沒有被視為叛黨亂匪而受到處理。相反，東晉王朝追贈謝鯤為太常，追諡「康」。

至此，陳郡終於出了有頭有臉的人物。從謝鯤開始，謝家輝煌的序幕正式拉開了。

二

謝鯤死時，兒子謝尚才十歲出頭。

一個家族在崛起時期，必然要求子孫一代超過一代。謝尚從小就有

「長江後浪推前浪」的趨勢，成名比父親早，在歌舞和玄學上的造詣，也比父親高。謝尚剛會走路，父親謝鯤曾帶他一起迎來送往。一次，有客人誇獎謝尚是「當代顏回」。顏回是最出色的學生，聲望巨高無比。謝尚馬上應聲回答：「這裡沒有孔子，哪裡來的顏回！」一句話既表達了謙遜之情，又輕鬆幽默，讓賓客感嘆不已。在技藝方面，謝尚精通音律，擅長舞蹈和書法，史稱「博綜眾藝」。謝尚最擅長的是「鴝鵒舞」，跳得很好，好到丞相王導曾當眾要求謝尚起舞，讓在座的大小臣工為他擊掌為節。謝尚在桓溫手下當官時，桓溫知道他善於彈箏，謝尚理弦撫箏，因歌秋風，逸氣甚逸，讓同樣多才多藝的大名士桓溫，為之讚嘆。

當然，謝尚為家族博取功名利祿的利器並不是唱歌跳舞或彈琴，而是清談玄學。他繼承了父親的清玄風範，且理論化，寫了一篇〈談賦〉，專門論清談，認為清談內容「若有若無」，追求「辭簡心虛」的效果。這裡的「心虛」不是做壞事害怕的意思，而是內心豁達、超然物外之意。成年的謝尚「開率穎秀，辨悟絕倫，脫略細行，不為流俗之事」，一副典型玄家名士派頭。他長得一表人才，服飾華麗，滿是精美的裝飾。王敦的小妾宋瑋，在王敦敗後輾轉歸謝尚。謝尚曾問宋瑋，自己與王大將軍比，如何？宋瑋回答，王敦和謝尚相比，就如同鄉下人與貴人一樣。宋瑋的意見代表了大眾的看法，社會普遍認為謝尚「妖冶」——這詞用在現代男人身上是個災難，在東晉則是莫大的榮耀。

當權宰相王導特別看重謝尚，將他比作王家長輩、竹林七賢之一的王戎。

有如此之高的聲望，和地位如此之高的粉絲，謝尚的仕途一帆風順。兩晉南北朝時期，入仕靠上級徵辟，年輕人抓緊機會「養望」（培養聲望，讓大家知道自己）。謝尚的聲望這麼高，年紀輕輕就被大將軍桓溫徵辟為官。更大的機遇還在後面，謝尚的外甥女褚蒜子成為東晉的

皇后，繼而是皇太后。謝尚外有聲望，朝中有後臺，政治地位開始直線
上升。剛過而立之年，就被任命為建武將軍、歷陽太守，後轉督江夏、
義陽隨三郡軍事、江夏相，開始威震一方。

　　許多東晉名士都是繡花枕頭，謝尚一介清談客，能做好守土有責的
大將嗎？當時鎮守武昌的安西將軍庾翼就看不起謝尚，認為謝尚這種清
談書生，適合在安逸和平的環境中耍嘴皮子，身逢亂世只會添亂。謝尚
知道地位提高、身分轉變，對自己是個挑戰，數次虛心地向庾翼諮謀軍
事。一次，謝尚和庾翼一起射箭。庾翼不屑地對謝尚說：「你如果能射中
靶心，我就送你一支軍樂隊。」謝尚拉弓出箭，正中靶心。庾翼很佩服，
真的把自己的軍樂隊送給謝尚。在駐紮地，謝尚為政清簡，不驚擾軍
民。剛上任時，郡府拍馬屁，用四十匹布為謝尚造一頂烏布帳。謝尚下
令拆除布帳，給軍士們製作衣物、被褥，一下子就在軍隊裡贏得聲譽。
謝尚政治名聲傳到朝廷後，朝廷多次提拔謝尚，軍銜官職漫天飛。

　　大司馬桓溫專政，發動北伐。謝尚頂著安西將軍的名號，率軍從淮
南進攻河南，作為一支偏師。進軍之初很順利，前秦的張遇率軍投降。
可能是謝尚的名士派頭和張遇的軍旅作風格格不入，使兩人關係破裂。
張遇降而復叛，還占據許昌與謝尚軍隊為敵。謝尚大軍進攻，竟然被張
遇殺得大敗，損兵折將，逃回東晉。按律，謝尚罪行很大，不到砍頭標
準，也得罷官為民。結果在他外甥女皇后的干預下，謝尚僅僅是降為建
威將軍而已，依然在前線領兵。他的運氣也實在很好，北方戰亂不止、
政權更替頻繁，象徵至高無上皇權的傳國玉璽，竟然流落到謝尚手中。
謝尚極為重視，派鐵騎三百，日以繼夜將玉璽送到建康。東晉王朝在建
康延續晉朝國號，依然以中華正朔自居。但東晉皇帝並沒有發號施令的
玉璽，被天下諷刺為「白板天子」。謝尚及時送來傳國玉璽，解決了王
朝的法統難題，功勞遠遠超過敗軍南逃的罪過，地位再次提升。東晉王

朝實授謝尚豫州刺史，把淮南地區的防務委託給他。

　　淮南地處東晉王朝核心的東南地區和戰亂中的中原大地之間，連接洛陽舊都和新都建康，是南北拉鋸的東部主戰場。戰爭最容易讓前線將領掌握實權，將領的地位往往隨著戰事水漲船高。謝尚占據並經營淮南，有了固定的地盤，承擔王朝安全重任，在東晉朝廷的地位也就不可替代了。彷彿一個打工者躍升成為公司的合夥人和股東，陳郡謝家此時真正進入了上流社會，不再是被動等人徵辟的政治邊緣家族。更為重要的是，大司馬桓溫有步王敦後塵、篡位奪權的野心。桓家控制長江中游，子弟掌握荊州、江州、揚州等要地，控制了大部分國土。謝家控制的豫州，在軍事要地之外，又多了一層抗衡政治野心家的重要意義。謝尚不是東晉董事會可有可無的董事，而是關鍵人物了。

　　殘酷的權力現實和沉重的政治責任，並沒有影響謝尚灑脫的生活態度。淮南首府壽陽城內大路旁，人們經常看到有一個中年人坐在酒樓門口的胡床上，穿著紫羅襦，抱著琵琶彈奏〈大道曲〉。歌聲高亢，歌手陶醉，往來路人將之視為酒樓攬客的藝人，或是行為藝術家。沒有人知道他是盤踞淮南的鎮西將軍謝尚。謝尚和桓溫的關係也很奇妙，按說他們是相互制衡的政治對手，卻惺惺相惜，不像敵人，倒像知心朋友。謝尚在桓溫手下當官時，桓溫就很欣賞他。桓溫北伐成功，收復洛陽後，還上疏請求讓謝尚都督新收復領土，出鎮洛陽。謝尚對桓溫也沒有惡語相向。

　　也許是生活過於灑脫，缺乏規律，謝尚不到五十歲，身體每況愈下。鎮守洛陽的事情，謝尚就以疾病在身，推辭了。這不是他不願意離開老巢，而是真的病得不行了。朝廷得知謝尚病重，升他為衛將軍，加散騎常侍，召他回建康養病。謝尚沒能回去，死在歷陽，時年五十歲。

　　謝尚之前，陳郡謝家只是一戶普通士族，是他讓家族暴露在閃光燈

照耀之下。但在老牌大世族看來，陳郡謝家還是暴發戶，他們稱之為「新出門戶」。在門第決定前途的社會中；在以清談玄學相互標榜的氣氛中，謝尚雖然也是玄學名家，卻是依靠裙帶關係和行軍打仗獲取實際地位的。老牌世族把這些都視為「俗務」。大家都巴不得去歸隱山林、高談闊論，你謝尚卻還在官場沉浮，能不被人看低嗎？真正的名門子弟，應該是坐享高官厚祿，不去工作，可謝家還處於奮鬥時期，不做出點名堂，提升不了地位，不纏身俗務不行。可以說，謝尚為家族的崛起，承擔了世人的詬病。

有個趣聞可以看出陳郡謝家當時的地位。謝尚暴得大名，想和世族大家攀親，就替堂弟謝石向諸葛家族提親。這個諸葛家族，就是諸葛亮他們家，早在三國時期就是名門大家了。後來隨著司馬睿南渡，算是「中朝顯貴」，在南方地位尊顯。諸葛家的掌門人諸葛恢一向以名望凌人。一次，丞相王導和他談起名門望族的排名先後，說：「人們都說王葛，為什麼不說葛王呢？」諸葛恢毫不留情地回答：「譬如說驢馬，不說馬驢，驢難道勝過馬嗎？」諸葛家的氣焰可見一斑。現在諸葛恢見陳郡謝家來提親，斷然回絕：「我們這樣的人家，都有固定的世代姻親，我女兒已經有人家了，可不能再和謝家結親。」謝家討了個沒趣，謝石卻對諸葛家的女兒念念不忘。等到諸葛恢死後，諸葛氏家道中落，謝家地位飛升，謝石這才娶到諸葛恢的小女兒諸葛文熊。

三

謝尚去世，豫州地盤不能落入桓溫手中。朝廷的看法是繼續讓謝家子弟都督淮南軍事，作為王朝的方鎮屏藩。他們選擇的繼位人選是

謝奕。

謝奕是謝尚的堂弟。謝奕父親謝裒，從跟隨司馬睿開始，大概都在中央謀職，終於吏部尚書。他本人沒有什麼值得稱道的事跡，卻生下一群日後林林有名的兒子：謝奕、謝據、謝安、謝萬、謝石、謝鐵。

謝奕為人放達，也是玄學中人，也從桓溫的幕府開始政治生涯。他和桓溫雖然是上下級，言談舉止卻像老朋友。謝奕竟然隨便帶塊頭巾，就跑到桓溫家裡做客，長嘯吟唱，一點都不把自己當外人。桓溫常說：「謝奕是我的方外司馬。」謝奕酗酒，還逼桓溫陪酒。桓溫酒量不行，不勝其煩，最後看到醉醺醺的謝奕，就跑到老婆房間躲起來。桓溫是駙馬爺，老婆是南康公主。因為桓溫工作很忙，南康公主難得見到丈夫，所以很感激謝奕，說：「如果沒有謝奕這個放蕩司馬，我怎能見到駙馬呢！」謝奕找不到桓溫，就在桓溫府上隨便拉人一起喝酒。年輕人跑得快，最後被謝奕抓住、陪酒的都是老兵。謝奕就自嘲說：「失一老兵，得一老兵。」東晉人以當兵為恥，謝奕將桓溫比作老兵，桓溫為人豪放，也不生氣，任由謝奕胡鬧。謝奕和桓溫保持密切的感情。現在，謝奕突然被破格提拔為與桓溫抗衡的藩鎮，兩人念及感情，依然相安無事。

謝奕在豫州刺史任上只有一年，就死了。

謝奕二弟謝據早死，三弟謝安本該出任豫州刺史。可是謝安把機會讓給了四弟謝萬。

朝廷任命謝萬出掌淮南，在世族內部引起軒然大波。因為謝萬過於灑脫，狂妄自大，常年不理政事 —— 這是玄學氛圍要求的。怎麼看，他都不像是前線主帥的材料。謝安的好朋友王羲之，曾經自問自答：「某人和謝安、謝萬相比，誰更好？如果是謝安遇到這個問題，肯定與人為善，說自己不如某人；如果是謝萬，則會因為聽到這個問題，和某人怒目相爭。」王羲之聽到謝萬的任命後，特地寫信給謝萬，要他收束情緒，

勤勉政事。謝萬根本沒聽進去。

　　桓溫和謝萬關係普通，卻支持謝萬出任豫州刺史，因為他等著謝萬犯大錯，好收拾謝家勢力。果然上任第二年，謝萬就受命與徐州方向的郗曇兵分兩路，北伐前燕。謝萬把北伐當郊遊，一路飲酒唱歌，一點端莊辦事的樣子都沒有，更談不上和將士們同仇敵愾、同甘共苦了。三哥謝安千里迢迢寫信勸他：「你現在是主帥，不是可以任性生活的隱士，應該懂得率軍打仗。要多和將領們交流，讓大家和你同心協力。」謝萬一想，交流不就是吃飯喝酒嘛！於是大擺宴席，招待眾將。宴會開始，謝萬自顧自吃喝得很高興，突然覺得應該說幾句話。想了半天，謝萬終於對眾將說：「諸位都是勁卒。」他不想想，各位將軍都是有頭有臉的人，他說大家是兵勇，在將領們聽來，就是諷刺和貶低。這個飯局沒得到目的，反而把部將都得罪了。戰爭開始，郗曇病倒，率軍暫退。謝萬誤以為友軍敗了，慌忙下令後撤。豫州軍隊趁機一哄而散，眾將各自組織撤退，結果北伐不戰而敗。前燕反攻，占領東晉大片土地。晉軍喘息穩定後，竟然找不到主帥了。原來謝萬逃得最快，早早躲到大後方去了，成為光桿將軍。事後追究責任，謝萬是罪魁禍首，被廢為庶民。

　　這個處理結果還是給陳郡謝家留了面子，沒要謝萬的性命。然而謝家在淮南名聲壞了，待不下去，不可能再讓謝家子弟出掌淮南軍政大權了。陳郡謝家幾代人努力的成果，轟然倒塌，付諸流水。謝萬真是罪人，揮霍了祖父、兄長幾代人的奮鬥成果。謝家只能從頭再來了。

走出東山去淝水

一

謝家重新崛起的希望，落在老三謝安頭上。

謝安身上有那個時代搏擊政壇的雄厚資本：卓越聲望。謝安四歲時，桓溫的老爸桓彝見到謝安就喜歡不已，讚嘆這個孩子「風神秀徹」，日後肯定能揚名立萬。桓彝這時已經聞名天下了，桓家後來的風光，很大程度上是他奠基的。幼小的謝安能得到這麼大人物的讚揚，立即揚名。謝安還曾拜訪過晚年王導，王大丞相對這個鄰家後輩也大為讚賞，結果謝安的名聲又上了一個臺階。

別人是拚命搏名養望，謝安小小年紀就名揚江左，仕途前景可謂一帆風順。就在美妙前程即將開始時，謝安做出驚人的選擇：隱居東山，縱情山水。我們知道，當時的紹興東山，是東晉名人隱士避世的大本營。謝安在這裡認識了許多同道中人，還參加名垂千古的蘭亭集會。暮春時節，曲水流觴的蘭亭，謝安留下兩首詩作：「伊昔先子，有懷春遊。契茲言執，寄傲林丘。森森連嶺，茫茫原疇。迥霄垂霧，凝泉散流。」「相與欣佳節，率爾同褰裳。薄雲羅陽景，微風翼輕航。醇醪陶丹府，兀若游羲唐。萬殊混一象，安復覺彭殤。」他醉情山水，一副與世無爭的樣子。

　　兩晉南朝的多數隱士，滿口玄學，名聲很大，也不參與政治，實際上是沒有處理政務的能力。正是百無一用的書生，紙上談談虛幻的宇宙人生還可以，真的把內政、軍事、外交擺在他們面前，玄學名氣越高者，可能辦事的結果越糟糕。謝安則屬於少數穩重而超脫，有能力處理好政務，卻不願意從政的人。一次，謝安與王羲之、孫綽等人出海遊玩。海上突起大浪，波濤洶湧，船隻有傾覆的危險。王羲之和孫綽被嚇壞了，風度全無，船頭船尾跑來跑去，驚慌失措，抓住人就問該怎麼辦。謝安平靜地說，大家再這麼慌亂，船沒被海浪掀翻，反而可能被船上的人跑翻，到時候大家都別想回去了。王羲之等人很慚愧，佩服謝安的沉穩冷靜，有條不紊地返航，平安上岸。有些大名士嘴巴很厲害，卻承受不了大事考驗，比如王衍。謝安則能臨危不亂，時刻保持頭腦清醒，真正領悟玄學虛中有定的真諦。事後，王羲之等人對謝安欽佩不已。王羲之公開說：「安石（謝安字安石）有鎮國氣度，我們應該舉他出仕。」大名士劉恢則說：「如果安石不出山，我們就聚集天下的名士，一起推舉他。」

　　有人花錢買官，有人矯情造勢，都是為了進入官場。而官場的大門對謝安來說，是早早敞開的，裡面的誘惑越來越大。問題是官場對謝安狂拋橄欖枝，謝安他就是不接。司徒、親王、吏部等反覆徵辟謝安走出東山來當官，更不用說那些當了官的名士來招攬謝安進入幕府了，謝安通通拒絕。朝廷覺得謝安可能是不願意接受虛職，竟拿出掌管全國官員考核、升遷的吏部郎實職授予謝安，謝安依然拒絕了。一直到四十歲，謝安都在東山中與花鳥魚蟲為伴。

　　朝廷屢次被拒，覺得非常沒面子，乾脆宣布對謝安「禁錮終身」。不料，從反面對謝安的聲望「火上澆油」。

　　魏晉多名士，而謝安可能是魏晉名士中最瀟灑風流的一位。《晉書·

謝安傳》說時人比謝安為王導，但是謝安「文雅過之」。兩人都能力出
眾，都沉穩持重，但王導在瀟灑超脫和文人氣度上，明顯遜於謝安。就
連王導的五世孫王儉，多年後依然承認：「江左風流宰相，唯謝安一人
而已。」

二

　　如果說謝安的東山隱居生活是完美的，那就錯了。謝安的心中有隱
痛，那就是責任之痛。

　　謝夫人劉氏試探丈夫，說一輩子當隱士也不錯。謝安無奈地說，我
可能不會一輩子當隱士。因為謝安心中有強烈的責任感，有對國家社稷
的，更有對陳郡謝家勢力發展的責任。他默默關注東晉王朝的政治走向
和親戚們的仕途命運。

　　謝安不想當官，所以把家族的淮南地盤讓給弟弟謝萬。但振興家族
的責任感，讓他一直在幕後輔助謝萬，出主意、想辦法。謝萬當吳興太
守時，謝安一度在郡衙裡督促弟弟從政。謝萬懶散慣了，早上無法及時
起床辦公。謝安就每天早上叩屏風，催弟弟趕緊起床。謝萬後來鎮守一
方，惡性不改。謝安親自拜訪謝萬的部將，替弟弟撫慰眾人，也拜託他
們協助謝萬。謝萬日後狼狽地只剩下光桿司令，部隊沒有叛變，其中就
有謝安苦心經營的結果。等到謝萬被廢，謝家勢力落入低谷，東晉王朝
北伐失敗，在與北方的對抗中處於下風，謝安看到國事危難，家族衰
敗，強烈的責任感油然而生。

　　家人催謝安出山復興門戶。天下名士則高呼：「斯人不出，若蒼生
何？」謝安不出來當官，朝廷亂局勢必難以收拾。謝安成了大家的救世

主。他終於在四十一歲時，走出了東山。

謝安出仕的時機非常不好。一來，他年過不惑了，他人不好給這麼大年紀的「新人」安排位置；二來，朝廷的禁錮令依然生效，一般官員不敢徵辟他為官。巧合的是，依然是野心家桓溫給了謝安第一份工作，給他幕府中的一個小職位。謝安接受了，在一片譁然和嘲笑中，接受了。謝安放著之前清閒、顯要的好官不做，一大把年紀，來和年輕人搶小職位，怎能不成為大家的笑柄？謝安默默忍受嘲笑和不解。他知道閒適的隱居生活已經一去不返，前方是險惡的政治漩渦，每一個漩渦都可能要了自己、甚至家族的性命。玄家鄙視血腥的政治，視之為俗務。但真正看透俗世的玄學名士，一旦操持起俗務，應該得心應手，遊刃有餘。謝安就在充滿殺戮的官場中穩如泰山、淡若池水的展現隱士風範。這才是真正的名士！

桓溫接納謝安的心態很複雜，有同情，也有幫一把的意思。謝安出山前後，桓溫勢力擴張，不斷抓權，漸漸露出篡位的狐狸尾巴。東晉君臣都對他敬畏三分。謝安在他手下辦事，又要尋求仕途發展，難度之大，可想而知。他的做法是站在朝廷這邊，又不和桓溫翻臉；處理本職工作，又不亂插手，藉著桓溫這條大船，憑著能力和名聲，逐步得到提升。

三七一年，桓溫廢黜司馬奕，改立司馬昱為帝，並族誅陳郡殷氏、潁川庾氏兩家，操縱了東晉實權，聲勢如日中天。桓溫的做法侵害了其他世族大家的利益，已跳到朝中為官的謝安，堅定地和另兩大世族——太原王氏和琅邪王氏站在一邊，反對桓氏篡權，改朝換代。他們拉攏一批中小士族，形成共同抵制桓溫的聯盟。而謝安也在這個大趨勢下，趁機與各個世族大家聯姻，壯大本族力量。從此，謝家子女婚嫁基本不出大世族家庭，開始編織盤根錯節的權勢網。

　　司馬昱當了兩年皇帝，也死了。桓溫一度授意司馬昱立下遺詔，將天下傳給自己。謝安趕緊聯合王坦之、王彪之等人，逼簡文帝改寫遺詔，將政權傳給兒子司馬曜。王謝抓緊時間，將生米煮成熟飯，擁戴新皇帝即位。桓溫得知即將到手的江山落空了，勃然大怒，率軍入京「朝覲」新皇帝。桓溫引兵入朝，朝野盛傳此來是「誅王謝，移晉鼎」，一日數驚。

　　東晉朝廷沒有力量阻擋桓溫的軍事威脅，皇上只能下令王坦之、謝安等率領百官到新亭迎接桓溫。事前，王坦之手忙腳亂地跑來向謝安問計。謝安也不知道該怎麼辦，也很害怕，但平靜地說：「大晉存亡，就看這一回啦！」世事本無定論，政事也一樣，到時候隨機應變吧！

　　歷史上有名的「新亭風波」就此上演。一方是氣勢洶洶、大兵壓境的桓溫；一方是王坦之和謝安等朝臣，所爭的就是東晉王朝的江山社稷。你把它說成「鴻門宴」也好，說成是關羽的「單刀會」也罷，反正桓溫在新亭擺出嚇人的陣仗，大軍環列，刀甲鮮明，官兵們對朝臣怒目而視。更可怕的是，桓溫拉起許多幃帳，不用風吹起帳腳，肉眼都能看到帳後密密麻麻的持械武士。朝廷上的王公大臣們，平日威風凜凜，可在武士巨陣面前，威風掃地。文武百官跪拜在道路兩旁，甚至連抬頭看一眼桓溫的勇氣都沒有。領頭的王坦之嚇得汗流浹背，緊張地連手板都拿反了。朝臣中只有謝安，面對層層重兵，用他那帶有濃厚洛陽口音的腔調，誇獎了一番桓溫的部隊，然後從容地質問桓溫：「有道諸侯訓練甲士，替朝廷防守四方，現在明公在幕後埋伏武士，唱的又是哪齣戲啊？」桓溫預想了許多結局，就是沒料到謝安會這麼直接、這麼坦然。好在桓溫也是名士，心胸也很豁達瀟灑，雖然受了謝安當頭一棒，立刻調整情緒，撤走埋伏的武士，客氣地接待起謝安來。桓溫也是深入玄學很深的名士，瀟灑得很，現在被謝安的震驚、灑脫，勾引出那瀟灑脫俗

的態度來，拉著謝安高談闊論，把其他人都晾在一邊。桓溫的一生都在追求權力和沉溺玄學之間徘徊，猶豫不決，錯過了許多攬權的機會。謝家的許多子弟，明明不是同夥人，卻因為風範獨特，得到桓溫的提攜。謝安的最初舞臺，就是桓溫提供的。現在，桓溫又因為謝安的阻撓，放棄了逼宮奪權的計畫，和謝安長談之後，竟然撤軍了。

從此，桓溫和皇帝寶座永遠告別了。而謝安獨得大功，幾乎成為再造社稷的功臣，更因為臨危不懼的名士風範，地位迅速躍升。王坦之原本名望在謝安之上，從新亭回來後，聲望就落在謝安之後了。

司馬曜的皇位是謝安等人擁立的，又是謝安鞏固的，桓溫死後，就讓謝安取代相位。謝安位極人臣，連帶著陳郡謝家不僅收復了政治失地，還大獲其利，和各大老牌世族大家都不相上下、平起平坐了。

謝安是個比桓溫更能令人接受的權臣。桓溫死後，謝安並沒有黨同伐異，大開清洗桓家勢力之門，而是彷彿沒事發生一樣。桓溫的弟弟桓沖繼承了哥哥的荊州地盤。別人提醒他要和謝安爭權，桓沖承認自己名望、能力都在謝安之下，甘居地方藩鎮，沒有異心。東晉朝廷在王敦、桓溫之亂後，一度出現團結穩定的局面。

謝家的地位還沒穩定，就遭遇巨大挑戰。三八三年，北方前秦的苻堅傾巢而出，發兵南征，揚言要滅亡東晉、統一天下。前秦大軍有多少人呢？苻堅對外宣稱是百萬大軍，只要大家都把馬鞭扔到長江裡，就能截斷江面，輕而易舉走到江南溜一圈。是否真有一百萬人難說，反正前秦大軍攻戰壽陽，前線打得轟轟烈烈時，前秦的大部隊還有從長安、洛陽剛剛動身的。所以當前秦大軍攻過淮河後，建康全城震動，百姓驚恐不安。東晉王朝文恬武嬉，時間久了，早喪失勇氣了。他們唯一的救命稻草就是謝安，朝廷任命謝安為征討大都督，全權負責抵抗救國。

謝安也不知道如何抵抗前秦大軍，但他知道臨危不懼、坦然應對的

道理。平靜應對總比驚慌失措要好。謝安平靜地任命弟弟謝石、侄子謝玄等家人為將帥，組織前線軍隊作戰。除此之外，謝安沒有進一步舉動。他這麼做，顯然不能安撫建康的人心，除了少數自欺欺人者，說謝丞相肯定胸有成竹，其他人都相信東晉王朝要完蛋了。荊州的桓沖實在看不下去，挑選三千精銳，派往京城，交給謝安調遣，以備安排朝廷逃跑時可以用。謝安謝絕了，說國家存亡不在於幾千士兵，倒是荊州是上游重鎮，更需要精兵加強防守。謝安還傳話給桓沖，一切他自有安排，桓沖好好守住長江中游就可以了。侄子謝玄被任命為前線主將，也心虛得很，跑回來問謝安怎麼辦。謝安一如既往的坦然，平靜地說：「到時候會有旨意的。」謝玄不敢再問，託部下張玄來找謝安詢問怎麼辦。謝安也不回答，帶著張玄來到別墅。別墅裡親朋畢集，謝安拉著張玄下圍棋，謝安的棋技比張玄還差，但當天張玄心裡恐懼，竟然輸給謝安。戰爭時期，謝安經常連夜遊玩，時間久了，建康的人心竟然安穩下來了。謝安都不怕，成竹在胸，我們平民百姓還怕什麼呢？

　　史載謝安在大戰中只是「指授將帥，各當其任」而已。事實上，毫無軍事經驗的謝安這麼做是正確的，總比既不懂還要瞎指揮好。果然前線的兄弟、侄子大展拳腳，竟然在淝水打敗前秦大軍，獲得輝煌的勝利。謝玄等人大破苻堅後，快馬向謝安報捷。謝安正在和客人下圍棋，結果捷報看完，就放在床上，面不改色、繼續下棋。客人問怎麼回事，謝安慢慢回答：「晚輩們在前方打敗了賊軍而已。」堅持下完棋，謝安回到內室，終於抑制不住狂喜的心情，過門檻時，連鞋被碰壞了，都沒有發覺。

　　在淝水大戰中，東晉以八萬軍隊大敗前秦百萬大軍，不僅讓國家轉危為安，而且促使前秦崩潰，北方大亂，局勢朝著有利於南方的方向發展。東晉乘勝收復了河南、巴蜀和漢中等廣大地區。朝廷為表彰功臣，

封謝安為廬陵郡公，謝石為南康郡公，謝玄為康樂公，謝琰為望蔡公。陳郡謝家一門四公，從此尊貴無比，成為東晉頂尖的名門望族。

從東山到淝水，謝安的路程相對簡單，過的是「兩點一線」的生活。東山是隱逸的象徵，象徵著謝家的玄學風範和瀟灑個性，是理想的生活；淝水是奮進的象徵，象徵著謝家參與政治和奮鬥的歷程，是現實的生活。對東晉世族來說，兩者不可偏廢。陳郡謝家成功遊刃於理想與現實之間，結合兩者，既迎合社會輿論，又解決實際問題。然而太成功了，家族勢力太昌盛，迅速引起皇室的猜忌。司馬曜很擔心謝安成為第二個桓溫。謝安修身那麼多年，很清楚盛極而衰、月盈則虧的道理，剛好東晉乘勝收復失地前方事務繁重，謝安就在三八五年主動要求離京，出鎮廣陵，以督促前線為名，行避禍之實。在廣陵，謝安生病了，只好申請回京養病。朝廷高規則地派遣侍中慰勞。夏末，謝安在建康病逝，享年六十六歲，得以善終。死後極盡哀榮，朝廷追賜太傅，謝安史稱「謝太傅」。

有人評價謝安：「他年輕時是個智者，年老時是個師者；在野時是個詩人，在朝時是個政治家和軍事家；遊歷時是文人的核心，居家時是家族的核心，主政時是朝廷和國家的核心。彷彿那個時代，正是存心為了等待謝安的到來而破敗不堪，好給他一個舞臺，讓他盡情表演，以一己之力挽救家族、挽救世道、挽救國家。」千年之後，北宋宰相、大文豪王安石登會稽東山，還因為自己的名和謝安的字相同而沾沾自喜。

三

淝水戰後封公的謝琰，是謝安的兒子。淝水大戰讓謝琰染上驕傲狂妄的問題。孫恩在浙東大起義，朝廷派遣徐州刺史謝琰前往鎮壓。史載謝琰到浙東後，無綏撫之能，又不整軍備戰。部將進諫，說強賊就在海邊，不能鬆懈，應該做好準備。謝琰不以為然，說苻堅百萬大軍都在淮南被我們謝家人打敗了，何況孫恩那種指揮、騷擾海邊的流寇。四〇〇年，孫恩趁謝琰不作防備，集中軍隊偷襲，謝琰兵敗逃亡，被部下殺害。兒子謝肇和謝峻同時遇害。

謝琰的小兒子謝混從小就有美譽，但走的是文學路線，善於寫詩。謝混的詩歌清新淺顯，不流俗，對東晉詩風的轉移有一定影響。謝混歷任中書令、中領軍、尚書左僕射，多少延續了祖父的地位，不幸的是，他捲入東晉末年的政治漩渦。謝混與大將軍劉毅關係密切，而劉毅偏偏在與權臣劉裕的黨爭中失敗。東晉末期被準備篡位的劉裕殺害，謝混的死，與社會大環境變遷相關，留待後文細說。

名將之花凋謝

一

　　謝安看人很準。他生前很討厭女婿王國寶。王國寶是同事王坦之的第三子，長得一副美男子貌，但沾染了世家子弟很容易有的大問題：狂妄自大、外強中乾、趨炎附勢。謝安生前，千方百計壓制這個女婿的官職地位，不給他好臉色。只可惜王國寶的年齡優勢很明顯，又到處鑽營，沒等謝安死去，就跟著謝安的政敵們，鼓吹自己的老丈人居功自傲，有不臣之心。謝安死後，王國寶的好日子就來了，像牆頭草一樣，到處找強硬的靠山，地位竄升，很快位列宰輔。史書記載他「納賄窮奢，不知極紀」，家中妻妾歌妓成百上千，貪汙的奇珍異寶不計其數。

　　謝安生前最喜歡、最看好的是侄子謝玄，將家族的興盛、傳承希望，寄託在他身上。

　　這個謝玄也和王國寶一樣，一副嬌貴美男子的模樣，小時候喜歡衣著華麗，腰上別著別緻的絲巾，手裡拿著漂亮的紫羅香囊把玩。謝安很擔心謝玄的成長，就把他叫到面前來，說「伯伯和你打賭，好不好？」謝玄欣然答應，沒幾下就中了謝安的圈套，輸了。謝安說：「我要拿走你的紫羅香囊當賭注。」謝玄滿不在乎地將香囊給了伯伯，謝安贏得香囊，看了一下，就輕輕扔到火爐裡燒掉了。小謝玄看在眼裡，心裡明白叔叔

不贊成自己的紈褲作風，下決心痛改前非。又一次，謝安問子姪們，將來要當什麼樣的人。其他人的回答大同小異，無非是說要學好、做有能力、有道德、有聲望的人。只有謝玄仔細思考後，回答說要像「芝蘭玉樹」一樣自由茁壯地成長，庇護一家門庭！謝安很欣賞謝玄的回答，認為他有獨立的思想和強烈的責任感。他果然沒看走眼，謝玄日後成為下一代中最出色的一位。

長大後，謝玄並沒有成為像伯伯謝安那種玄學風範卓越的名士，而是成為一位大將軍。一個玄學名家，怎麼會培養出一個武夫將領呢？從一件小事上，可以看出謝玄的成長變化。謝安謝太傅曾在一個下雪天，和子姪們談文論藝。窗外雪下得很大，謝安就問晚輩們：「白雪紛紛，像什麼東西啊？」謝玄說：「像在空中撒鹽。」姪女謝道韞說：「像柳絮因風起。」謝玄的比喻沒有謝道韞的好，可將下雪比作撒鹽，既樸實又有力道。長大後，謝道韞成為才女，謝玄很自然成為領兵打仗的將軍。

時代也為謝玄創造了良機。他進入仕途時，東晉王朝正面臨北方強大的苻堅，邊境數被侵寇。朝廷尋求良將，鎮御北方。遺憾啊！東晉要找談天說地的文人雅士，一抓一大把；但領兵打仗的人才，卻寥寥可數。謝安推舉謝玄出任建武將軍、兗州刺史、領廣陵相、監江北諸軍事，去前線打仗。中書郎郗超平日和謝玄的關係不好，聽到任命後，嘆息說：「謝安舉賢不避親，看來是看好謝玄的能力。謝玄這次去，必定不負推舉，有一番作為。」其他人都不以為然，覺得富貴人家的英俊公子謝玄去前線，不會有所作為。

謝安不顧非議，堅持重用姪子謝玄，除了看好他外，還因謝家雖然有自己在朝中，但在外地缺乏掌握地盤與兵權之人，迫切需要謝玄去外地站穩腳跟，和自己內外呼應，鞏固陳郡謝家的勢力。謝玄不負重託，獲得多次與前秦軍隊接觸戰的勝利，有效地穩定了邊界的局勢。朝中的

謝安也名正言順地升侄子為冠軍將軍，加領徐州刺史，又以功封他為東興縣侯。謝玄負責前方軍事，有一個舉措，對東晉南朝的歷史發展，產生深遠的影響。當時前方聚集了許多北方逃難來的流民，這些流民仇恨北方政權，戰鬥力強，但是流離失所、生活窘迫。謝玄就挑選流民中的驍勇之士，組建、訓練一支精銳部隊。因為他鎮守江北，部下的這支部隊被稱為「北府軍」。謝玄帶著「北府軍」馳騁前線，後來又身為主力，參加了淝水大戰。這支部隊逐漸成為東晉王朝戰鬥力最強的部隊。劉牢之、劉裕等人，都是在北府軍中扛槍打仗，逐步崛起的。尤其是劉裕，原本是一個在賭場輸得一無所有的賭徒，走投無路當了兵，竟然靠著軍功，一步步掌握軍隊，最後推翻了東晉王朝，建立宋朝。謝玄可謂是劉裕的政治恩人。而北府軍隨著形勢發展，逐漸擺脫謝家勢力的影響，成為左右南朝政局的獨立力量，呼風喚雨近百年，也完全超乎謝安、謝玄等人的預料之外。

如果把北府軍比作南朝的「北洋系」，那麼謝玄就是締造這個派別的「袁世凱」了。

在組建初期，北府軍還是聽從指揮的天下精兵。當時普遍認為南方軍隊柔弱，無法與北方少數民族鐵騎對陣。後來南北大戰，一代梟雄苻堅遠遠看到北府軍的陣勢，就對左右北方將領說：「誰說南方沒有勁旅，我看對面就有一支強敵。」

前秦發動百萬大軍，惡狠狠向東晉撲來時，謝安手中的牌只有兩張：一張是荊州的桓家勢力桓沖。但桓沖要阻擋從四川和湖北殺來的前秦軍隊，自顧不暇。謝安只能打出最後一張牌，來抵抗從淮南正面殺向建康的前秦主力，它就是謝玄。朝廷給謝玄加了「都督徐兗青三州、揚州之晉陵、幽州之燕國諸軍事」，身為前鋒，與前秦大軍迎頭相撞，務必擋住敵人進攻的步伐。謝玄的叔父、征虜將軍謝石，堂弟、輔國將軍

謝琰等，率領大軍與他會合。東晉部隊一共八萬人，而對面的前秦大軍有八十萬人。

謝玄明白王朝的命運和家族的命運都在此一搏，沒有退路了。當時前秦軍隊推進很快，已經突破東晉邊防，正長驅直入。謝玄冷靜抓住前秦軍隊太大，全面出擊結果各部分散，缺乏統一步伐的弱點，集中北府軍精銳五千人，交由將領劉牢之率領。首先擊潰前秦梁成部隊，陣斬敵軍大將。前秦大軍猝不及防，步騎爭相後撤，結果在淮河邊爭搶著渡河，亂成一團。劉牢之縱兵掃蕩，生擒敵將多人，繳獲大量軍需物資。東晉開戰大捷。

瘦死的駱駝比馬大，前秦雖敗，依然掌握戰場優勢。苻堅進屯壽陽，在淝水北岸安營紮寨，對東晉部隊虎視眈眈。謝玄等人的部隊被壓迫在南岸，情勢危急。

卻說前秦雖然兵強馬壯，內在則矛盾重重。苻堅剛剛強力統一北方不久，人心不穩。為了統一天下，前秦暴力徵發北方各民族、各前政權的部隊。一百萬大軍中，多數是投降的部隊，真心真意聽從苻堅指揮的氐族部隊比例很小。領軍的將領中，許多是投降的各前政權君主和各處降將，其中就包括被迫投降的東晉將領朱序。朱序派人與謝玄聯繫，爭取臨陣倒戈，並把前秦軍隊的弱點和盤托出。謝玄等人判斷，只要給前秦軍隊一次重創，就可能激發矛盾、引發內訌，打倒這隻紙老虎。於是，謝玄主動向前秦下戰書，說：「你們遠涉我國國境，卻臨水為陣，明擺著不想速戰速決。現在，請你們稍微向後撤退，讓我軍將士有渡河迴旋的地方。到時，我要和你們一較高下！」前秦將領認為不應該撤軍讓東晉軍隊渡河，我眾彼寡，遲早會把謝玄等人拖死。苻堅則樂觀地認為：「我們暫且退軍，讓敵人渡河。等他們還沒列好陣勢，我們的數十萬鐵騎就突然殺過去，把敵人逼進淝水裡殺死，不是更好嗎？」苻堅的

弟弟苻融很贊同，就組織部隊後撤，為謝玄的部隊挪地方。前秦大軍的人心本來就是散的，隊伍很不好帶。上頭說是戰術性撤退，下級卻一下子相信前鋒部隊失敗了。更有甚者，後面的部隊見前面塵土飛揚，紛紛後撤，巴不得早點回家的降卒和壯丁們，想當然地以為失敗了，轉頭就跑。朱序乘機大喊：「打敗了，我們打敗了！」軍心瞬間渙散，各懷鬼胎的將領們，紛紛拉起隊伍逃跑。而後方大軍還在源源不斷向前行軍，前方大軍突然向後湧，擠成一團，亂成一鍋粥。苻堅、苻融等人根本制止不了，謝玄也壓根沒想到會出現這樣的好事，率精銳八千強渡淝水，也不列陣了，追著前秦敗軍的部隊就猛殺、猛砍。前秦皇帝苻堅中了流矢，苻融被亂軍殺死。前秦百萬大軍奇蹟般地一敗塗地。苻堅曾自負地認為，只要每人把馬鞭扔進長江，就能使之截流，現在前秦大軍自相踩踏、溺水而死的屍體，真的堵塞了淝水，淝水因此斷流多時。逃跑的路上，前秦大軍丟盔棄甲，日夜逃命，聽到風聲鶴唳，都以為東晉追兵來了，結果沿途又餓死、凍死了十分之七八的官兵。統一大半個中國的前秦王朝因此瓦解，苻堅被殺。

謝玄獲得了史稱「淝水之戰」的輝煌勝利，殺敵數十萬人，繳獲儀服、器械、軍資、珍寶等堆積如山，其中包括苻堅的座車，另有牛、馬、驢、騾、駱駝十萬餘頭。謝玄戰後乘勝開拓中原，收復了黃河南岸地區，帶動四川、漢中等地投降東晉。如此戰功，堪稱南朝第一人。朝廷專門遣殿中將軍慰勞謝玄，升他為前將軍、假節，賜錢百萬、彩千匹。

陳郡也因為淝水大捷，徹底奠定了頂尖望族的基礎。謝玄為家族做出的貢獻，不下於謝安。

只可惜，長期的奔波行軍和風餐露宿的作戰，大大損害了謝玄的身體。淝水大捷後，謝玄的身體每況愈下。朝廷調任他為左將軍、會稽內

史，讓他去氣候溫良的紹興地區養病。第二年，謝玄病死在會稽，終年四十五歲。朝廷追封謝玄為車騎將軍，諡號「獻武」。

謝玄是陳郡謝家推出的「異類」名將。可惜這朵名將之花過早凋謝。

二

經過幾代人的努力，尤其是在謝安等人的奮鬥和「淝水之戰」的推動下，沒有人會否認陳郡謝家世族領袖的地位了。由東晉後期直至南梁，陳郡謝家一直和琅琊王氏並稱「王謝」，是南朝的最高門第。

謝家的崇高地位展現在三個方面，或者說，是這三方面支撐了謝家的權勢。首先，謝家世代為官，而且都是大官。自東晉至南梁（三一七～五五七年），謝氏共有十二代、一百餘人見於史傳。基本上，州縣以下的小官，謝家子弟不屑一顧，即使擔任，也是「增加基層工作經歷」，去鍛鍊鍛鍊的。其次，謝家聚集了大量資產。比如謝安的孫子謝混，有「田業十餘處，僮僕千人」。到宋代元嘉年間，謝混這一支還有「資財巨萬，田園十餘所，奴僮數百人」。而謝玄的孫子謝靈運，在會稽老家的地產更多，包括兩座山、五所果園和數不清的竹林菜圃。經濟基礎決定上層建築，強大的經濟實力，讓謝家子弟能安心從政。錢財太多，如果沒有文化素養，那就是土財主。所以第三，謝家子弟大多才華出眾，家族重視文化教育和知識累積。政治世家不管是怎麼發達的，發達後都會重視家族教育。文化素養可以提升家族的形象，保障子弟的品質。在崇高清談、醉心文藝的南朝，文教更是世族子弟不可缺少的必修課。

發展到最後，謝家門第高、勢力大，連皇帝都不得不有求於謝家。比如歷代皇帝登基加冕時，都喜歡找謝家輩分高的人來當司儀，有面子，也象徵世族大家對新皇帝的支持。謝家子弟慢慢地隱退幕後，不喜歡打理實際政務，但頭等門戶的光輝始終不落。南梁時，王琮娶了始興王的女兒繁昌公主為妻。後來，始興王悔婚，要王琮和女兒離婚。王琮的父親王峻向始興王求情。始興王推脫道：「這是皇上的意思，我也不願如此。」王峻就放狠話說：「臣太祖是謝仁祖（謝尚）的外孫，我們家也不需要借與殿下聯姻來提高門戶。」好幾代之後，謝家外孫的身分，都還能讓人在王爺面前強硬起來，謝家的門戶勢力可見一斑。

侯景之亂時，野心家侯景一度奪取政權。為了自我貼金，侯景要梁武帝替他向王家或謝家聯姻。梁武帝肯定地告訴他，王謝兩家門第太高了，你侯家高攀不起，還是找找江南朱家、張家那樣的次等門第吧！侯景是個搞破壞的跳梁小丑，求婚遭遇，竟然對王謝等家子弟痛下殺手。陳郡謝家遭此一劫，力量有所削弱。

說到陳郡謝家的衰落，最直接的原因，就是連年的戰亂和殺戮。孫恩造反時，謝家勢力正處於巔峰時期，主掌了鎮壓造反的工作。結果，兩年中，近十位謝家青壯子弟死於戰火。好幾支血脈遭到滅門。之後，桓溫的兒子桓玄繼承父親的野心，再次造反作亂，悍然稱帝。桓玄一度要占烏衣巷的謝家作兵營。謝安的孫子謝混苦苦哀求，桓玄考量到桓謝兩家的先人，關係不錯，最後放棄了占謝家為兵營的念頭。這兩個大劫，加上侯景的殺戮，謝家蒙受重大損失。其次，新的政治人物和勢力，尤其是寒門子弟的崛起，衝擊了陳郡謝家等老牌門戶。出身貧寒的角色，從世族子弟不願意做的基層幹部做起，逐漸掌握了實權。宋朝的劉裕、陳朝的陳霸先等人，都是寒門子弟，他們必然和世族大家爭奪權勢。政治氣候變了，謝家的政治田地不再旱澇保收了，後代想重掌祖輩

的權力，難上加難。

最後，很多人批評謝家等世族子弟滿足於清閒的官職，不思作為，整天清談享福，沒有祖輩的實幹精神。這沒錯，在爭權奪利、陰謀詭計加劇的政壇，缺乏文治武功和有為人才的老牌世族大家，必然走向沒落。可如果考量到整個社會氛圍，以實幹為俗、清談為高，透過清談、無為來維持門第，也是無奈之舉。所以說，世族子弟的無所作為，與政治漸行漸遠，是有必然性的。

後期，陳郡謝家子弟雖然充斥南朝各代，但有所作為的政治人物已不多見。他們走上另外的道路。

無奈的另類天才

一

讓我們再回到謝安。他隱居的時間最長，生活最閒，似乎謝家兄弟都把子女留在東山，託付給他教育了。謝安彷彿是一大家子的家庭教師，不僅教書育人，還為晚輩們籌劃前途、求親結親。不過謝安的教育內容與政治技巧相關的不多，多數是與文學和做人相關。也許謝安本人就是玄學色彩濃厚、文藝味道突出的角色，無意中也塑造了陳郡謝家重文學、喜清談、瀟灑的家風。後世一直用「芝蘭玉樹」來指代謝氏子弟，說的也是謝家子弟自由灑脫的才氣、秀氣。

陳郡謝家後期最著名的人物，是一代文豪謝靈運。

謝靈運是一代名將謝玄之孫，謝瑍之子。謝瑍資質平庸，只擔任過祕書郎，娶了王羲之的外孫女，生下謝靈運。也許是隔代遺傳，謝靈運繼承了王羲之、謝玄的若干優點，成就遠遠超過父親。

謝靈運的政治起點很高，因為父親早死，謝靈運八歲就世襲家族康樂公，食邑兩千戶。加冠後，謝靈運就出任了撫軍將軍劉毅的參軍。同時，他的仕途曲折，一生顛沛流離。因為謝靈運不幸趕上權力亂世，上層風浪迭起。謝家已漸漸遠離實權，虛名為多，只能在政治風波中隨波

逐流，難有作為。劉毅在與劉裕的權爭中兵敗自殺，謝靈運堂叔謝混受到誅殺。劉裕卻沒有追究跟隨劉毅、與謝混關係密切的謝靈運，反而起用為太尉參軍，表示拉攏。此後謝靈運在一系列可有可無的小官職位上，時斷時續、起起伏伏。不久，劉裕取代東晉，當起皇帝，建立了宋朝。新王朝建立後，晉朝的封爵不算數了。劉裕為了表示對前朝世族大家的尊崇，宣布對王導、謝安、溫嶠、陶侃、謝玄五家保留封爵，但爵位下降一級，食邑減少。謝靈運因此由公爵降為「康樂縣侯」，食邑縮為五百戶。

謝靈運繼承了家族精講玄學和精通文學的傳統，多少有點隱逸自娛的性情和豁達寬鬆的胸懷。官運不佳沒關係，謝靈運把精力都花在寫詩、吟詞上。劉裕的次子、廬陵王劉義真，聰明、是文學的和藹傾聽者和慷慨支持者。他很欣賞謝靈運的文才，對謝靈運的詩文愛不釋手，也對謝靈運的灑脫、輕浮很認可，認為自古文人皆如此。劉義真還聲稱，有朝一日要是當皇帝，一定任命謝靈運為宰相 —— 看來劉義真也是輕浮、率性之人。

劉裕死後，太子劉義符即位。劉義符年少無才，不久被權臣廢黜。按封建宗法，劉義符之後，就輪到劉裕次子劉義真繼位，但徐羨之等權臣擁戴了劉裕三子劉義隆。權臣們先下詔，將劉義真調離京城，接著又以不拘小節、誹謗朝臣的罪名，貶謝靈運為永嘉太守，剷除劉義真的羽翼。安排停當，劉義隆順利登基，坐了龍椅。

永嘉在今浙江溫州，山水旖旎，風光秀麗，是當今的旅遊勝地。但在南朝時，永嘉卻是烏煙瘴氣，閉塞、落後得很。那雁蕩山是橫亙在人前的天險。謝靈運到任上，也不問政事，整天尋思著怎麼征服山山水水，攀登幽靜、險峻的山峰。為了登上，據說謝靈運發明了木製的釘鞋，上山時拿掉木屐前齒，下山時去掉木屐後齒，這樣上下山，既省力

又穩當，史稱「謝公屐」。如果屬實，謝靈運應該在體育史上擁有無可替代的地位。美麗的山山水水，淨化了謝靈運的心靈。他本因政治鬥爭失敗而來，登山多少也有逃避現實、尋求心靈寧靜的目的。永嘉的山水，讓謝靈運找到心靈的棲息地。很少有人能在一生中，找到撫慰、滋補心靈的內容，謝靈運在不幸之後，幸運地找到了，並激發出巨大的創作熱情。仕途失利的謝靈運，在文學詩歌上找到成功。他吟唱山水，書寫四季，記錄日月，發展出一種全新的詩歌形式：山水詩。謝靈運就是中國山水詩的鼻祖。

「池塘生春草，園柳變鳴禽。」在這裡，謝靈運將一個普通的南方庭院，有聲有色地推到讀者面前。「密林含餘清，遠峰隱半規。」在這裡，謝靈運和讀者分享看到的山色美景。他的詩歌沒有兩晉詩歌玄思虛幻的色彩，更絕少說教與晦澀，清新美麗，平實易懂，徹底扭轉後世的詩風。鍾嶸在《詩品》中說謝靈運的山水詩「猶青松之拔灌木，白玉之映塵沙」，上千年後，依然被人傳唱。當時永嘉和建康通信不便，但謝靈運一有新作，立即以最快速度被傳抄到建康。人們稱「謝康樂的大作來了」，爭相傳閱，成為時尚象徵。

謝靈運在永嘉無為而治，縱情名山勝水，即便如此，他也覺得太守的崗位難熬，杵在那裡並非自己心願。到任兩年多後，謝靈運稱病辭職，回到上虞東山隱居。

宋文帝劉義隆逐漸長大，也加入謝靈運崇拜者的行列。在剷除權臣、鞏固皇權後，劉義隆徵召謝靈運回朝廷，先任命為祕書監，隨即升遷為侍中，恩寵無比。劉義隆稱讚謝靈運的詩和字為「二寶」。謝靈運的春天來了！他身上的文人陋習，擴張、爆炸了出來。他自恃門第高貴，又才華橫溢、名望在外，誇耀說：「天下才共一石（一石等於十斗），三國大才子曹植獨占八斗，我占了一斗。剩下的一斗天下人平

分。」他盲目樂觀，以為位極人臣、重塑陳郡謝家輝煌的日子就在眼前。他踴躍向朝廷建議，積極和同僚們商談政事，劉義隆無一採納。劉義隆很尊重謝靈運，但那是文藝領域的尊重，不涉及權力。他提拔謝靈運在身邊，「唯以文義接見」，只是當作文學侍從而已。不料，謝靈運一廂情願地要介入政治。沒多久，謝靈運也看出皇帝的真實意思，皇上對他是用文字、輕政治，朝廷真正得道的，是另一些有能力的實幹之才。他們的門第和名望都無法和謝靈運相比，但他們得勢了。也許朝政真的需要他們。謝靈運第二次選擇辭官。他知道這個選擇，基本上意味著告別政壇，人生不會再有先前的良機了。謝靈運給自己個政治前途，判了死刑。

辭官回鄉後，謝靈運守著碩大的莊園，寫詩、作畫，找朋友遊玩取樂。他是待不住的人，不時率領數百隨從去深山幽谷探險攬勝。會稽南邊的臨海郡，在群山峻嶺環抱之中，交通極其不便，據說風景優美，但很少有人去過，更沒有多少吟誦文章。謝靈運好奇心切，帶著五百個家丁、家將就出發了，逢山開路，遇水搭橋，就是要一覽廬山真面目。臨海太守得到報告說，有幾百人開通了天臺山和括蒼山，奔臨海郡城而來。臨海很少有人造訪，太守的第一反應是，這是一群才能出眾的人，不是來攻打郡城，就是來打劫的，下令禁閉城門、做好防範。謝靈運是來旅遊的，卻吃了閉門羹。經過交涉，太守才知道是大名鼎鼎的謝靈運來臨海創作了，虛驚一場。謝靈運遊興不減，在臨海玩個夠，臨別時還拉著太守，邀請他一起繼續探索深山老林。太守可沒有謝靈運那樣的閒情逸致，更不敢擅離職守，趕緊推辭了。

居家的謝靈運又惹了麻煩。他要填湖開田，會稽太守孟顗不同意。謝靈運說孟顗不讓他開發農田，是因為迷信佛教，怕填湖會讓魚蝦喪生，並嘲笑他說：「得道靠的是天性聰慧，你生在我前，成佛必在我

後。」太守孟顗恨死謝靈運了，告了他一狀，說他有「異志」。謝靈運嚇得趕緊連夜進京申辯。劉義隆對謝靈運很了解，不僅沒有追究，還留他在建康主掌典籍編輯。半年之內，謝靈運聯合他人，編定圖書上萬卷。

劉義隆覺得謝靈運這個人可惜了，起用他擔任臨川內史。到了臨川，謝靈運仍舊不理政事，終日遊蕩。人際關係也沒處理好，謝靈運再次被地方官員彈劾。自己滿腔抱負，非但得不到重用，還多次和那些人糾纏申辯，蒼天真是不公啊！謝靈運這次生了氣，把告他的人扣押起來，還賦詩一首：「韓亡子房奮，秦帝魯連恥。本自江海人，忠義感君子。」滿腹牢騷的謝靈運，將劉宋王朝比作暴秦，自比張良、魯仲連。這兩位都是要推翻暴秦的人。暴秦是誰，人們第一就聯想起本朝。那麼謝靈運是要推翻朝廷了？劉義隆終於受不了謝靈運，決心要治他的罪。司徒劉義康親自派人收捕他，謝靈運不做不休，竟然調兵拒捕。結果罪上加罪，被捕後降死一等，流放廣州。

謝靈運依然不改狂放本色，坦蕩地去到廣州。不想，剛到廣州，新的詔書就到了。朝廷稱謝靈運叛逆不道，下令就地正法。謝靈運在廣州被當眾斬首，年僅四十九歲。同時被朝廷下令殺害的還有劉義真。我們由此可知謝靈運的死因了。

謝靈運被斬首前嘆息道：「真是小狂風雅，中狂討嫌，大狂送命。」

二

謝靈運的死多少意味著陳郡謝家不可挽回的衰敗。在他之後，謝家又出現了一位謝朓。謝靈運與謝朓並稱文學史上的「大小謝」。謝朓留

下了「魚戲新荷動，鳥散餘花落」詩句，風格與謝靈運相近，性情也是灑脫不羈，名聲在外，被南齊藩王器重。南齊後期，始安王蕭遙光陰謀篡位，謝朓不預其謀，反遭誣陷，下獄冤死。「大小謝」極其類似的悲劇命運，何嘗不是謝家走向沒落的反覆宣示。

陳郡謝家在史書上的最後一個名士，是謝安的九世孫謝貞。謝貞一生如浮萍般，在亂世中飄蕩。侯景叛亂中，謝貞隨無數難民被擄掠到長安，後回到南陳，又遇到整天唱著玉樹後庭花的陳後主。人生多舛、國家無望，謝貞苦悶異常，又遇到母親去世，他痛哭氣絕，竟然也死了。也許正是這件看似異常的「孝行」，才讓謝貞在史書上為家族爭得最後的讚譽。

謝貞詩歌才華不錯，流傳下來的，卻只有「風定花猶落」一句。有人說，只憑這一句，謝貞就能在中國文學史上占有一席之地；也有人說，謝貞這句詩一語成讖，寫出了陳郡謝家和兩晉南朝整個貴族門閥的沒落。

謝貞死後第四年，腐朽的南陳王朝覆滅了，金陵王氣黯然收。兩晉南北朝世族門閥的昌盛時代正式結束，王謝子弟蹤跡難尋，舊時堂前的燕子，現在都出入尋常百姓家了。

唐太宗李世民承認：「曩時南北分析，故以崔、盧、王、謝為重。」崔盧是北方大姓，而王謝則代表南方的世族門戶。唐太宗說時，各家風光早已不在，舊事重提，無非只是追憶感嘆的對象而已。

第七章

開眼看世界的父子

—— 曾國藩、曾國荃、曾紀澤家族

晚清內憂外患，社會動盪不安。這樣的亂世，容易成就英雄豪傑，卻不是誕生穩定政治世家的沃土。來自湖南鄉間的曾國藩趁勢而起，既平定太平天國獲取富貴，又在朝廷的猜忌之下，保持勢力和榮華富貴。曾家繁衍富貴至民國時期，成為近代首屈一指的權貴家族。如果要問原因，套用一句現代話，就是：領導階層要加強學習，注意自省和修養。

精神的力量

一

咸豐二年（一八五二年），江西鄉試正考官曾國藩在赴任途中，接到母親病逝的訃聞。陷入深深的悲痛之餘，曾國藩發起愁來。愁什麼？沒錢回家奔喪。

這事一說出來，誰都不相信。曾國藩四十二歲了，歷任朝廷各部侍郎，其中包括主管天下工程建設的工部、負責審訊判案的刑部，和掌管官員職位升遷的吏部。曾國藩在這些部門擔任十幾年的侍郎，會窮得沒錢回家？就算他在北京兩袖清風，沒有積蓄，那現在外放江西負責鄉試，難道沒有考生或大小官員來找他「意思意思」？誰都知道，鄉試考官是賺錢最快的肥缺。

事實上，曾國藩的確很窮。出京前，北京家裡已經一個銅板都沒有了，全靠友人資助才勉強支撐。母親死了，曾國藩要帶家眷回家奔喪，粗略計算一下，需要四、五百兩銀子作盤纏。他只好厚著臉皮，又向友人借了錢。趕到九江時，江西官員和各地朋友湊的奠金一千兩送到了。久旱逢甘露，曾國藩趕緊拿出三百兩，託人帶回京城還債，又拿出兩百多兩，送到省城還債，拿著剩下不到四百兩銀子，回家為母親操辦喪事。

一個堂堂朝廷大員，怎麼會窮到這個地步呢？這要從曾國藩的成長經歷和個性中尋找答案。

曾國藩出生於湖南長沙府湘鄉白楊坪（今屬湖南婁底市雙峰縣）的普通農家。祖父曾玉屏靠勤勉耕種、儉樸持家，讓全家人過上溫飽生活；父親曾麟書開始讀書，無奈資質一般，考了幾十年科舉，到四十多歲才中了秀才。曾國藩的資質也很普通，長輩也沒有給他設定太高的要求。但曾家的道德要求很高。曾玉屏常常教導兒孫：「君子在下則排一方之難，在上則止息萬物之囂」，「人以懦弱無剛為大恥，男兒自立，必須有倔強之氣。」曾國藩就是在這個家教嚴格、家境尋常的家庭中成長起來的。

年少的曾國藩放牛、砍柴，拉著弟弟去鎮上賣菜籃子。勞作之餘，曾國藩也上學讀書。他讀書沒有什麼好的學習方法，全靠兩個字：用功。他回憶自己從小「愚陋」，八歲開始接受秀才父親的家塾教育，「晨夕講授，指畫耳提」。許多文章，曾國藩學一、兩遍後，還是雲裡霧裡，不知所云，曾麟書就不厭其煩，再三教導。工作的時候，或睡覺前，曾國藩默念所學課文，直到爛熟於胸為止。這樣的小學生，全天下到處都是。說曾國藩智商平平、貌不出眾，一點也不為過。二十歲後，曾國藩被送到衡陽唐氏家塾跟從汪覺庵學習。汪覺庵對憨厚愚笨、沉默不語的曾國藩很不滿意，曾訓斥他是「蠢貨」，斷定曾國藩沒有前途。他還下了一個有意思的誓言，如果曾國藩日後發達了，他這個老師就去幫學生背傘。

曾國藩的長處是脾氣好，任憑別人怎麼說，都不往心裡去，泰然處之。對老師汪覺庵，曾國藩始終心存感激，飛黃騰達後，還寫了篇〈汪覺庵師壽序〉給他。平凡的出身和不順的早年，讓曾國藩性情內向，注意內心的平衡和修養，很早就接受程朱理學修身養性的思想。每天旭日

東升，曾國藩端坐書房，靜觀太陽升起，然後埋頭苦讀。他沒有超常的才智，但憑著終生手不釋卷，日夜苦讀，最後也成為一代理學宗師。等到他轉到湘鄉漣濱書院讀書時，詩文見識已經讓老師劉元堂稱讚不已了。學識長進的同時，曾國藩的精神世界不斷充實、堅強。他站立行走穩穩當當；讀書時目不斜視；在座時聚精會神；與人交談不卑不亢；對師長恭恭敬敬；對同窗忠厚友愛。整個人端莊嚴肅，無可指責。就是這樣，曾國藩還每天靜坐自省，反思自己有沒有做錯的、有沒有需要改進的地方。

不管存在什麼漏洞和錯誤，每一套教育體系都為學生指出向善、向好、成為知識和精神大師的道路。只要你認真按照它的要求去做，肯定能成為好人、大師。但許多人忙於指責教育或埋怨社會，卻忽視自身的學習與修養。內向早熟的曾國藩，用全部心力投入儒家思想的學習和個人修養上，最終成為儒家教育體系的完美產物。老師劉元堂一口判定曾國藩必成大器。果然，曾國藩二十四歲中舉，二十八歲考中進士，進入了翰林院。

金榜題名後，曾國藩對自己的要求更嚴格了。他開始寫日記，將每日的言行和學習情況，忠實記錄下來，總結言行、反省不足。雖然宦海沉浮，或者戎馬倥傯，曾國藩的日記從未間斷（他留下了一千五百多萬字的日記、書信和公文等資料）。許多人將翰林院視為鍍金場所，曾國藩卻勤奮溫習學業，學習治水、漕運、稅金等實務；許多人將交際視為升遷的籌碼，曾國藩卻和大學士倭仁、同鄉吳廷棟、何桂珍等交流學問，不談官場。為了淨化靈魂、強健精神，曾國藩制定了十二條規矩：主敬，靜坐，早起，讀書不二，讀史書，說話謹慎，養浩然之氣，保持身體健康，每天記茶餘偶談，每月作詩文數首，練字，夜晚不出門。這十二條看似平淡無奇，但極少有官場中人能夠做到。

我們來看看曾國藩是否做到了：一天，曾國藩聽到有官員拿到了「孝敬」，心動了一下，晚上還夢見此事。他趕緊在日記中「痛自懲責」，責罵自己「何以卑鄙若此」。第二天，曾國藩又聽到同僚拿灰色收入，又心動了一次。回去後，曾國藩直接罵自己「下流」；曾國藩和別人發生口角，在日記中反省，認為全是自己不對。如果自己忠信待人，如果自己禮人以敬，怎麼會和人產生衝突呢？就算別人有不是，自己也不能謾罵他人；曾國藩戒菸之後心神徬徨，在日記中感嘆「遏欲之難，類如此矣」，決心要「挾破釜沉舟之勢」與菸癮鬥爭；友人納妾，曾國藩好奇地要去看熱鬧，在友人談話時，言辭不嚴肅，回程的車中有遊思。到家後，曾國藩趕緊靜坐半小時，讀史書十頁……

晚清官場的黑暗，不是一時半刻能夠說清楚的。當官的家財萬貫，不在少數，曾國藩完全是其中的另類。高尚的精神和自律，促使他守著俸祿生活，極為清苦，舉債度日。三十八歲時，曾國藩在家信中稱：「余自去歲以來，日日想歸省親，所以不能者，一則京帳將近一千，歸家途費，又須數百，甚難措辦。」從信中可見，曾國藩債臺高築，僅在北京債務就超過一千兩白銀（當時縣令年薪四十八兩白銀），想回湖南老家也辦不到。所以，他在江西接到母親病逝噩耗時的窘迫情況，就完全可以理解了。

曾國藩為什麼會欠下那麼多錢呢？一來俸祿低（清朝低俸養廉），二來家庭負擔重（父母需要供養；弟弟多，需要資助），第三就是應酬太多。隨著職位的提升，曾國藩的應酬越來越多，都是自掏腰包。他這個人還有個問題——樂於助人。雖然自己快成乞丐了，但朋友、同僚有難，曾國藩總是鼎力相助，不落人後。曾國藩一點也不以為苦，還說：「淡泊二字最好，淡，恬淡也；泊，安泊也。恬淡安泊，無他妄念也。此心多快樂啊！而趨炎附勢，蠅頭微利，則心智日益蹉跎也。」他安貧樂

道，終其一生都認為錢財「以少取為貴」，不為財富所動。

一個人無欲則剛，沒有缺點，就是不可戰勝的。曾國藩雖然和官場的黑暗格格不入，但無可挑剔的品行，讓他官運亨通。他學識過人，在翰林院的考試中，常常名列前茅；他與人為善，慷慨助人，和同事關係很好；他潔身自好，廉潔奉公，沒有政治問題；他時刻反省，幾乎成為一個精神上的「完人」。於是，曾國藩幾年後就升為翰林院侍讀，之後歷任侍講學士，文淵閣值閣事，內閣學士，稽察中書科事務，禮部侍郎及署兵部，工部，刑部，吏部侍郎等職，十年內連升十級，從七品翰林成為二品高官。

三十八歲的曾國藩成為朝廷大員，名位突出，門庭熱鬧起來。他趕緊把書房命名為「求闕（缺）齋」，提醒自己滿招損，謙受益，並堅持所有品格：勤奮、謙虛、嚴肅、穩重、謹慎、廉潔、自律、堅強、淡泊、堅忍……漸漸的，湖南籍京官奏事自覺、不自覺地推曾國藩領銜具折。曾國藩開始聲名遠播。他可能不是北京最耀眼的政治明星，但肯定是名聲最好的明星之一。

之所以不厭其煩地說曾國藩的高尚品格，是為了說明曾國藩具有多麼強大的精神力量。一百多年後，人們可能忘記了曾國藩的政治作為，但越來越多人開始捧著曾國藩的日記和家書，學習他的精神修養。精神不死，精神無敵。權力鬥爭最終往往能夠還原成精神之爭，曾國藩先成為精神貴族，再逐步成為權勢貴族。也正是精神的力量，讓曾國藩掌握了隱藏在亂世中的歷史機遇，成就了轟轟烈烈的事業。

因為，聲名遠播的曾國藩丁憂回湖南老家之時，正是太平天國運動氣勢洶洶湧入湖南之際。

二

　　曾國藩回鄉守孝的咸豐二年，太平軍縱橫湖南，圍困長沙。當年年底，太平軍北上，攻克了華中重鎮武昌。

　　曾國藩早在一年前（咸豐元年，一八五一年），就注意到剛剛爆發的太平天國了，認為遠在廣西的星星之火，可能會帶給王朝生死危機，上書提醒朝廷嚴加防範。可惜咸豐皇帝沒有接受。講究靜修的曾國藩，有經世致用之心，對國情政事很留心。他痛心地看到朝廷發動大軍征剿太平軍，「時日不為不久，糜餉不為不多，調集大兵不為不眾」，卻臨陣潰逃，不敢與敵人鏖戰。清軍往往遠遠跟著太平軍，用大炮、鳥槍騷擾一下，如果太平軍掉頭，清軍拔腿就跑。曾國藩認為這是天下道德淪喪，人心不古的後果。「今日不可救之端，在於人心陷溺，絕無廉恥。」所以，當在鄉間收到咸豐皇帝要他幫辦團練的聖旨後，曾國藩應聲而起。

　　咸豐皇帝是這麼寫的：「前任丁憂侍郎曾國藩隸籍湘鄉，聞其在籍，其於地方人情自必熟悉，著該撫（湖南巡撫張亮基）傳旨，令其幫同辦理本省團練鄉民、搜查土匪諸事務。」聖旨只是讓曾國藩「幫同辦理」保家衛國的事情，而且咸豐皇帝給許多官僚下了同樣的聖旨，但只有曾國藩將它視為拯救天下興亡、恢復人間正氣的大事來辦。

　　儒家學說也好，程朱理學也罷，都是經世、治世的學問。身為儒家教育的結晶和晚清理學宗室，曾國藩不斷學習累積，不斷自省改正的目的，都是救國濟民。現在有這樣的實踐機會，有心有力如曾國藩者，怎麼可能放過呢？

　　一八五三年，曾國藩正式建立地方團練，稱為「湘軍」。

　　湘軍是一支全新的軍隊。曾國藩用同族、師生、同學等關係網羅骨

幹。現存可考的湘軍將領一百七十九人中，書生出身的有一百零四人，占百分之五十八；高級將領三十二人中，書生出身的有二十七人，占百分之八十四點四。其中羅澤南、胡林翼、郭嵩燾等人，和曾國藩一樣都是程朱理學的信徒。曾國藩要求「帶兵之人，第一要才堪治兵，第二要不怕死，第三要不汲汲名利，第四要耐受辛苦。」有了將領後，湘軍實行募兵制。骨幹分子自己去招募兵丁，按照募兵的數量，授予相應的官職。如此一級一級推廣，湘軍上下熟悉，兵將相識，最後聚攏在曾國藩周圍。清朝的軍隊，之前兵不知將，將不知兵，士兵之間也來自各地，互不相識，打仗時保命為主。而湘軍全都是老鄉、老同學或老朋友，誰都不願意當孬種，不願意在人脈圈中抬不起頭來，所以人人爭先。

湘軍常被稱為軍閥部隊，曾國藩招募軍隊的方法，也被後來的軍閥仿效。但曾國藩不是軍閥，他也不是單純依靠血緣和親緣組織湘軍的。湘軍是曾國藩實踐理想志向的工具，他在全軍上下推行程朱理學，號召大家克己復禮、安定天下。曾國藩希望湘軍是一支有理想、有追求的軍隊。同時，曾國藩在故鄉「一呼萬應」，並非因為他以升官發財招攬人心，而是得益於他的人格力量。人稱湘軍「書生領山民」，由「忠義血性」、不染奢靡世風的讀書人領導湘鄉一帶農民為主的士兵組成，不無道理。這就讓湘軍有別於後世的軍閥部隊。

光有理想號召是不夠的，曾國藩還以厚薪和嚴刑峻法治軍。他開出一般綠營三倍左右的月薪發給士兵，還用劫掠財物、封官賞爵的方法來鼓舞士氣。行軍作戰中，曾國藩用法嚴峻，對抓到的太平軍「重則立決，輕則斃之杖下，又輕則鞭之千百……案至即時訊供，即時正法，亦無所期待遷延」。這讓曾國藩獲得「曾剃頭」的綽號，也讓這支文人軍隊養成了凶猛殘酷的特性。

一八五四年，湘軍水陸軍兩軍二十三營在湘潭誓師出征。

　　湘軍發展前期極為不順。出征之初，湘軍就在岳州、靖港被太平軍殺得大敗。曾國藩幾乎跳水自盡，被屬下拉住後上書朝廷，以「屢敗屢戰」自嘲。最嚴重的一次失敗，是咸豐五年（一八五五年），湘軍水營被石達開攻破，湘軍損失戰船一百餘艘，曾國藩座船被俘，文卷冊牘全部失去。曾國藩惱怒至極，策馬拔韁就要衝向太平天國大軍去送死。羅澤南、劉蓉等人又一次把他從死亡線上拉了回來。天京內訌後，太平軍元氣大傷，湘軍的情況有所改觀，但依然困守江西數年。戰局的困頓讓曾國藩情緒低落，心生退意。一八五七年，曾國藩以回家為父親守孝為名，棄軍而去。第二年，湘軍李續賓等部攻陷九江，曾國藩決心出山。但沒等他回到大營，湘軍又遭遇三河大敗。李續賓和弟弟曾國華陣亡。

　　除了戰事不利，政治上的限制更讓人灰心喪志。湘軍是一支體制外的軍隊。早在曾國藩練兵之時，就由於表現得過於搶眼，受到湖南幾任巡撫、布政使、按察使及提督、副將的排擠，甚至發生衝擊曾國藩私宅、殺傷隨從的事件 —— 誰讓湘軍的勇猛善戰襯托出體制內的八旗軍和綠營的無能呢？朝廷也猜忌湘軍。因為湘軍不僅是體制外的軍隊，且掌握在曾國藩這個漢人手中。滿族權貴需要漢族官僚組織團練維持統治，但不想這些漢人成為手握重兵的藩鎮和權臣。所以，朝廷長期不給湘軍體制內的身分，也不授予曾國藩正式官職。曾國藩非官非民，身為「幫忙」的前任官員，身分尷尬，做事多方受掣。

　　湘軍收復武昌，是清朝對太平軍的第一次重大勝利。咸豐帝一時興起，任命曾國藩代理湖北巡撫，並賞戴花翎。曾國藩代理了七天後，咸豐帝的第二道聖旨送達：「曾國藩毋庸署理湖北巡撫，賞給兵部侍郎銜。」聖旨還訓斥曾國藩：「好名之過尚小，違旨之罪甚大，著嚴行申飭。」據說，咸豐帝授予曾國藩巡撫職位後，軍機大臣提醒：「曾國藩雖然是在籍的侍郎，但屬於平民百姓。匹夫居閭裡一呼，上萬人呼嘯跟從。這恐怕不是國家之福。」咸豐恍然大悟，趕緊下詔削去曾國藩官職。

因此，儘管湘軍節節勝利，儘管湘軍將領李續賓任浙江布政使加巡撫銜，楊載福升提督賞穿黃馬褂，胡林翼任湖北巡撫加太子少保銜，但曾國藩依然是一介草民。胡林翼等人多次奏請任用曾國藩（下級為上級求官也算是奇聞），朝廷不理不睬。更過分的是，曾國藩為父親守孝期間，他的兵部侍郎虛職也被撤了。曾國藩曾主動要求出任江西巡撫，自然也沒有結果。沒有地方官職就沒有地盤，曾國藩長期沒有地方實權，籌不到軍餉。湘軍客軍孤懸，領不到足額軍餉。因為沒有官方身分、關防屢經更換，湘軍甚至被一些地方懷疑是偽軍。許多湘軍官兵缺乏餉銀和駐地，不得不「仰食於地方官」。地方官就指揮這些部隊去攻打太平軍主力和重兵把守的城鎮，結果不是全軍覆沒，就是用完即棄，命運悲慘。

曾國藩只能死撐著，屢敗屢戰，二度自殺，「養活一團春意思，撐起兩根窮骨頭」。大學者王闓運讀到曾國藩困在江西的奏摺時，淚流滿面，感嘆：「夜覽滌公奏，其在江西時實悲苦，令人泣下……『聞春風之怒號，則寸心欲碎；見賊船之上駛，則繞屋彷徨』，〈出師表〉無此沉痛。」

曾國藩能夠堅持下來，歸功於他頑強的精神。人無欲則剛，曾國藩出兵不是為了地盤，不是為了官職，儘管他需要地盤和官職解決實際問題。他是為了理想出兵的。再加上曾國藩的堅忍頑強和不斷的反省適應，他和他的湘軍，堅持了下來！

咸豐十年（一八六〇年），困局有所改觀。當年曾國藩以兵部尚書銜署理兩江總督，弟弟曾國荃也包圍了安慶。好轉的原因，一是朝廷認為，到了湘軍才是王朝主力；更主要的是，英法聯軍打到北京了，咸豐皇帝需要抽調湘軍北上，和英法聯軍作戰。

第二年，曾國藩的情況更加好轉。當年，慈禧太后透過政變上臺

了。她是一個務實的人，需要借助實權人物對抗太平天國。另據說在辛酉政變中，肅順被殺，在他家裡搜出大小官員與他來往的私信一大箱，裡面唯獨沒有曾國藩的隻字片語。這讓慈禧太后對為人正直、清廉的曾國藩很有好感。一上臺，慈禧就任命曾國藩為欽差大臣、兩江總督，統籌江、浙、皖、贛四省軍務。曾國藩苦盡甘來，獲得了四省實權。弟弟曾國荃以記名按察使，賞給頭品頂戴。秋，湘軍攻陷安慶。曾國藩在安慶設立了湘軍大本營，開始全心全意對付太平天國。年底，湘軍定三路軍進軍之策，曾國荃直插天京（今南京），左宗棠進軍浙江，李鴻章收復江蘇。

湘軍的天京之戰打得很辛苦。迅速推進到天京城下的湘軍不足三萬，而單單一八六二年九月，忠王李秀成就督率十三王，領兵超過十萬回援天京。天京攻守戰開始時，是湘軍面對優勢太平軍的圍攻。好在太平軍上下離心，各自為戰，加上李秀成一度出兵安徽，圖謀湖北，曾國荃部得以逐一攻占外圍。戰鬥最激烈時，太平軍集中力量攻擊湘軍東翼，攻破營牆多處。湘軍拚命擋住。太平軍往返衝殺五、六次，沒有攻破。最終天京在一八六五年淪陷，太平天國運動被鎮壓。

從起兵到勝利，曾國藩度過了艱苦卓絕的十三年。他從零開始組建作為王朝中流砥柱的大軍，以一介書生，帶兵鎮壓朝廷的心腹大患，將朝廷從危如累卵的局面下拯救出來。漫山遍野的敵人、有上頓沒下頓的供給、地方官員的敵視破壞、朝廷的不信任、湘軍內部的問題……所有的困難，都被曾國藩一一化解了。其中的艱辛困苦，只有曾國藩知道。曾國藩也只能用精神的力量化解它們。

咸豐皇帝生前曾發誓：誰能平定太平軍，就是再造國家的功臣，要封王酬謝，甚至封「鐵帽子王」也在所不惜。如今，曾國藩攻下了天京，鎮壓了太平天國。他會受封王爵嗎？

天京：權力的風口浪尖

一

天京城破之日，曾國荃連夜上奏報捷。湘軍上下滿心歡喜。功成名就、大受封賞的時候即將到來！

幾天後，聖旨發到了天京，沒有絲毫稱讚之語，滿紙苛責的話。朝廷斥責曾國荃不應在城破當夜返回雨花臺大營，斥責他讓上千太平軍突圍而出。原本以為能夠封侯拜將的曾國荃，心情降到了冰點。朝廷明顯是在吹毛求疵嘛！

不久，朝廷果然「兌現」先帝的許諾了，下詔封曾國藩為一等侯、曾國荃為一等伯。但同時要求追查天京寶藏下落，命令曾國藩查清，追回上繳。

所謂天京寶藏，指的是太平天國積蓄在天京的財富。太平天國實行財產公有制度，規定收入和出產全部存在「聖庫」裡。百姓家裡財富超過五兩銀子不上繳的，按律治罪。太平天國的總聖庫就在天京。立國十多年，人們普遍相信太平天國在天京積蓄了無數財富。但是最先攻入天京的曾國荃卻說沒發現寶藏，引起天下熱議。

這是怎麼回事呢？是真的沒有寶物，還是被曾國荃等人貪汙了？

　　首先得承認，連綿戰火讓天京受到極大的破壞，尤其是天京城破時，曾發生激烈的巷戰。曾國藩說：「此次金陵城破，十萬餘賊無一降者，至聚眾自焚而不悔，實為古今罕見之劇寇。」三天三夜，天京城內戰火沖天，秦淮河上陳屍如麻，根據湘軍的說法，他們一共斃敵十多萬人。除了巷戰外，湘軍還在城內大肆焚掠。南京文士李圭曾記載：「至官軍一面，則潰敗後之擄掠，或戰勝後之焚殺，尤耳不忍聞，目不忍睹，其慘毒實較『賊』又有過之無不及，余不欲言，余亦不敢言也。」曾國荃之前有過縱兵焚城的不良紀錄，有殺人如麻的不好名聲，而湘軍又有以搶劫所得作為餉銀的習慣，所以人們懷疑曾國荃等部湘軍，貪汙太平天國囤積的財富，並沒有冤枉他們。

　　相關的民間傳言很多。比如說曾國荃在天王府看到殿上懸著四個大圓燈籠，大於五石瓠，黑柱內撑如兒臂，外面裝飾著紅紗。旁人指出這是元朝的寶物，是用風磨銅鼓鑄而成的。曾國荃將它們據為己有。此外，曾國荃霸占大如指頂、圓若彈丸的上百顆東珠，大於籮筐、黑斑如子、紅質如瓤、朗潤鮮明的翡翠西瓜一個。好事者折算曾國荃可能的現金收入，認為攻占天京，讓曾國荃獲得超過千萬白銀的收入。許多湘軍官兵在戰後不斷往湖南運送財物，似乎驗證了人們的懷疑。

　　現在朝廷特地追查此事，曾國藩不得不在百忙之中清查。嚴查的結果是，湘軍的確在城破後查封太平天國的財物，充作軍餉。但這部分錢很少，多數都押往北京戶部或賑濟災民。之後，曾國藩等人忙於巷戰，等戰後查詢，並沒有發現所謂的「聖庫」。而許多「偽宮賊館」，在戰火中被一炬成灰了。

　　太平軍忠王李秀成戰後被俘，曾國藩專門就聖庫寶藏一事審問他。李秀成說，太平天國的確有聖庫之名，但後來成為洪秀全的私藏，並非公有。太平天國的官兵沒有俸餉，當權者都用窮刑峻法搜括各地的銀

米。因此，即便是富庶的蘇州，也沒有公帑積貯。所以，聖庫只存在理論中，不存在現實中。

曾國荃一度也相信太平天國有寶藏，太平軍官兵有私財，懷疑部下可能貪汙這些財富，於是勒令各營繳出。曾國藩認為這是一個壞主意。勇丁所得的贓款多寡不均，如果要求他們吐出到手的財寶，必然弱者刑求而不得，強者抗令而遁逃，攪亂軍心。因此，曾國藩曉諭湘軍：凡是從太平軍身上獲得的財物，一概不問；凡是從太平天國官署和倉庫中搶得的財物，必須報官充公，違者治罪。但考量到官兵作戰辛苦，都以抵欠餉等名義默許官兵的劫掠所得。

最後，曾國藩僅向朝廷上繳「玉璽」兩個和金印一枚。對於沒有其他財物，曾國藩承認「實出微臣意計之外，亦為從來罕見之事」。天京寶藏風波就此被曾國藩出面「壓」了下去。

隨著時間的推移，鬧得沸沸揚揚的天京寶藏，被越來越認為是子虛烏有。史家根據曾國荃的家財情況，斷定「曾九不僅不是貪汙犯，而且還很廉潔」。曾國荃一生積蓄了百萬兩白銀的財物，但他帶兵多年，又歷任封疆大吏，正常收入就有幾十萬之巨。三年清知府還有十萬雪花銀呢！更何況曾國荃了。如果他貪汙受賄，聚斂的財富會多得驚人。這也反證了天京寶藏並不存在。

那麼，朝廷為什麼特地抓住此事不放呢？我們要注意追查此事的時機。那是曾國藩兄弟攻破天京，湘軍勢力如日中天的時候。朝廷斥責曾國荃，實際上是在「敲打」曾國藩。正如同時期的聖旨指出：「曾國藩以儒臣從戎，歷年最久，戰功最多，自能慎終如始，永保勛名。唯所部諸將，自曾國荃以下，均應由該大臣隨時申儆，勿使驟勝而驕，庶可長承恩眷。」

曾國荃滿心以為天京是王冠上的明珠，摘下它就能盛名滿天下、官

爵封賞隨之而來。可是他犯了權力場的忌諱。功高震主也好，擁兵自重也好，攻占天京就是這個忌諱的爆發點。曾國荃一心摘王冠，卻忽視了這一點，難怪會受到斥責，還連累了哥哥。

與曾國荃的短視不同，當時在曾國藩幕府中的李鴻章，就作出正確的選擇，得到實利。一八六二年春，太平軍逼近上海，上海的士紳派人邀請湘軍去上海「協防」。曾國藩一開始拒絕，因為他沒有力量抽軍去上海。求援的士紳就偷偷去找李鴻章。李鴻章是安徽人，在京城當翰林院編修時，鬧起了太平軍。一天，李鴻章在琉璃廠淘書時，聽到安徽省城被太平軍攻占，巡撫殉國的消息。他憂心故鄉，毅然投筆從戎，趕回合肥興辦團練。和曾國藩一樣，李鴻章無權、無兵、無餉、無軍旅知識。和曾國藩不同，李鴻章沒有頑強堅韌的精神力量。因此李鴻章的團練一敗再敗，不得不在三年前（一八五九年），無奈投入曾國藩幕府。李鴻章敏銳感覺到，增援上海是一次良機，可以搶占富庶地盤，獨樹一幟，於是用上海的物力、財力說動曾國藩出兵。曾國藩計劃以曾國荃為主將，李鴻章為輔，增援上海。可曾國荃看中攻克天京的功勞，不願捨棄天京去華洋雜處的上海。就這樣，李鴻章成為增援上海的主將。他借鑑湘軍的組織和訓練方法，召集合肥一帶的團練頭目，迅速訓練「淮軍」。在湘軍的支持下，淮軍迅速抵達上海，李鴻章當上江蘇巡撫。十里洋場為李鴻章提供了扎實的軍需和外國列強的支持，使他逐漸超越曾國藩，成為晚清最重要的實力派。

史家常用李鴻章的自立過程，來反襯曾國藩、曾國荃兄弟的短視。

曾國藩歷盡艱險才攻下天京，消滅太平軍的主力，卻遭到朝廷的訓斥和猜忌；而李鴻章漁翁得利，和上海士紳、列強勢力建立良好的溝通，逐步壯大。但站在曾國藩的立場來說，拋去救國濟民的志向不說，他扛起了與太平天國勢不兩立的大旗，名聲在外，就必須把兵鋒指向天

京。曾國藩的活動不如李鴻章自由，這是他身上的政治限制，而不是他
眼光不如別人。從某個角度說，天京是權力漩渦的風口，李鴻章可以不
跳進去，但是曾國藩必須跳進去。受到訓斥和猜忌是必然的，天京寶藏
問題只是一個工具而已。

　　權力場就是如此有趣。我們說不清其中的奧祕，因為它遠非表面現
象所展現的那樣。

二

　　一天夜晚，曾國藩審訊完李秀成，回到寓所。

　　他剛要去臥室休息，大廳裡突然湧入湘軍將領三十餘人。這些人情
緒高昂，要求見曾國藩。曾國藩不得不拖著疲憊的身軀，出來見這些
人。他們高聲叫喊「東南半壁無主，曾公豈有意乎？」。曾國藩熟讀史
書，對這一幕很熟悉了。當年趙匡胤在陳橋，就是被慷慨激昂的部將拿
出龍袍來，披在身上，當了皇帝。現在，曾國藩不知道這些部下是不是
也準備好了龍袍，等著他點頭同意呢？曾國藩清楚的是，攻占天京後，
朝廷非但沒有封賞湘軍，反而斥責不斷，追查寶藏，擺出鳥盡弓藏的架
勢來。湘軍上下都一肚子火。環顧長江中下游，遍布湘軍各部，各省督
撫也出自湘軍，其中難免有人想逐鹿中原，當新朝的開國元勛。而他們
挑選的新朝皇帝，就是自己。

　　曾國藩冷冷地掃視眾人，對大家的要求毫無反應，而是緩緩地拿出
紙筆，寫道：「倚天照海花無數，流水高山心自知！」部將們見領袖沒
有稱帝的意思，這才怏怏而散。

　　這不是曾國藩第一次處理這種情況。早在紮營安慶時，就有人向曾國藩勸進了。那時候，英法聯軍占領北京、咸豐在熱河行宮駕崩，天下大亂。東南地區全靠湘軍在勉力支撐。安慶城裡驟然多了許多湘軍人士和與湘軍相關的官僚文人。不少人認為幼帝登基、民心驚慌，曾國藩可以取清朝而代之。部下李元度甚至送給曾國藩對聯「王侯無種，帝王有真」。曾國藩見後，當場撕毀對聯，把李元度痛斥了一頓。

　　儘管曾國藩宣布不願割據造反，但鼎盛期的湘軍內部，蠢蠢欲動。曾國荃、彭玉麟、左宗棠和鮑超四人，成為鼓動曾國藩造反的核心集團。浙江巡撫左宗棠送曾國藩對聯：「鼎之輕重，似可問焉！」曾國藩將「似」字改為「未」字，退給左宗棠。安徽巡撫彭玉麟送來密信，曾國藩打開一看，白紙幾張，只在最後一頁寫了十二個字：「東南半壁無主，老師豈有意乎？」曾國藩付之一炬。曾國荃對大哥的選擇很不理解，推心置腹地勸說道，湘軍超過二十萬人，其中二十多人擔任各省總督、巡撫，曾國藩又直接控制著蘇、皖、贛、浙等地，振臂起兵，以恢復漢家天下相號召，即使不能取代清朝，也能坐擁南方半壁江山。

　　曾國藩耐心地解釋道，我是門生部下，掌握各處實權，但今非昔比，這些人成為封疆大吏後，不見得就能跟隨我興兵造反。說不定我今天造反，明天李鴻章就打到家門口了。湘軍是人多勢眾，但過了鼎盛期，已經成兵、老無用了。況且，清朝在北方立國兩百多年，不是想推翻就能推翻的。

　　在曾國藩的三點理由中，最根本的理由他沒說。那就是曾國藩天性就不是亂臣賊子，他是儒家傳統教育的結晶，是忠君愛國思想的載體，怎麼可能違背思想，謀逆造反呢？

　　但是曾國藩手裡的牌實在太好了。就算慈禧太后再信任曾國藩，也極為擔心曾國藩在南京成為第二個洪秀全。因此朝廷在太平天國覆滅

後，就抽調軍隊，全副應付湘軍可能的反叛。曾國藩和朝廷的關係，在一八六五年前後，在絢麗的表象下，走到了崩潰的邊緣。清朝先派庸庸碌碌的滿人官文擔任湖廣總督，坐鎮武昌，監督湘軍；又派遣富明阿進駐揚州、馮子材守衛鎮江、僧格林沁屯兵皖鄂交界，從北部對湘軍形成包圍。同時，清朝也來軟的，大規模封賞、提拔曾國藩的部下，死去的羅澤南、江忠源、胡林翼、李續賓等人，和活著的左宗棠、李鴻章、沈葆楨等人，都蒙受「浩蕩皇恩」。尤其是活著的各位封疆各地，實際上形成了與曾國藩相對獨立的勢力。這樣就影響了湘軍的內部團結。

應該說，朝廷的手法並不高明。這樣的布置和日益加重的猜忌情緒，即便對防範湘軍造反有所作用，但極有可能把湘軍和曾國藩「逼」上造反的道路。歷史上許多亂臣賊子，不是天生的亂臣賊子，而是被皇帝逼反的。湘軍上下對曾國藩的勸進，一定程度上是清廷的防範和猜忌推動的。但曾國藩的脾氣和心理素養都很好，不想造反，而是審時度勢，讓朝廷相信自己不會造反。天京還沒攻下時，曾國藩就兩次奏請朝廷派親信大臣給湘軍監軍，又代表曾家謝絕朝廷的封賞。對統兵之人最渴望的用人之權，曾國藩也主動放棄。凡是用人，總是奏請朝廷決定。攻下天京後，湘軍和朝廷的關係日益微妙，曾國藩主動奏請裁撤湘軍。為了以身作則，曾國藩代弟弟曾國荃上奏朝廷，以健康原因，請求朝廷「恩准」曾國荃回家養病。朝廷滿不喜歡曾國荃的，立即批准了曾國藩的奏請。絕大部分湘軍都被裁撤，直接歸屬曾國藩指揮的湘軍，很快就不足兩萬人。數以十萬計的湖南子弟，在背井離鄉、鏖戰多年後，身心俱疲，返回故鄉。據說曾國藩曾在南京街頭看到有遭裁撤的湘軍將官，挑著頂戴花翎，混跡平民之中。曾國藩下轎，花錢買下他們的頂戴，說服他們回鄉去。

除了政治上的低調，曾國藩在生活上依然保持儉樸、謙虛的作風。

即使成為天下第一實權人物，當上世襲的一等侯，曾國藩還是布衣布襪，只有一件天青緞馬褂。那件好衣服還是他三十歲時，在翰林院做的，從不輕易穿，只在慶典和新年時才穿一下。等他三十歲了，馬褂還嶄新如初。他的鞋子，都是女兒、兒媳們做的。人們還叫曾國藩「一品」宰相，因為他每天都吃一個葷菜。

曾國藩的主動和低調，讓朝廷和湘軍間的火藥味降低了許多。可就在這時，捻軍聯合太平軍殘部，摧毀清朝在華北的統治。鎮壓捻軍的重擔，落在曾國藩頭上。為什麼是曾國藩？因為他聲名在外，因為他有實力，捨他有誰？盛名之下，曾國藩不得不組織軍隊，北上平叛。遺憾的是，湘軍已經被裁撤得差不多了。曾國藩只能用兩萬湘軍，加上六萬淮軍，配備洋槍、洋炮去迎戰捻軍。湘軍暮氣已深，不復當年的英勇。曾國藩只能花大力氣建造圍剿工事，希望將捻軍困死。結果捻軍衝破他的包圍，曾國藩遭到斥責，李鴻章接替他，負責對捻軍作戰。鎮壓捻軍的失敗，嚴重降低了曾國藩的聲望，但也不算太壞。一方面，李鴻章接手燙手山芋，曾國藩解脫了；另一方面，它向天下證明湘軍日薄西山了，減輕清廷對曾國藩的猜忌。曾國藩抓住時機，多次奏請朝廷查辦自己辦捻不善之罪，免去自己本兼各職，允許自己入都陛見。慈禧為首的朝廷，徹底信任曾國藩，認為他和湘軍已不足為患。

皇帝喜歡的，就是曾國藩這樣的臣子。皇帝還沒想好怎麼卸去他的威權，他自己就送給皇帝一個套子，還自己鑽了進去。投桃報李，清廷高位虛待，很客氣地接待曾國藩，加授曾國藩大學士銜、加賞雲騎尉世職。慈禧太后頻繁召見，皇帝賜宴。在國宴上，曾國藩以武英殿大學士，排在漢臣首位，真正實現了「位極人臣」。至於之前那些參奏彈劾曾國藩的摺子，全部駁回。「人家曾國藩忠心有目共睹，還彈劾什麼？」

曾國藩這樣的大臣，部屬遍布天下，聲望卓越，不是簡單擺在花架

上就能安置的，必須為他安排點實質工作。曾國藩不久調任直隸總督。直隸在天子腳下，天矮皇帝近，總督的一舉一動，朝廷都看得見、制約得了，朝廷放心。而曾國藩離開了經營多年的東南地區，孤身北上，朝廷更放心。

如何解決強大的軍閥功臣與中央政府的關係，是困擾歷朝歷代的一大難題。晚清政局沒有因曾國藩湘軍集團的崛起，造成地方尾大不掉、王朝大權旁落的局面，不是因為朝廷多強大（晚清朝廷很虛弱），也不是因為最高統治階層手腕高超（滿清權貴早已腐化墮落），主要是曾國藩和湘軍要人們對朝廷始終忠誠不貳。以曾國藩為代表的湘軍將官們，多是講求個人修為、入世經世的儒生。他們志向是澄清天下、弘揚正氣，挽救王朝覆亡，怎麼可能做王朝的掘墓人呢？

只開風氣之先

一

歷史並沒有讓曾國藩只當一個傳統王朝的能臣。

曾國藩的政治活動並沒有局限在平定太平天國上。太平天國起義和它的平定，還停留在中國傳統政治的範疇內。曾國藩的思想和行動超越了傳統政治，在「三千年未有之大變局」的晚清，觸及了更深遠的層次。

早在當京官的時候，曾國藩就遇到鴉片戰爭在北京掀起的軒然大波。鎮壓太平天國期間，曾國藩更是頻繁接觸西方列強。和所有舊式文人一樣，曾國藩也沒學過怎麼和列強相處，如何處理外交。他的過人之處，就是沒有繼續盲目自大，排斥中外來往，而是從傳統儒學的世界觀和為人處世的理論出發，看待新的局勢。豐富的政治經驗和複雜的政治手腕，讓曾國藩看待和處理外交多了些務實和現實。儒家色彩和務實處理，是曾國藩處理中西方砰然相撞時，暴露出問題的兩個特點。

曾國藩現實地拋棄天朝上國、故步自封的愚昧和迷信，客觀看待中西方來往的現實。讀聖賢書的同時，曾國藩也閱讀《聖武記》、《考工記》以及西方火輪槍炮方面的著作。隨著地位的提升，曾國藩身邊聚集了一批具有近代科學知識的人才，曾國藩不恥下問，經常詢問他們在外

交實踐中遇到的問題，和對西方的疑問。這讓曾國藩對西方的認知既廣泛，又有一定的深度。他思考總結一套完整的「馭夷之道」，認為「夷務本難措置，然根本不外孔子忠、信、篤、敬四字。篤者，厚也。敬者，慎也。信，只不說假話爾，然卻難。吾輩當從此一字下手，今日說定之話，明日勿因小利害而變。」曾國藩的這套方法，影響這代人的外交思想。李鴻章就大讚道：「與洋人交際，以吾師曾國藩忠、信、篤、敬四字為把握，乃洋人因其忠信，日與纏繞，時來親近，非鴻章先親之也。委屈周旋，但求外敦和好。」曾國藩的這套方法雖然務實，有一定效果，但根本還是儒家的，希望將外交事務重新歸入儒家的世界觀和外交體系中，依然沒有超出傳統王朝處理「夷務」的範疇。這就注定曾國藩不能找到正確的外交方法，只開了風氣之先，而未找到救國維權的正確道路。

　　一八六二年，清廷上下商討「借兵助剿」一事。曾國藩上奏力陳利害，反映出他的外交思想。「島人借助剿為圖利之計……而中華之難，中華當之」，中國的事還得中國來辦；但在中國有難，列強、兵強的現實面前，借師不失為務實的選擇；洋人的援軍來了，只能助剿，不能蹂躪中國。當年年底，華蘅芳與徐壽父子試製中國第一臺蒸汽機成功，曾國藩見到後，在日記中寫道：「竊喜洋人之智巧，我國亦能為之，彼不能傲我以其所不知矣！」西方在器物軍械上強大，中國一旦掌握了，遲早能扭轉西強中弱的局面。

　　所以，曾國藩的自強禦辱之道，首先展現在大造西方器物、掀起洋務運動熱潮上。曾國藩進駐安慶後，「分設穀米局及製造火藥、子彈各局，委員司之。又設內軍械所，廣儲軍實」。安慶內軍械所是洋務運動早期的重鎮，雖然帶有實驗性質，主要任務也是為湘軍修繕軍械，但中國的洋務自強道路由此展開了。同治初年，清朝嘗試購買英國軍艦，組

建中國第一次近代海軍。可惜清廷所用非人,委託的阿思本一意孤行,試圖將清朝艦隊建成掛英國國旗、由英國操縱的艦隊。最後艦隊解散,清朝白費資金。曾國藩受到刺激,決心在安慶內軍械所建造輪船。曾國藩收攬中國當時僅有的技術人才,包括華蘅芳、徐壽等中國第一代西方科學家。一八六二年,朝廷下旨江蘇等地「將該各員速行訪求咨送曾國藩軍營,由該大臣分別酌量奏請錄用」。第二年的一月二十八日,安慶內軍械所造出中國第一條木殼小火輪。曾國藩登船試航,高興地命名為「黃鵠號」。在當天的日記中,曾國藩記載該船「約計一個時辰,可行二十五、六里,試造此船,將依次放大,續造多矣」。欣喜、樂觀之情,溢於言表。

　　這些創舉無異於在保守、沉悶的官場拋入巨石。遺憾的是,當曾國藩興高采烈地率領大小官員和幕僚親隨們駕臨內軍械所,在委任各級官員管理時,內軍械所消極的命運就已經決定了。近代西方科技和社會經濟,不能在曾國藩背後的傳統王朝制度上健康成長。曾國藩沒有意識到這一點,依然大造軍械所,對輪船等近代器物樂此不疲。在兩江總督任上,曾國藩以金陵製造局和李鴻章的上海洋炮局,再購買美國人的鐵廠,增加百多部嶄新機器,建成赫赫有名的製造企業:江南機器製造總局。曾國藩對這家洋務企業很用心,撥上海海關銀萬兩,加上兩萬兩安徽釐金,供容閎在外採購機器,還每年從海關關稅中抽一成,供江南機器製造總局造船之用。除了機器,曾國藩希望其他方面盡量不依賴外國,希望具體操辦洋務的丁日昌能做到「煤炭、五金亦可取材於中土」。這又是他的天真之處,以為只要大規模採購外國機器,就能建成德國的克虜伯(Krupp)或美國的洛克斐勒(Rockefeller)企業。曾國藩對江南機器製造總局不可謂不關心,從徵地擴遷到設置人員,都親自過問,但江南機器製造總局一直沒有得到實質的發展。

器物必然和思想文化連繫在一起，洋務運動大造西方器物，必然會遇到如何處理背後的西方近代科技和思想文化的問題。曾國藩的態度是不評價，暗中努力推廣。推廣的方法就是翻譯、出版西方的科技作品。江南機器製造總局下面專設譯書館，翻譯、出版西方著作；曾國藩還出資編校，出版了《幾何原本》，由兒子曾紀澤代為作序，加以推介。曾國藩主政東南時期，東南地區問世了大量近代科技作品和少量宣傳西方社會的圖書，開風氣之先，奠定中國許多近代科學的基礎，可算是曾國藩的一大政績。這些圖書包括《代數學》、《代微積拾級》、《格致啟蒙》、《電學》、《光學》、《泰西採煤圖說》、《談天》、《西藥大成》、《內科理法》等書。百年後的我們，在課堂上採用的許多概念和理論，都是在這些作品中最早介紹的。

曾國藩在西方科技文化上，推開了中國人留學的大門。自古只有蠻夷向化，來華學習禮樂制度，從來沒聽說過中國人去化外之地學習。推動中國人，尤其是幼童出國留學的困難，可想而知。曾國藩曾創辦廣方言館，培養外語人才，該館後來併入江南機器製造總局。為了吸引人民學外語，翻譯館不僅不收錢，還得付薪資給學員、供應生活。一八七一年，曾國藩和李鴻章兩大重臣連銜會奏「擬選子弟出洋學藝折」，依然遭到朝野的阻力。一八七二年，晚年曾國藩再次領銜上奏，促請盡快落實「派遣留學生一事」，並提出在美國設立「中國留學生事務所」，推薦陳蘭彬、容閎為正副委員，常駐美國管理。經過妥協讓步，幼童留洋一事才得到批准。容閎在下面做了大量周密、艱難的工作，清朝才得以派遣兩批赴美留學生，成就中西來往史上的一段佳話。這群當年的幼童中，有民國的第一任總理唐紹儀、中國「鐵路之父」詹天佑、清末外務部尚書梁敦彥、清華大學第一任校長唐國安等人。

遺憾的是，軍械所也好、學堂也好、赴美留學生也好，身後都拖著一條長長的辮子。曾國藩雖然客觀務實地對待洶湧而來的西方，但他恪

守儒學風範和正襟危坐的官場模樣。開風氣尚可，扭轉風氣就無力為之了。

二

曾國藩的西方觀沒有停留在自娛自樂中，局勢讓他真真實實地將之用來解決棘手的外交難題。

一八七〇年，曾國藩被清朝命令處理「天津教案」。天津教案的發生，表面是一場誤會引起的，實質上涉及民族感情、宗教衝突和中西方的相互敵視等問題。單單當時天津城內外堅持洋人人皆可殺的強硬態度，和西方列強調集軍艦兵臨天津城下的緊張局勢，就足以讓處理不當的人身敗名裂。曾國藩深知天津城是龍潭虎穴，十分驚恐，赴任前就立下了遺囑。

曾國藩對天津教案的基本態度是：息事寧人。隨著大沽口的外國軍艦越來越多，這個事件已經超越教案本身，成為關係國家安全的大事。中國飽經戰亂，剛剛承受列強強加的屈辱，曾國藩判定，一旦開戰，中國敵不過列強，為了不給列強動武的藉口，讓步是必不可免的。所以，曾國藩一到任就發布「諭天津士民」告示，告誡天津人民勿再起事端，隨後釋放涉案教民和拐犯，引起天津人民的不滿。曾國藩做好了心理準備：「但冀和局之速成，不問情罪之一當否。」法國公使看出曾國藩妥協的傾向，氣勢洶洶來見，要求殺天津道員、知府、知縣為法領事抵命，並以戰爭相威脅。這自然也遭到曾國藩的嚴詞拒絕。曾國藩堅持在程序上不受列強口舌，做到依「法」辦事。

經查，天主教堂拐騙人口、虐殺嬰兒的傳聞是謠言。曾國藩抓住這

一點，下令處死二十一人（一說十六人），流放四人，徒罪十七人；將天津府縣革職，流放黑龍江；賠銀四十九萬七千餘兩，朝廷並決定派崇厚去法國道歉。天津教案就此完結，法國等列強沒有出兵天津。曾國藩達到了目的。

但另一方面，這個處理結果，引起全國輿論譁然。「自京師及各省皆斥為謬論，堅不肯信」，不少人乾脆罵曾國藩是賣國賊，就連湖南同鄉也把他在北京湖廣會館誇耀功名的匾額砸爛、焚毀。有時候，決策者和老百姓的資訊是不對稱的、出發點不同，決策者的考量不一定會被百姓理解。曾國藩也意識到自己「內咎神明，外咎清議」，承認「敝處六月二十三日一疏，庇護天主教本乖正理」，「物論沸騰，至使人不忍聞」。曾國藩沿襲宋明理學修身養性的傳統，極重視名節聲望。曾國藩處理天津教案問心無愧，結果卻成為「謗議紛紛，舉國欲殺」的漢奸、賣國賊，幾十年累積的清望，聲譽掃地，這帶給曾國藩巨大的精神打擊。晚清外交專家認為：「曾國藩實際上死於處理天津教案（一八七○年）導致的精神打擊。在如履薄冰的對外關係處理中，他的忠、信、篤、敬四字祕訣，未能挽救自己的名聲，乃至生命。」

也就在一八七○年，兩江總督馬新貽被平民張汶祥刺殺於總督府。東南局勢不穩。朝廷命曾國藩回任兩江總督，前往南京審理該案，曾國藩這才快快離開天津。

三

同治十一年（一八七二年）二月初四，曾國藩在南京兩江總督府病逝。

　　曾國藩死訊傳到北京後，同治皇帝輟朝三日，下令追贈其太傅，照大學士例賜恤，予諡「文正」，入祀京師昭忠祠賢良祠，並於其湖南原籍、江寧省城等地建立專祠。同治皇帝親自為曾國藩撰寫祭文和碑文。祭文稱：「原任大學士兩江總督一等毅勇侯贈太傅曾國藩，賦性忠誠，砥躬清正……奇功歷著於江淮，大名永光於玉帛。」碑文稱：「曾國藩，秉性忠純，持躬剛正，闡程朱之精蘊，學茂儒宗。」祭文和碑文對曾國藩的學問和功績都作了高度肯定。成書於民國的《清史稿·曾國藩傳》則評價他：「公誠之心，尤足格眾。其治軍行政，務求蹈實。凡規劃天下事，久無不驗，世皆稱之，至謂漢之諸葛亮、唐之裴度、明之王守仁，殆無以過，何其盛歟！」可見曾國藩在清末民初評價不斷提升，直到民國初年，被稱為「諸葛亮第二」。

　　實際上，此時有關曾國藩的評價，有了爭持。主要是在辛亥革命時，有人斥曾國藩剿滅太平天國，又斥責曾國藩殺人太多，是「曾剃頭」。除卻人們在鎮壓太平天國運動問題的爭論外，曾國藩僅僅身為一位正直人物，無疑是成功的。從梁啟超、蔡鍔到蔣中正，都對曾國藩推崇備至。民國許多豪傑，都仔細研讀曾國藩的生平事跡，抄錄他的著作書信，追捧他的圖書。正如章太炎總結的，曾國藩這個人「譽之則為聖相，讞之則為元凶」。

悍匪與儒臣

一

曾國藩一生南征北戰，當朝廷的滅火隊員，同時還是一個出色的人事經理，幫朝廷物色、培養一大批人才。曾國藩親自薦舉的人才數以千計，官至總督巡撫者，就有四十多人。這些人中包括左宗棠、李鴻章、劉銘傳等近代名人，他們組成曾國藩勢力的一部分。

曾國荃既是這些名人中的一分子，也是曾國藩的親弟弟。他是曾家勢力的重要組成分子。

曾國荃比曾國藩小十三歲，生於道光四年（一八二四年）。

與曾國藩的儒臣宗師形象完全不同，曾國荃給人的印象，就是一個凶悍的武人。曾國荃為什麼會給人這種印象呢？首先，曾國荃善於打硬仗。破吉安、圍安慶、陷天京，一系列的硬仗，曾國荃都親力親為，提著腦袋，染紅了頂戴。攻城時，曾國荃都以挖壕圍城獲勝，因此有「曾鐵桶」的外號。其次，曾國荃所部湘軍凶狠殘忍，每攻下城池，曾國荃都大開殺戒三日，任憑兵勇燒殺搶掠。一方面，曾國荃所部戰鬥力強，打起仗來奮不顧身；另一方面，名聲不好，引起朝野非議。許多人都將曾部視為「匪」。如果說曾國荃僅僅是打仗時奮不顧身，還能落個英勇

善戰的名聲。可惜他每次大仗過後或升官，都要請假回鄉，在老家修房子、買地，擺出一副衣錦還鄉、誇耀功名的樣子。在傳統士大夫眼中，曾國荃的言行，顯然就是一個凶悍的匪首。

其實，世人多少誤會曾國荃這個人了。他是道地的儒生出身，學問還相當不錯。十六歲時，曾國荃就被送到北京，跟哥哥曾國藩學習儒家經典。成年後，曾國荃返回原籍，曾國藩送他到盧溝橋，寫詩送別：「辰君平、午君奇，屈指老沅真白眉。」「辰君」、「午君」、「老沅」分別指曾國藩的三個弟弟曾國演、曾國華和曾國荃，白眉指三國時期荊州馬家最有才氣的馬良。曾國藩這是在稱讚曾國荃是弟弟中，才華最好的。曾國藩對己、對人的要求都很高，曾國荃能夠得到曾國藩這樣的誇獎，可見他的學問並不差。回鄉後，曾國荃以府試第一的成績進入縣學，不久舉優貢。他曾在山西為官，現在太原地區的許多晉商大院，還留有曾國荃的墨寶，可見曾國荃的書法也相當不錯。但是與大哥的內斂謹慎不同，曾國荃生性驕橫，「少年奇氣，倜儻不群」。雖然也飽讀詩書，曾國荃一直沒有修習、鍛鍊出曾國藩的氣質來。他的氣質搖擺在悍匪和儒臣之間，很矛盾。而人們說起曾國荃，則總是把他和曾國藩比較，一比就更顯出曾國荃的粗俗殘暴和不學無術了。如果沒有曾國藩，沒有後來的大起大落，曾國荃按部就班，也能在傳統社會中混個功名和官位，戴著官帽，可能也有一番儒臣雅士的風範。

和曾國藩一樣，曾國荃也是被歷史大勢成就和塑造的人物。我們看到的曾國荃，是歷史遺跡層層疊疊後的模樣。

二

成就曾國荃不凡人生的歷史事件，就是太平天國起義。曾國荃因成功鎮壓太平天國而揚名發達，也因此承受一生的牽累。

安慶戰役末期，曾國荃將安慶城圍得如同鐵桶般。太平軍彈盡糧絕，依靠長江上的一些外國商船獲取糧食。曾國荃於是扼守長江航道，遇到外國商船，就以高於太平軍的價格收購糧食，徹底斷絕太平軍的供應。內外交困的安慶城，最後被曾國荃挖地道、埋炸藥轟破了，城內太平軍一萬多人投降。占領安慶後，曾國荃竟然下令將投降的太平軍分成一百人一批，輪流去「領路費」。湘軍花了整整一天一夜，才將投降的太平軍殺完。從此，曾國荃得到了和曾國藩一樣的綽號：曾剃頭。名聲雖然壞了，但曾國荃掃除了進軍天京的最大障礙，因功賞加布政使銜，並賞穿黃馬褂。曾國藩也因此對弟弟曾國荃刮目相待，將他的部隊當作湘軍嫡系。進攻天京的主攻任務，自然落在曾國荃的身上。不用曾國藩布置，曾國荃早就按捺不住，在攻占安慶後，就擅自率軍急進，直逼天京城。曾國荃所部處於孤軍深入的險境，曾國藩寫信勸他暫時後退，穩紮穩打。曾國荃立功心切，拒絕退兵，還謝絕了李鴻章所部和列強「常勝軍」的援助。不幸又遇到江南瘟疫盛行，曾國荃軍中也開始蔓延，元氣大傷。曾國荃依然督促湘軍殊死拚殺，逐步奪取天京城外的策略據點，到一八六四年年初，將天京合圍。但曾國荃部隊的情況相當艱難，孤立無援且傷病纏身，處境危險。好在太平天國最後階段舉止失措，外地太平軍各自為政，曾國荃所部並沒有遇到激烈的抵抗。七月十九日午後，曾國荃所部故伎重演，挖地道，在天京城牆下埋了三萬斤火藥，點燃炸城，「但聞地中隱隱若雷聲，約一點鐘之久。忽聞霹靂砰訇，如天崩地裂之聲。牆垣二十餘丈隨煙直上……」，天京陷落。

　　曾國荃是第一個殺入天京的功臣，抓獲眾多要犯，包括幼天王和忠王李秀成，還挖出洪秀全的屍體。這是曾國荃最大的政治資本、最得意的人生經歷。天大的功勞，刺激了曾國荃內心的驕橫和輕狂，也埋下後半生坎坷的根源。太平天國平定後，曾國荃並沒有得到夢想的稱譽和封賞，相反遭到朝野上下的非議。朝野抓住曾國荃破城後在天京大肆搶劫殺戮的罪行不放，追究所謂的「聖庫寶藏」的下落。同時曾國荃破城時，並沒有將所有太平軍都消滅，部分太平軍殘餘突圍而出，某些人把這個責任也推到曾國荃的頭上。加上曾國荃之前的把柄很多，小問題不少，現在也沉渣泛起，一併秋後算帳。這固然有「槍打出頭鳥」的原因，也有曾國荃自身疏忽的原因。其他人抓著曾國荃不放，意在打壓湘軍不斷擴張的勢力。曾國荃卻我行我素，組織修訂《湘軍記》，誇耀湘軍的「赫赫戰功」，對他人的指責嗤之以鼻。曾國藩比曾國荃要深思熟慮，更熟諳官場之道。他不管曾國荃是否同意，以病情嚴重為由，強迫曾國荃開缺回籍。剛立下汗馬功勞卻被免官，曾國荃滿肚子不快。曾國藩其實是以退為進，保全曾國荃，曾國荃卻無法理解兄長的用心良苦，牢騷滿腹。曾國藩風風光光進駐南京那天，曾國荃當眾口出怨言，讓兄長狼狽不堪。

　　曾國荃在老家「養病」沒養好，反倒大病一場。一八六六年，風頭過了，曾國荃才出任湖北巡撫，重新步入官場。

　　曾國荃再出江湖，一點也沒改其脾氣、稟性。時任湖廣總督是滿族人官文，曾國荃這個巡撫，是他的部下，兩人都駐紮在武漢。曾國荃對官文這個頂頭上司極其厭惡。

　　官文恰好是出了名的庸碌無為，政事聽由僕從干預。門丁、廚子等人狐假虎威，氣焰囂張，把持總督府事務。官文還怕小老婆，大小政事都屈服於枕邊風。前任湖北巡撫胡林翼肆意籠絡官文，收買他的小老

婆，勉強維持督撫相安無事。官文能在湘軍勢力擴張的湖廣地區挺立不倒，就便利朝廷監視、牽制湘軍。官文和湘軍衝突很多，常常在給養、軍功等問題上，暗中刁難湘軍。曾國荃早對官文這個奸細不滿，一點都不給官文好臉色，滿腹的不屑和不滿，都寫在臉上。

曾國荃到任沒幾天，官文先發制人，以捻軍威脅湖北為由，奏請由曾國荃「幫辦軍務」，調離武昌去前線剿匪。曾國荃撕破臉，參劾官文。官文的問題很多，曾國荃抓的是一個可大可小的問題：貪庸驕蹇。曾國藩之前對官文和和氣氣，事先沒能阻止曾國荃彈劾官文，事發後密摺保官文，請朝廷不要深究官文之罪。督撫失和是大事，朝廷不得不「嚴肅處理」。一番調查後，官文果然有「動用捐款」的罪行，但「詔念前勞，原其尚非貪汙欺罔」，僅將官文罷去湖廣總督職務，召還北京，管理刑部兼正白旗蒙古都統，不久出任了地位更重要的直隸總督。曾國荃起初以為自己打贏官司，不料第二年年初，就因鎮壓捻軍不利，稱病辭職了。曾國荃僅當了一年巡撫，就第二次罷官，真正輸掉了官司。

兩起兩落，曾國荃已過不惑之年，脾氣柔和了許多，火氣大不如前。湘軍也日益勢弱，不再成為紫禁城的心腹大患。曾國荃這才迎來復出的機會，出任陝西巡撫，開始了最後二十多年的宦遊生活。這個時期，曾國荃留下不少案牘文章，總結個人治政經驗。他曾說：「為官治民，不論貧富，只當問其犯法不犯法，不必吹求其鏗吝，方為公允。」他思想中，平等相待和自然而治的成分，扎根於傳統儒家。曾國荃能總結出這樣的經驗，可見政治素養不錯。

晚期曾國荃最值得稱道的，是在山西巡撫任上賑災。光緒三年（一八七七年），曾國荃出任山西巡撫。此時光緒二年開始的「丁戊奇荒」還在華北肆虐，華北九省多達兩億人口受災，有約一千三百萬人死於飢餓或瘟疫。其中山西省死亡五百萬人，另有百萬人口流失外地，

而山西全省人口也才一千六百萬。部分州縣還出現人吃人的現象。曾國荃接手爛攤子後，先爭取朝廷對賑災的支持，清政府已經允許各省開設捐局，賣官、賣糧。曾國荃從戶部拿到兩千張空白的委任狀，可以大展拳腳地賣官鬻爵。朝廷還一次性撥付給山西二十萬兩賑災銀，令曾國荃採買糧食。到任後，曾國荃多方措款籌糧，竭盡全力賑濟災民。山西吏治之壞，曾國荃到任前早有耳聞，為了掃除障礙，不讓腐敗的吏治添麻煩，曾國荃發揮了果敢、剛毅的一面，雷厲風行、親自處置大小貪官汙吏四十餘人。比如山西吉州知府段鼎耀私自扣留賑銀，並以辦賑為名敲詐勒索；知縣王性存以罰捐賑為名，侵吞白銀一千兩，被曾國荃請旨「一併革職」，「以重賑務而儆官邪」。山西災情大為緩解，百姓對曾國荃感恩戴德，曾專門修建生祠以資紀念。

曾國荃歷經道光、咸豐、同治、光緒四朝，先後任多省巡撫和總督、通商大臣、禮部尚書等職，兩次加封太子太保。一八九〇年，曾國荃在兩江總督的任上，病逝於南京，時年六十七歲，諡「忠襄」。

雖然和曾國藩難以相提並論，曾國荃一生為曾家的權勢增色不少。重要的是，曾國荃是少有的官場性情中人，是近代跌宕起伏的局勢和湘軍的崛起，成就了他。

一口英語與一場談判

一

　　曾國藩家族也許是家教最嚴格、最成功的政治世家。曾家後代沒有出現敗家子，都受到良好的教育，人才輩出，至今名聲斐然。曾國藩因為摸索出系統的家庭教育理論和方法，受到後人的追捧。現在普通百姓還看曾國藩的著作，不是看他的政論或儒家學問，而是看他的家書和育兒經。

　　曾國藩身居高位，卻始終保持平常心，從一個人應該具有的優秀特質出發，教育家人。他曾在日記中記載：「聞家中修整富厚堂屋宇，用錢共七千串之多，不知何以耗費如此，深為慨嘆。」即便小小縣令修房子，也不止用七千串銅錢，但曾國藩卻牢記「今小民皆食草根，官員亦多窮困」的現實，責備家人太鋪張浪費了，且自責「吾居高位，驕奢若此，且盜廉儉之虛名，慚愧何地！以後當於此等處痛下針砭。」曾國藩經常告誡子弟要有真本事：「古人謂無實而享大名者，必有奇禍。吾常常以此敬懼，故不能不詳告賢弟，尤望賢弟時時教戒吾子吾侄也。」怎樣才能掌握真才實學呢？曾國藩從理學的修身養性出發，教導子侄輩須以敬恕二字為人處世，不要驕氣、不要怠惰，要寬容大方，要勤奮刻苦。因此迅速崛起的曾家，養成了淳樸而奮進的家風。這是曾家保持權勢和聲

譽的重要原因。

　　曾國藩一共生了三個兒子，長子兩歲就夭折了，長大成人的兒子，分別是曾紀澤和曾紀鴻。對兩個兒子的教育，曾國藩時刻沒有放鬆。他長年征戰，兵馬倥傯，和兒子遠隔千里，還擠出時間過問兒子的讀書寫字情況，不厭其煩地寫信回家詢問，甚至在戰爭中、在深夜裡，挑燈為兒子批改作業。曾國藩「不願子孫為大官，但願為讀書明理之君子」，制定了嚴格的學習計畫。他規定曾紀澤兄弟每天必須做四件事：看、讀、寫、作。看書、讀書要五頁以上，寫字不能低於一百個，逢三逢八日要作一文一詩。曾紀澤兄弟開始懂事時，曾國藩權勢日中、湘軍勢力飛黃騰達。曾國藩沒有教導兩個兒子政治手腕，也沒有教導他們繼承權力，而是諄諄教誨要居安思危：「吾家現雖鼎盛，不可忘寒士家風味，子弟力戒傲和惰。戒傲以不大聲罵僕從為首，戒惰性以不晏起為首。吾則不忘落市街賣菜籃情景，弟則不忘竹山場拖碑車風景，昔日苦況，安知異日不再嘗之？」

　　小兒子曾紀鴻在家鄉認真讀書，十六歲時第一次參加長沙府的鄉試。清末科舉舞弊叢生，考試場外條子橫行。曾紀鴻沒有塞條子走後門，正常考試、匿名評審，結果名落孫山。之後曾紀鴻多次參加科舉，終身只得了一個「勝錄附貢生」的「安慰獎」。大兒子曾紀澤也參加過科舉，終身沒有獲得科舉功名。兩兄弟的能力和學問都還不錯，曾紀鴻自學成才，著有《對數評解》、《圓率考真圖解》等數學專著，是近代著名的數學家，可惜英年早逝，終年三十三歲。憑著曾家的權勢，別說遞條子、走後門，就是隨便亮一下家父的名號，湖南官府也會給兩兄弟秀才功名。可貴之處就在於，在特權盛行的封建官場，曾紀澤和曾紀鴻堅持不靠關係，憑真才實學打拚。這也是曾國藩管教有方、嚴格督導的結果。

　　大兒子曾紀澤出生於鴉片戰爭即將爆發的一八三九年，自幼受到曾國藩的良好教導，熟讀傳統的儒家經典。這使曾紀澤接受了儒家仁義道德、忠君愛國的為人處世原則，帶著中國傳統的底蘊。同時曾國藩又為曾紀澤創造環境，聘請教師，讓兒子廣泛閱讀中外書籍，學習西方近代科學，包括中外紀聞、西方史地、自然科學、國際法……等。曾紀澤身上因之帶有廣博而鮮明的西方學問色彩。

　　曾紀澤三十二歲時，父親曾國藩逝世，他繼承父親的爵位。在為曾國藩守靈期間，曾紀澤開始自學英語。湖南鄉間既沒有英語教材，更沒有英語老師，曾紀澤在毫無基礎和教學條件的困境下，僅靠一本英漢辭典和教會制的《聖經》，摸索著學習。不會發音，曾紀澤就用漢語形聲、訓詁之學，和「泰西字母切音之法」進行比較研究，守靈期間掌握了英語基礎。之後，曾紀澤幾乎每天都花大量時間學習英語，反覆閱讀《英話正音》、《英語初學編》、《英語韻編》、《英國話規》、《英語集全》等英語學習書籍。幾年之後，曾紀澤已能自如閱讀英文書籍，還能和北京城裡的洋人交談。掌握英語，為曾紀澤推開全面了解西方、深入研究外交和西方社會的鑰匙。他結識同文館總教習丁韙良（William Alexander Parsons Martin）等外國朋友，能透過原始教材進一步學習西方科技和文化。曾紀澤還常核對中國翻譯所譯的各種中外文件、章程。在滿朝大臣沒有翻譯就寸步難行、除了跟著洋人說「也是」之外，一無所知的時代，滿口英語的曾紀澤表現搶眼。

　　北京城稱曾紀澤是「第一個懂得外語的中國外交官」。倫敦博物館現存有一把曾紀澤的「中西合璧詩扇」。曾紀澤在上面題詩，並翻譯成英文詩，抄寫在上面。他身上學貫中西、溝通內外的特質，透過這個文物表現得特別明顯。正如曾紀澤說的，「中國聲名文物，彝倫道義，先聖昔賢六經典籍之教」必須輔以「海國人士深思格物，實事求是之學」

才能發揚光大。曾紀澤找到的救國道路,也是中西結合的,就是中國傳統學問為主、根基,西方科學文化為次、是輔助。

二

時勢造英雄。晚清時勢造就了曾國藩,也造就了曾紀澤。如果沒有中西碰撞的千年變局,曾紀澤最多是北京城裡一個到處找洋人練習英語的年輕侯爵。正是中外急遽博弈的近代時局,讓曾紀澤塑造了驚人的外交成就,名垂青史。

曾紀澤在京時,清王朝建立了派駐外交使節制度。第一任駐英國公使就是湖南人、曾國藩的老朋友郭嵩燾。郭嵩燾眼界開闊,吸引近代思想,積極為清朝開拓國際空間。可惜他太過洋化,做得太超前,出使經年就遭人彈劾,灰頭土臉地被罷官回國。曾紀澤「有幸」被挑選為第二任中國駐英公使。

曾紀澤是郭嵩燾的同路人。但深厚的儒學修養,讓他做事更靈活,而且家族的庇護,讓他的地位相對穩固。儘管如此,曾紀澤依然抱著「做事之人不怕罵」的態度,欣然接受任命。他考量的不僅是「不怕罵」,還要如何不辱使命。他寫道:「奉旨以來,於此二者(指道路遙遠和風濤凶險)尚不甚措意。所懼者,事任艱巨,非菲材之所堪稱。現任名望,海外聞知,偶有失誤,上累前徽。郭筠仙(指郭嵩燾)長在歐洲甚得西人敬重,承乏其後,深恐相形見絀。夙夜兢兢,實在於此。」

曾紀澤公使就是一路想著家族和自己的名聲,一路考量如何不辱使命,像郭嵩燾一樣,處理好艱苦的外交任務。一八七九年一月四日,曾

紀澤跨越重洋，經巴黎抵達倫敦，開始了駐外公使生涯。

中國駐英使館處於草創時期，整個中國的外交制度和駐外機構都很不成熟。清朝官府的奢侈浪費和尸位素餐，也轉移到倫敦使館中。清朝官員有什麼事情向國內發報，都是把口述稿一字不漏地發回上海，一句二十幾個字的話，就需要白銀六、七十兩，非常浪費。國際通行慣例，是將完整意思編號，用代碼發報，既有規範，又節省費用。曾紀澤在出使途中，就考慮自編電報代碼，「思電報如此昂貴，擬撰集簡明句法，分類編列，以省字數，略具腹稿」。他仿照西方，組織、編寫了電報代碼本，將成語分門編輯，列號備查，規定公牘私函都照此發報。

公費醫療是清朝使館的第二個弊端，而且享受公費醫療的範圍還很大，除了使館工作人員外，還有留學生。不用花錢的藥，用起來不心疼，使館用藥巨大，有些人身體好好的，卻領大量補藥，大補特補，造成使館巨大的財政負擔。曾紀澤制定「使館醫藥章程」，規定所有的藥，都需要病人自費購買，同時限制用藥數量。為了解決真正病人的醫療問題，使館的藥價普遍低廉，讓病人承擔得起。如此一來，使館負擔減輕了，病人也得到了治療。

完善使館制度的同時，曾紀澤積極展開對英國的外交，是民間外交的先驅。滿口流利的英語，讓他和外國外交官、學者、對中國感興趣的普通民眾，都保持聯繫。他出入劇院、博物館、圖書館、私人宴會等場合，向歐洲人介紹中國。曾紀澤是第一個用個人名義、用英文公開發表文章的中國外交官。〈中國先睡後醒論〉（China, the Sleep and the Awakening）在倫敦《亞洲季刊》（Asiatic Quarterly Review）一八八七年一月號發表，曾紀澤闡述對殖民的看法，談論中國必將崛起的意見。借助廣泛的連結和不錯的聲望，曾紀澤在鴉片貿易問題上，為中國爭取權益。一八八〇年代，英國興起禁煙運動，清政府也想提高輸華鴉片稅收。

曾紀澤借助英國禁煙運動的聲勢，與禁煙協會保持密切關聯，終於在一八八五年迫使英國政府同意鴉片稅在原來每箱三十兩的基礎上，加徵釐金八十兩，稅釐並徵一百一十兩。

因為成績卓著，曾紀澤在一八七八年至一八八五年間，先後出任駐英兼駐法、俄等國公使，是歐洲人最熟悉的中國外交官。

但是曾紀澤並沒有遇到真正的難題，獲得的成績多半是在辦公室動動嘴皮子、寫寫規章制度獲取的。和曾紀澤在許多政見意見相左的海關總稅務司赫德（Sir Robert Hart）就認為他「只是從他能幹的父親那裡，繼承一個偉大的名聲而已」，未必能處理好棘手難題。曾紀澤真的是這樣的人嗎？一八八〇年，考驗終於來了。當年，朝廷權貴崇厚出沙俄，和俄羅斯人談判收回伊犁問題。結果伊犁城是收回來了，卻只是一座空城，什麼都沒有，而且崇厚還私自將新疆數萬平方公里的土地割給沙俄，另外賠給沙俄五百萬盧布。崇厚竟然將一切都寫入《里瓦幾亞條約》，白紙黑字。他一回來就被朝廷革職逮捕。朝廷不承認《里瓦幾亞條約》，決定另派使臣去談判。如果說崇厚是去虎口奪食，那麼新人就要去與虎謀皮了。朝廷上下無不認為再次談判「其責倍重，其勢尤難」，「其難較崇厚十倍」。

任務如此艱巨，派誰去呢？大清朝也在為人選的問題煩惱。之前去虎口奪食時，就有人提議要曾紀澤去，但因曾紀澤資歷太淺，被否決了，改派資歷很深的盛京將軍崇厚。現在崇厚明顯不行，曾紀澤成為頭號人選。

曾紀澤在巴黎接到聖旨，總理衙門正式照會俄國，已正式任命曾紀澤兼任駐俄二等公使，曾紀澤將赴俄都重談伊犁問題。

臨危受命，曾紀澤當然深知，崇厚簽約在先，自己受命改約在後，此行是欲障川流而挽即逝之波，探虎口而索已投之食，事之難成，已可

逆睹。沙俄會有什麼動作，難以預料，一旦談不妥，兵戎相見，對大清國更加不利。使命艱巨，曾紀澤臨行前甚至寫信給叔叔曾國荃，安排了自己一旦殉國後的後事。他留下一句被後人反覆引用的詩句 ──「倉卒珠盤玉敦間，待憑口舌鞏河山」後，慨然前往聖彼得堡。

三

曾紀澤到達聖彼得堡就展開緊張的談判準備。國內左宗棠已經率軍收復新疆大部，準備進軍伊犁地區。曾紀澤致信左宗棠，希望他在前線積極備戰，同時將沙俄的軍隊情況和伊犁情況及時反饋到聖彼得堡。崇厚談判時，連伊犁地形都不知道，現在曾紀澤能及時掌握前線敵我情況，做到了知己知彼。

與俄羅斯人的談判，曾紀澤遭遇巨大的困難。他經歷四個回合的艱苦，最終扭轉了局勢。

第一回合是，曾紀澤在聖彼得堡立足未穩，沙俄外交部不等他說明來意，就斷然拒絕對伊犁一事重新磋商。不僅堅持《里瓦幾亞條約》有效，還叫囂要對中國開戰。

曾紀澤冷靜分析俄方強硬反應的背後情形。沙皇俄國在一八七三至一八七六年，爆發了經濟危機；在一八七七、一八七八年的俄土戰爭中，又元氣大傷；一八七九年又有大災荒，激化國內衝突。二、三十年來，沙俄財政一直拮据，曾紀澤判斷，他們也想早日結束和中國的糾紛，更不會和中國開戰。有了這個基本判斷後，曾紀澤談判的腳步堅定了許多，對前景也樂觀不少。曾紀澤還判斷，俄國的競爭對手英國，並

不願意看到俄國增加在中亞和中國的勢力，英國等西方列強更不願意看到戰爭在中國爆發。所以，沙俄現在的反應，是典型的外強中乾，他們只是製造戰爭輿論，想拖延時間而已，希望能把《里瓦幾亞條約》拖成既成條約。

於是，曾紀澤平靜地來到俄國外交部，詢問俄國拒絕談判的原因。俄國外交部推說曾紀澤並不是談判的中方全權代表，不具備談判伊犁問題的資格。而且，崇厚是一等公使，曾紀澤是二等公使。一等公使簽署的條約，清朝尚且不批准，與二等公使簽署的條約，會有效嗎？這些藉口對毫無外交常識的門外漢或許有用，但曾紀澤不是門外漢。他據理反駁，說公使不分一等、二等，都是國家的全權代表，都有權代表中國政府談判。任何外交代表和其他國家簽署的條約，都要經過中國政府的批准才能生效。既然清朝政府沒有批准《里瓦幾亞條約》，這個條約就是一堆廢紙。沙俄想解決這個問題，就要和曾紀澤重開談判。

沙俄無言以對，又受到國際輿論壓力，不得不在一八八〇年八月三日，重新坐到伊犁問題的談判桌上。曾紀澤獲得了第一回合的勝利。

第二回合的較量剛開始，曾紀澤就提出修改《里瓦幾亞條約》的意見，堅持俄國必須交還伊犁全境、邊界照過去的中俄條約辦理、俄國可以得到若干商務利益，但需要再談。他的要求幾乎全盤否定《里瓦幾亞條約》，俄國人毫不退步地提出反要求，堅持《里瓦幾亞條約》的基本條款，清朝答應割地的，還是要割，而且要增加賠款金額。作為回報，沙俄同意對若干不甚重要的條款再開談判。沙俄代表甚至搬出俄國與之前侵占新疆的阿古柏政權的條約，堅持賴在伊犁，拒絕撤退。曾紀澤反駁，說阿古柏是入侵者，政權是不合法的，況且已被消滅，俄國與阿古柏政權的所有條約，都是非法的。沙俄又稱俄軍「代管」伊犁，消耗了大量的人力、物力、財力，不能撤軍。曾紀澤說，既然你們承認伊犁是

清朝領土，那麼「代管」已經越權，賴著不走，就是侵略了。

在第二回合中，雙方爭執不下，沒有達成任何共識。

在第三回合開始，專門回國處理伊犁問題的沙俄駐華公使布策是個中國通。他說，曾紀澤難纏，但是總理衙門好打交道。布策建議，直接向清朝政府施加壓力，先用武力恫嚇慈禧太后和總理衙門，清朝國內屈服後，自然會對曾紀澤施加壓力，最終達到迫使曾紀澤在談判桌上讓步的目的。

於是，沙皇亞歷山大二世下令俄國艦隊向中國靠攏，布策返回中國，依仗戰艦逼總理衙門妥協。沙俄代表則照會曾紀澤，俄國拒絕就伊犁問題與曾紀澤繼續磋商，談判地點將改在大清國的首都北京，俄國已派出首席談判代表布策，帶著艦船起程。直接和總理衙門舉行會談這一招，對總理衙門很管用，總理衙門的大臣們聽到俄軍來到中國沿海，便慌成一團，果然電令曾紀澤與俄國外交部交涉，就布策進京一事「設法轉圜」，「從容商議」。只要布策不來北京，中國可以讓步。

這一招對曾紀澤卻不管用。曾紀澤收到總理衙門的電報，就洞察了俄國的把戲。他臨危不亂，立刻回信國內，穩住總理衙門，同時致信新疆左宗棠，建議清軍加強戒備，兵逼伊犁，做出準備隨時武力收復伊犁全境的姿態，為談判增加籌碼。然後，曾紀澤闖入俄國外交部，開門見山質問布策去中國做什麼？俄方答覆，說布策去與總理衙門磋商伊犁問題。曾紀澤再問，既然是「磋商」，為什麼要帶著軍艦？難道是要開戰？接著，曾紀澤嚴正宣布，代表大清朝正式通知沙俄政府，希望沙俄將布策召回，仍在聖彼得堡進行磋商。如果俄國堅持要讓布策去北京談判伊犁問題，曾紀澤就馬上起程去北京與布策談判。不論是在聖彼得堡還是北京，布策都必須和曾紀澤談判，而且絕對不能帶軍艦進談判場。為了增強語氣，曾紀澤還「假傳聖旨」，威脅如果沙俄軍艦進入清軍海

防區域，清朝艦隊必將其擊沉。沙俄政府沒有想到清朝會不顧戰爭威脅，以戰爭相逼，態度立刻軟了下來。

幾天後，清朝公使館就接到俄國外交部照會。沙俄宣布召回布策，重開磋商。

曾紀澤的冒險，讓中方在第三回合中獲得大勝。為什麼說冒險呢？因為總理衙門已經決定妥協，而且指令曾紀澤讓步。但是曾紀澤置之不理，執意強硬。一旦激怒俄羅斯人，戰爭真的爆發，曾紀澤就是罪魁禍首了。其次，曾紀澤反過來以戰爭相威脅，但是國內大炮連彈藥都不夠，根本打不贏戰爭。曾紀澤出使英法時，曾就採購彈藥的事情與列強磋商過，對國內軍事力量的薄弱一清二楚。但他的強硬，對沙俄這樣的「紙老虎」見效了。

第四個回合，沙俄鑑於曾紀澤在領土問題上寸步不讓，決定同意將伊犁全境歸還清朝。但提出兩個附加條件：第一，清朝從黑龍江或從烏蘇里江領域劃一地給俄國，補償沙俄從崇厚手裡得到的割地；第二，清朝賠償俄國「代管」伊犁付出的兩億盧布。曾紀澤指出，清朝斷無割地之意，願意將伊犁西邊之地，在修界時酌讓若干，已達極限，拒絕其他割地要求；至於賠款兩億盧布，萬萬不會答應。俄國見要求被拒，由海軍部出面再次叫囂，要派海軍艦隊去北京找清朝皇帝談判，用大炮讓清朝批准《里瓦幾亞條約》。曾紀澤反過來威脅，如果俄海軍進入中國海防範圍，清軍一定予以痛擊！

俄軍這次不怕威脅，亞歷山大二世真的下令海軍軍艦向中國沿海靠攏。

總理衙門再次慌成一團。他們知道曾紀澤不聽話，也繞過曾紀澤，直接與俄國人交涉，達成意向性妥協。總理衙門同意將伊犁西邊若干領土割讓給沙俄，同意賠償一千二百萬盧布，且在通商和領事事務上，給

沙俄更多特權。李鴻章親自致電曾紀澤，能夠和沙俄達成妥協、避免戰爭，已經是大幸了，要求曾紀澤按照達成的妥協簽約。

俄國人滿意了，覺得曾紀澤沒有辦法強硬了，於是興高采烈地重開談判，要求曾紀澤在俄方擬好的條約上簽字。

曾紀澤很憤怒，很無助，可依然斬釘截鐵地拒絕簽約。曾紀澤堅持，伊犁地區必然回歸中國，同意將伊犁西邊若干土地割讓是底線。曾紀澤既然是代表，就是欽差大臣，沒有他同意，伊犁問題就算是沒結束。至於賠款，曾紀澤也亮出底線：只能出九百萬盧布，多一分則無！沙俄代表大吃一驚，曾紀澤竟然拒絕，推翻總理衙門達成的妥協。他們最後一次威脅曾紀澤，難道就不怕沙俄軍隊的槍炮嗎？曾紀澤答道，我的態度也是最後態度，不可再讓！如果俄國一意挑釁，中國奉陪到底！頓時，中俄雙方參談人員全都傻了眼。談判正式破裂了。

一連幾天，俄方沒有任何動靜，總理衙門卻連連催促曾紀澤盡快完成談判。慈禧太后甚至發來懿旨，要求曾紀澤按總理衙門達成的妥協簽約。曾紀澤全都撐住不辦。

在他生命中最艱難的時刻，曾紀澤承受了巨大的壓力。直到某天，曾紀澤收到一封急電。當把電報看完，曾紀澤突然有如釋重負之感。原來當天，沙皇亞歷山大二世在閱兵時，遭炸彈襲擊身亡！曾紀澤相信沙俄內政將急遽惡化，政局不穩，沒有在談判桌上強硬的資本了。真是「山重水複疑無路，柳暗花明又一村」。

曾紀澤馬上起身，藉口向新皇帝遞交國書，去皇宮談談外交風聲。不久，曾紀澤就收到沙俄外交部的答覆，同意伊犁問題照曾紀澤提出的條件簽約，且建議第二天午後就簽字。

一八八一年二月的一天午後，中俄終於簽署了《中俄伊犁條約》。清朝除接管伊犁九城外，拿回了原本崇厚私自割讓的伊犁南面兩萬多平

方公里的領土。雖然條約依然割讓部分土地給沙俄，還增加對沙俄的賠款，並在商務方面作了讓步，但曾紀澤畢竟為國家爭回了大片土地，遏制沙俄在中國西北擴張的勢頭。這是晚清外交稍有的大勝利。

條約一公布，世界輿論頓時譁然。英國駐俄國公使當日向英國外交部電告此事時稱：「奇蹟！中國的曾紀澤已迫使俄國做出它未做過的事，把業已吞下去的領土，又吐了出來！」法國駐俄公使也用「奇蹟」評價曾紀澤的表現：「無論從哪方面看，中國的曾紀澤創造的都是一個奇蹟！」中國國內更是一片讚揚之聲。大學者、乾嘉學派的重要代表人物俞樾，用十六個字來評價曾紀澤的這次外交功績：「公踵其後，十易八九，折衝樽俎，奪肉虎口。」

四

時勢造英雄，晚清最大的時勢是西強東弱，清朝國力越來越弱，在屈辱的深淵中越陷越深。曾紀澤個人能力雖強，也受到弱國外交的限制。人說，弱國無外交。曾紀澤的表現證明，弱國更需要外交，需要用好外交規則和國際輿論，在現存的遊戲規則下，盡可能維護本國利益。這就要求外交官需要有卓越的外交能力和高超的外交技巧。

曾紀澤一生的悲劇在於，他自己是弱國的強外交官，但國內的袞袞諸公渾渾噩噩，不能支持他的外交作為，老是搗亂。一八八三年至一八八四年，曾紀澤在巴黎，就越南局勢與法國政府進行談判，立場強硬、為國爭利。但朝廷上層一意主和，決心妥協。結果，曾紀澤被解除駐法公使的職務，並在一八八五年六月卸任駐英俄公使職務，被召回

國。曾紀澤離開了外交舞臺，只能沉溺於國內保守迷信、蠅營狗苟的官場。一個人最大的悲哀，就是命運把他放到與他個性能力完全相悖的環境中，人不能盡其才，心會鬱悶無助。曾紀澤回國後，先後任戶部、刑部、吏部等部侍郎，也擔任過總理衙門的外交大臣等職務，他的觀念遭到許多人（包括在外交事務中與曾紀澤不對盤的赫德）的反對，他的舉措遭到他們的阻撓。朝政整體腐敗，曾紀澤歸國後無甚作為，不滿五十二歲便鬱鬱而終，諡號「惠敏」。

曾紀澤留有一子，繼承世襲侯爵後不久逝世，沒有子嗣。最後從曾紀鴻孫子中，過繼一子世襲曾祖父曾國藩留下的侯爵。

曾家子孫在清末和民國時期都聲名顯赫。曾家後代多數從事教育文化行業，許多人有留學經歷。這與曾國藩重視家教，曾家家風勤儉、奮進相關。現在曾家子孫散布各地，人們還會提起曾國藩家族，翻看曾國藩的圖書。但人們關注的，不是曾國藩的功業和官爵，而是看他的自我修行和家庭教育經驗。

權力傳承的祕密

感謝閱讀本書。

這是一本描寫中國古代政治世家的圖書。所謂的政治世家，指的是那些別人往他家裡丟塊磚，就會砸到一個尚書、兩個侍郎、三個巡撫，外加一堆知府、郎中的人家。這樣的人家，辦個生日宴會，會辦成朝野官員大聯誼；上朝議政，光和親戚朋友打招呼，就要花上半個時辰；好不容易忙裡偷閒，想到京城外面散散心，結果引來七個縣令請安，八個將軍帶兵護衛。我們後人對這些拿著頂戴、花翎當玩具的大家族、大人物津津樂道，除了羨慕其中的榮華富貴、風光無限外，更重要的，是對權力的傳承過程感到好奇。

權力是怎麼在少數家族內部世代相傳的呢？

權力操作，遵循一定的規律。權力之所以能夠在家族內代代相傳，首要原因是人事制度不完善、不成熟，提供政治世家在官場「近親繁殖」的機會。中國五千年歷史中的近四千年時間裡，當官是不需要經過任何公務員考試的。有人說你可以，你就可以，收拾行囊，準備當官去。在隋文帝楊堅發明用科舉考試錄取官員之前，選擇官員的標準，主要是道德、聲望、人緣等「虛」的東西。而壟斷這些虛幻內容評定的，是官員階層本身，所以「公認」的品德高尚、聲望卓著者，都是官宦子弟。上品無寒門，下品無世族。中國歷史上門閥世族勢力最強盛的時期，是魏晉南北朝。這要拜曹魏王朝推行的「九品中正制」所賜。各地人才由本地的中正官評定能力等級，按照評級高低，出任相應的職位。結果，官宦子弟只要是男性、不是笨蛋，再會寫幾個字，就都被在位的親戚任命為官了。琅琊王氏、陳郡謝氏都是在這種制度保障下迅速崛起的。等到唐朝完善科舉取士制度，世族勢力就失去在官場「近親繁殖」的機會，不可避免地走向了衰落。

第二個原因是世家子弟有前輩政治勢力和影響的庇護，朝中有人好

辦事。相同能力或資歷的人競爭某官職，上級官員肯定選擇自己熟悉的人。如果這個人是親戚或兒子，那就更會照顧、錄取了。這是人性弱點決定的，即使父輩不幸早死，那也不會對子孫的政治前途造成太大影響。有權授予你官職的人，可能是你父親若干年前的同僚或下屬，或曾經加入的某個官員俱樂部的朋友，或你父親在某次年終考核時，幫他作過弊。這樣的淵源可比你費盡心機，給高官太太送一轎子高級胭脂，要管用許多。在中國社會環境中，政治世家形成的時間越長，在官場蔓延的人脈關係就越廣、越有用，子孫後輩能去找的「世伯」、「世叔」就越多。它比人事制度更有用。

現在的權勢，是由前幾代人努力奮鬥累積而成的。家族影響後代的職業選擇，也塑造後代的能力、品性。

除了人情和制度保障外，政治世家壟斷權力的第三個有利因素是主觀的，更隱蔽，也可能更主要。那就是家族環境容易薰陶出高素養的子孫。

西晉末年，有人去太尉王衍家拜訪，正巧王敦、王導、王戎等太尉的堂兄弟們都在。出來後，客人感嘆道：「我在王家看到滿堂琳瑯珠玉啊！」這句話多少有點奉承的意思，但並不全是浮誇。王衍是太尉，雖然官當得不好，名聲不好，但也是開玄學風氣之先的人物；王導、王敦這兩個日後東晉的風雲人物就不用多說了，連末尾的王戎，都是「竹林七賢」之一。如果再算上子侄輩的王羲之等人，王家真是人才輩出，每代人的素養都不錯。這與王家家風嚴謹，注重子孫教育有關。政治世家的家族教育，除了基礎的知識教育外，主要還是執政理念、政治實踐、為人處世和王朝歷史的教育。如此薰陶，結果是家族子弟往往政治早熟，而且理論結合實際，政治素養遠高於一般子弟。

不管你接受與否，世家子弟有獨特的氣質和較高的素養。一個家族

在政壇打滾幾代人，總會留存有用的、沒用的經驗教訓，把亮點流傳給後人。如果這個家族還特別重視子孫教育與培養，那麼子弟的素養更可能比一般人家的子弟還高。政治世家的孩子，沒有誰生下來就是紈褲子弟、就是笨蛋，絕大多數也想好好學習，超越父輩，讓家族一代比一代興盛發達。所以，世家子弟具有較高的素養，是高機率的事件，即使摒除制度保障和家族影響，他們也會在權力場上獲得更大的成就。

　　一些讀者可能不贊同這最重要的第三點原因，覺得世家子弟大多是花花公子、繡花枕頭。就如近代作家張恨水在《水滸人物論贊‧高衙內》中指出，官宦子弟常因以下三大原因而墮落，一代不如一代：「作官人家有錢，廣殖田產，使子孫習於懶惰，一也。作官人家有勢，使子孫驕傲成性，目空一切，二也。作官人家必多宵小趨奉，不得主人而趨奉之，則趨奉幼主。官之子孫易仗財使勢，無惡不作，三也。有此三因，作官後代，安得而不墮落乎？」這樣的世家子弟的確存在，但沒有成為這個團體的主流。多數世家子弟低調地學習、繼承家族權勢，只有少數世家子弟，在大眾閃光燈的照耀下，「高調」地花天酒地、辱沒門楣。我們過度關注政治世家，就會在眼中出現「盲點」，對那些高素養的、成功的世家子弟漠然不見，全部注意力幾乎都被那些壞小子給吸引了。

　　綜上所述，政治制度的保障，中國特色的人情關係網，以及高素養、高能力的子孫後代，是權力家族留住權勢的三大法寶。令人眼紅的權勢，不是平白無故地停留在那些權力家族的。

　　一個家族需要幾代人的努力，才能把持權勢？法國貴族的例子似乎能回答此問題。在法國，一個貴族的產生，起碼需要三代人的努力。第一代是平民，他的任務是努力賺錢，為子孫積蓄財富；第二代人利用父輩的財富置辦武器裝備，最好能武裝一批人，去戰場博取功績和聲響。如果運氣好，在第二代就得到王室和顯貴賞識，開始進入貴族圈，但還

不算是貴族；第三代人的任務，是在祖父輩的基礎上，用力地出入王宮，表現自己，受封爵位。那樣，第三代人勉強可以稱作貴族了，儘管會被世族大家視為暴發戶。這還是最快、最理想的情況，每個環節都不能出差錯。如果哪代人不幸出現問題，這戶人家想晉升到貴族階層，還要更長的時間。可見，權力家族的產生，既需要制度的保障、人情世故的烘托，更離不開對每代人實實在在的高要求。

談完權力家族傳承權力的祕密，接下來，我「坦白交代」一下為什麼要寫作本書？

在曾國藩家書中，曾國藩反覆提及韓信、霍光、諸葛恪、和珅等人的興衰，警示子孫教育的重要性。我們重讀王侯將相的榮辱興亡，也要以史為鑑，溫故知新，從具體的案例中吸取經驗教訓。歷史案例都是前人用心血、汗水，甚至生命，在那時的社會背景中劃出的人生軌跡。我們可以從西漢衛霍家族的案例中，懂得政治崇尚叢林法則，兩強相遇必有一傷。強盛的權力家族和強權的專制君主，在同一個時間內，只能存在一個，不可能和睦相處、分享權力。這就是衛青家族在漢武帝時代受到猜忌的大道理。

王羲之的故事證明，藝術需要物質基礎和政治支持。中國古代的藝術家、思想家，一般出身官宦人家，因為只有大家族才能提供藝術家需要的物質基礎，思想家需要的教育和思想基礎。普通人家也會出藝術家和思想家，但作品的胸襟、氣度和思想的寬度、深度，和前一類人相比，還是有距離的。

曾國藩家族的崛起，顯示在人事制度非常成熟、王朝政治對權勢家族的限制越來越多的情況下，一個家族的崛起，必須依靠苦幹實幹，做出成績來，且代代都要有真功夫、真業績。歷史越往後走，政治世家產生和維持的成本就越高，存活的機率就越少。唐朝以後，中國歷史就很

少出現子孫世代高官顯貴的家族。東漢汝南袁家四世三公，門生故吏滿天下的情形，成為遙遠的歷史，「富不過三代」的觀念開始被人們接受。

　　如果讀者閱讀具體案例時，能夠從中看到現實的影子，發出會心的微笑，那將是對我最大的肯定。

　　書中難免有誤，我對所有錯誤負責，也歡迎各位讀者指正。

　　謝謝大家。

　　　　　　　　　　　　　　　　　　　　　　　　　　　　張程

傾巢之下，中國歷史上的政治世家：

隴西將門李家 × 東晉瑯琊王家 × 烏衣巷風雅謝家 × 三國忠孝諸葛家……中國史上最輝煌的幾個權力家族，維持百年的興衰榮辱！

作　　者：張程

發 行 人：黃振庭

出 版 者：崧燁文化事業有限公司

發 行 者：崧燁文化事業有限公司

E-mail：sonbookservice@gmail.com

粉 絲 頁：https://www.facebook.com/
　　　　　sonbookss/

網　　址：https://sonbook.net/

地　　址：台北市中正區重慶南路一段六十一號八
　　　　　樓 815 室

Rm. 815, 8F., No.61, Sec. 1, Chongqing S. Rd.,
Zhongzheng Dist., Taipei City 100, Taiwan

電　　話：(02)2370-3310

傳　　真：(02)2388-1990

印　　刷：京峯數位服務有限公司

律師顧問：廣華律師事務所 張珮琦律師

定　　價：375 元

發行日期：2024 年 01 月第一版

◎本書以 POD 印製

Design Assets from Freepik.com

國家圖書館出版品預行編目資料

傾巢之下，中國歷史上的政治世
家：隴西將門李家 × 東晉瑯琊王
家 × 烏衣巷風雅謝家 × 三國忠孝
諸葛家……中國史上最輝煌的幾個
權力家族，維持百年的興衰榮辱！
/ 張程 著 . -- 第一版 . -- 臺北市：崧
燁文化事業有限公司 , 2024.01
面；　公分
POD 版
ISBN 978-626-357-919-4(平裝)
1.CST: 政治 2.CST: 傳記 3.CST: 中
國
782.29　112022186

電子書購買

臉書

爽讀 APP